Susanne Mischke
Schneeköniginnen

Roman

W0058908

Piper München Zürich

Von Susanne Mischke liegen in der Serie Piper außerdem vor:
Stadtluft (1858)
Mordskind (2631)
Der Mondscheinliebhaber (2828)
Die Eisheilige (3053)
Mordskind / Die Eisheilige (Doppelband, 3346)
Schwarz ist die Nacht (Piper Original 7030)

Originalausgabe
September 1995 (SP 2191)
November 2001
2. Auflage Dezember 2001
© 1995 Piper Verlag GmbH, München
unter dem Titel: »Freeway«
Umschlag: Büro Hamburg
Isabel Bünermann, Meike Teubner
Foto Umschlagvorderseite: Dietrich Halemeyer / Marlene Ohlsson
Foto Umschlagrückseite: Holger André
Gesamtherstellung: Clausen & Bosse, Leck
Printed in Germany   ISBN 3-492-23445-3

Inhalt

New York, New York

Schon seit über einer Viertelstunde stand sie sich vor dem Check-in-Schalter der Delta die Beine in den Bauch. Nichts ging vorwärts. Offenbar gab es da vorn Probleme mit zwei älteren Damen. Anne streckte sich, um mehr zu sehen. Natürlich. Es war exakt die Sorte, die immer Probleme machte: Bläuliches Haar, fedrig wir Zuckerwatte, Kosmetikkoffer vom Volumen kleiner Mülltonnen. Das konnte dauern. Seelenruhig hätte man da noch etwas länger schlafen können. Sie gähnte verstohlen.

»Verdammt nochmal«, hörte sie es direkt vor sich auf englisch maulen, »verfluchte alte Schachteln!«

Das entsprach auch Annes tiefstinnerster Überzeugung, nur hätte sie es niemals so herausposaunt. Sie musterte die Rückseite der Motzerin: Abgewetzte schwarze Lederjacke, filzige, rotlockige Mähne. Ob die Farbe wohl echt war? Und die Locken? Das Mädchen trat unruhig von einem Bein aufs andere. Dünne Beine, wie ein Stelzvogel, in Leggings mit leuchtfarbenem Pfauenmuster. Sie mündeten in halbzerfetzte, schmutzigweiße Sneakers.

Endlich, es ging weiter. Der Stelzvogel warf eine zerfledderte Sporttasche auf das Rollband und hielt der geschminkten Uniformierten hinter dem Terminal ihr Ticket unter die Nase.

»Raucher.« Die Angestellte musterte die abgerissene Erscheinung einen kurzen Moment abfällig, fand dann aber ihr der-Kunde-ist-König-Lächeln wieder und fing an zu tippen. Das Mädchen zappelte derweil unruhig und sah sich um. Anne erstahl sich einen Blick auf ihr Gesicht. Himmelfahrtsnase, heller Teint, winzige Sommersprossen, im ganzen einigermaßen hübsch, vielleicht eine Spur gewöhnlich. Der Typ, der bei den Männern allgemein gut ankam. Jetzt schnappte sie sich hastig ihre Boarding Card und verschwand hinter einer kofferschiebenden Menschenansammlung.

»Nichtraucher«, verlangte Anne. »Gang.« Anne haßte es, über fremde Menschen klettern zu müssen, und noch mehr haßte sie es, jemanden zu bitten, aufzustehen.

Lächeln, Tippen, die Bordkarte.

Froh, ihr Gepäck endlich los zu sein, sah Anne auf ihre Uhr. Es blieb noch eine halbe Stunde, Zeit genug für den Zeitschriftenstand und die Toilette. Auf dem Weg dorthin kam ihr ein Getränkeautomat in die Quere, und sie zog ein Mineralwasser. Doch statt einer handlichen Dose fiel ihr eine schwere, grüne Halbliterflasche in die Hände. Es war diese ganz gesunde Sorte, mit allen nur denkbaren Mineralien und so viel Eisen, daß man Probleme mit der Sicherheitskontrolle befürchten mußte. Überall dieser Öko-Blödsinn, dachte Anne ärgerlich, jetzt kann ich mich mit diesem Riesending abschleppen, es paßt nicht mal in die Handtasche.

Sie stöckelte den schmalen Seitengang hinunter, öffnete die Tür zur Damentoilette und stutzte. Zwischen den Waschbecken stand ein Mann, Kreuz wie eine Schrankwand, dicke Lederjacke, darauf prangte eine Art Geier, umrahmt von unleserlichen Runen, auf dem breiten Kopf sprossen gelbliche Stoppelhaare. War das ein Neonazi oder ein Rocker? Falls es letztere überhaupt noch gab, wer kannte sich mit derlei Pack schon aus. Doch im Moment schien diese Frage ohnehin zweitrangig, denn mit seinem tätowierten linken Unterarm quetschte der Typ gerade ein rothaariges Mädchen gegen die Kacheln, was ihn nicht sonderlich anzustrengen schien. In der rechten Hand hielt er ein gemeingefährlich aussehendes Messer. Vergrätzt über die Störung, wandte er den Kopf in Annes Richtung und grunzte: »Verpiß dich, das is 'ne Privatsache.«

Anne war es absolut nicht gewohnt, daß in solcher Weise mit ihr gesprochen wurde. Zudem fing sie den Blick des Mädchens auf. Ein lautloser Hilfeschrei aus weit aufgerissenen, taubengrauen Augen. Lautlos wohl deshalb, weil ihr der Typ gerade die Gurgel zudrückte.

Nun war der große Moment im Dasein der Mineralwasserflasche gekommen. Schwungvoll landete sie auf dem gelben Bürstenschnitt. Weder Flasche noch Schädel gaben merklich nach. Mit einem dümmlich-ungläubigen Gesichtsausdruck drehte der Typ sich langsam um. Doch Anne reagierte prompt. Diesmal beschrieb die Flasche eine eher waagerechte Flugbahn, und dank Annes sorgfältig ausgebildeter Rückhand traf sie ihn punktgenau an der rechten Schläfe. Er ließ das Mädchen augenblicklich los, verdrehte die Augen, so daß sie aussahen wie geschälte Eier, und wankte auf Anne zu. Sie wich zurück, brachte die Flasche erneut in Position, aber das war nicht mehr nötig. Er röchelte, klirrend fiel das Springmesser zu Boden, dann erwartete ihn der mattweiße Fliesenboden, um ihn direkt zu Annes Füßen in ein schwarzes Loch sinken zu lassen.

»Sauber«, krächzte der leicht zerzauste Stelzvogel voller Anerkennung und rieb sich dabei den Hals.

Anne, die Flasche noch immer in der Hand, starrte auf den schlaffen Männerkörper am Boden. Jetzt, als er ausgestreckt dalag, wirkte er riesig wie ein Saurier.

»Ist er... tot?« flüsterte sie atemlos und stellte die Tatwaffe, die nun wieder ganz unschuldig aussah, mit zittriger Hand auf das Waschbecken. Eine Dose hätte jetzt garantiert um einiges schlechter ausgesehen, vermutlich nicht nur die Dose.

Das Mädchen grinste mit grimmiger Zufriedenheit, beugte sich über den Kerl, wobei sie ihn geschickt seiner massivgoldenen Gliederkette entledigte, und kam zu dem Ergebnis: »Nein. Bloß ein bißchen weggetreten. Schade.«

»Gott sei Dank«, keuchte Anne. »Bist du in Ordnung? Soll ich die Polizei verständigen?«

Der Blick der Rothaarigen umwölkte sich, als hätte man ein Tintenfaß in ein Aquarium entleert.

»Spinnst du«, fauchte sie, »die Bullen? Niemals! Stell dir bloß das Affentheater vor, wenn die erst mal hier aufkreuzen. Mein Flug geht in 'ner halben Stunde, und den werde ich wegen diesem Arsch da nicht versäumen.« Schiere Panik flackerte in ihrem Blick, beinahe mehr als vorhin, als sie wie ein Turnbeutel an der Wand gehangen hatte. Der Arsch rührte sich keinen Millimeter.

Anne überlegte. Der Einwand war zweifellos nicht ganz von der Hand zu weisen. Die Polizei, das würde zahllose Scherereien nach sich ziehen, am Ende würde sie, Anne Schwartz, noch wegen Körperverletzung belangt werden. Ihre Phantasie schlug Saltos, Schreckensbilder stiegen vor ihr auf: Sie sah sich bereits in ihrem neuen, lachsfarbenen Chanelkostüm auf einer schmuddeligen Polizeiwache sitzen und verzweifelt nach ihrem Anwalt telefonieren, umgeben von Prostituierten, Drogenhändlern, Exhibitionisten, Lustmördern, Ladendieben und was sich im allgemeinen sonst noch auf Polizeiwachen aufzuhalten pflegte, während ihr Gepäck über den Atlantik entschwebte... die fette schwarze Schlagzeile der Abendzeitung knallte ihr ins Gesicht:

Blutiges Gemetzel am Münchner Flughafen:
Tochter des Pharma-Multis Eduard Schwartz
schlägt Rocker (oder Neonazi) auf Toilette nieder!

9

»Hör mal«, der Stelzvogel trat auf sie zu, »kannst du mir noch 'nen winzigen Gefallen tun? Stell dich an die Tür und halt mir für zwei, drei Minuten das Volk vom Hals.«

»Mein Flug geht bald«, wich Anne aus. Ihr einziger Wunsch war, diesem üblen Schlamassel sofort zu entfliehen. Nachträglich spürte sie Angst hochkommen. Sie wollte weg, nur weg.

»Nur zwei Minütchen, bitte!«

»Was hast du vor?« fragte Anne, ging aber immerhin zögernd zur Tür. Das Mädchen antwortete nicht, beugte sich über den Typen und durchstöberte seine Kleidung, ein paar Geldscheine fanden blitzschnell den Weg ins Innere ihrer Jacke. Geschieht dem Kerl recht, dachte Anne mit einem verständnisvollen Lächeln, aber was jetzt kam, schien völlig unangebracht: Sie zog ihm die Schuhe aus! Es waren perlenverzierte, spitze Cowboystiefel mit Absätzen und imitierten Sporen dran, geschmacklos bis zum Gehtnichtmehr, registrierte Anne nebenbei. Das Mädchen feuerte die Stiefel zielgenau in eine der Kloschüsseln. Sie umklammerte nun das Messer. Pure Mordlust brachte ihre Augen zum Glänzen. Es bestand kein Zweifel mehr, Anne hatte es mit einer Wahnsinnigen zu tun.

»Was tust du da«, flüsterte sie, »willst du ihn umbringen?«

»Ach wo. Obwohl ich schon Lust dazu hätte, verdammt große Lust«, ächzte sie, während sie ihm mühsam die Jeans auszog. Um die Prozedur zu beschleunigen, nahm sie sorglos das Messer zur Hilfe. »Keine Sorge, nur ein kleiner Denkzettel. Paß auf die Tür auf!«

Anne hatte sich gerade unwiderruflich zum Gehen entschlossen, sie wollte nicht mitansehen, wie diese Übergeschnappte dem anderen Verrückten die Geschlechtsteile abschnitt, da näherten sich Schritte, begleitet von zwei Frauenstimmen, schrill wie Fahrradbimmeln. Amerikanerinnen! Anne schlüpfte durch die Tür und baute sich wie ein Denkmal davor auf. Manchmal hat es auch Vorteile, wenn man fast einsachtzig groß ist.

»Geschlossen. Closed.« Sie vollzog die eindeutige Handbewegung eines Scharfrichters, ihre Miene duldete keinen Widerspruch. Die beiden stutzten und sahen sich hilfesuchend nach einem diesbezüglichen Hinweis, einem Schild, irgend etwas *Offiziellem* um.

»Why?« fragte die im zitronengelben Blazer und streckte vorwitzig die Hand nach der Türklinke aus. Anne schob sich davor.

»Jemandem ist schlecht. Somebody is sick.«

»Sick?«

»Schlecht! Übel! Uääh…« Anne hielt sich die Nase zu und gab eine pantomimische Darstellung des angeblichen Vorfalls zum besten, untermalt von eindeutigen Lauten. Das überzeugte.

»Can we help?« piepste die Dicke im Geblümten.

»No, no, thanks«, wehrte Anne ab und fuchtelte mit den Armen. Die zwei schienen nicht traurig darüber. Unter verlegenem Kichern und Hunderten von »thank yous« trippelten sie den Gang hinunter.

Anne wartete noch zwei zähe Minuten lang, dann schlüpfte sie zurück zum Tatort. Der Anblick dort übertraf all ihre Erwartungen. Das Opfer, wie man ihn inzwischen nur noch nennen konnte, war splitternackt, nur seine Socken hatte er noch an, unversehrt bis auf eine dünne Stelle am rechten großen Zeh. Anne registrierte mit einer gewissen Erleichterung, daß er noch sämtliche Glieder besaß. Wenigstens brauchte er sich in keiner Männerumkleide zu schämen.

Sein Outfit jedoch sah aus, als wäre ein Raubtier darüber hergefallen, speziell die Lederjacke hing in lamettadünnen Streifen.

»Das reicht jetzt, wir müssen verschwinden«, mahnte Anne, noch immer halb entsetzt, halb fasziniert von diesem surrealen Kunstwerk der Zerstörung.

»Gleich. Eine Sekunde noch.« Der Racheengel richtete sich auf und stöhnte, die Hände im Rücken, wie nach einer Stunde Gartenarbeit.

»Gleich kommt er zu sich! Was willst du denn noch?« zischte Anne unwillig.

»Das, wofür ich hergekommen bin. Warte bitte noch einen klitzekleinen Moment draußen. Wenn er sich rührt, kriegt er noch einen übergebraten.«

Daran zweifelte Anne keine Sekunde. Sie konnte nur noch den Kopf schütteln. Entweder war die so abgebrüht oder so blöd. Oder mußte wirklich dringend. Also ging Anne hinaus und bewachte wieder die Tür, während sie vor sich hin murmelte: »Eins weiß ich, ich werde noch in Teufels Küche kommen wegen der.« Sie konnte zu diesem Zeitpunkt unmöglich ahnen, wie recht sie damit hatte.

Ein Glück, niemand steuerte mehr die Toilette an. Sie tigerte nervös vor der Tür auf und ab. Jetzt langt's mir, ich gehe, entschied Anne nach einer endlosen Minute, in dem Moment kam die andere heraus, ein lose zusammengewursteltes Bündel zerfetzter Klamotten unter dem Arm, Annes Wasserflasche in der Hand, die schwere Goldkette am geröteten Hals.

»So, das wär's«, zwitscherte sie.

Anne konnte nicht widerstehen, noch einmal kurz durch die Tür zu spähen.

»Was ist denn?« drängelte jetzt die andere, »noch nie 'nen nackten Mann gesehen? Komm, laß uns schleunigst abhauen.«

Doch Anne konnte sich kaum von dem Bild da drinnen lösen. Dieses Mädchen schreckte offensichtlich vor gar nichts zurück: Knapp über dem Bauchnabel des Geschändeten dampfte, unübersehbar und mit Sorgfalt plaziert, ein mittelgroßer, hellbrauner Scheißhaufen.

Die Paßkontrolle geriet zur puren Nervenzerreißprobe, schon der bloße Anblick einer grünen Uniform ließ Annes Magen rotieren. Bis zur letzten Minute drückte sie sich zwischen den Spirituosen im Duty Free Shop herum, jeden Augenblick darauf gefaßt, vom gnadenlosen Arm des Gesetzes ergriffen zu werden. Ihr zitterten die Knie wie eine Nähmaschine, während sie von abstrusen Gedanken gequält wurde: Wenn der Koloß im Klo nun zu sich kommt, die Polizei holt, mich wiedererkennt, wenn ich dann festgenommen werde, ob sie mir wohl Handschellen anlegen? Mein Gott, Mama! Die wird ihren soundsovielten Nervenzusammenbruch erleiden und Papa erst! Wo er doch so gegen diese Reise war!

Dann, endlich, der Aufruf für den Flug München – New York, man durfte einsteigen. Geschäftsleute mit Aktenkoffern und Laptops, Touristen mit umgehängten Videokameras, Damen, die grauenvoll nach verschiedenen Parfumproben rochen, alles schob sich ungeduldig auf den engen Tunnel zu. Anne, die sonst Gedrängel konsequent mied, fühlte sich ein wenig sicherer im schützenden Menschenknäuel.

Sie fand ihren Platz, am Fenster saß bereits ein betagter, etwas beleibter Herr, der ununterbrochen an irgend etwas herumnestelte, an den Gurten, am Klapptisch, an seinem Anzug, einfach überall.

Anne ließ sich sogar zu einem freundlichen Lächeln hinreißen, denn nun, in diesem befreienden Augenblick, rollte die Maschine zur Landebahn. Die Anschnallzeichen blinkten auf, Motoren jaulten, der Alte nestelte, nein, jetzt konnte ihr bestimmt nichts mehr geschehen.

»Jetzt geht's los«, stellte er erregt fest. »Wissen Sie, Fräulein, das ist nämlich mein erster Flug.«

»Tatsächlich?«

»Ja, wissen Sie, Fräulein, früher ist man nicht mit dem Flugzeug in die Ferien geflogen. Und von meiner Rente kann ich mir so was nicht leisten. Aber meine Kinder haben mir diese Reise geschenkt. Zum Siebzigsten. Ich bin letzten Monat siebzig geworden.« Er hielt inne, um die Wirkung seiner Worte zu überprüfen.

»Das sieht man Ihnen nicht an.« Anne war nicht übermäßig auf Konversation versessen, aber dieser alte Mann hatte etwas Rührendes an sich. Er nahm das Kompliment mit souveränem Nicken entgegen.

»Ich besuche meine Schwester in Neu-Jorrk. Sie lebt dort. Seit fünfzehn Jahren haben wir uns nicht gesehen. Fünfzehn Jahre, jawohl.«

»Na, die wird sich sicher freuen.«

Der alte Herr antwortete nicht, sondern verfolgte jetzt mit gespannter Miene die Vorführungen der Stewardeß. Sie hatte ein maskenhaft geschminktes Pfannkuchengesicht und beschrieb gerade die Lage der Notausgänge mit Gesten, die an unbeholfene Schwimmbewegungen erinnerten. Anne sah ihr völlig gedankenverloren zu. Dabei wäre es besser gewesen, den alten Herrn im Auge zu behalten, denn der folgte übereifrig den Sicherheitsinstruktionen, wobei er schon wieder zu nesteln anfing.

Das verdächtige Paket, das urplötzlich auf seinen Knien lag, hätte Anne womöglich noch rechtzeitig alarmieren können, aber als neben ihr ein fauchendes Zischen ertönte, war es zu spät. Zumindest wußte man jetzt, daß diese automatischen Schwimmwesten tatsächlich funktionierten. Der Alte klemmte wie ein orangefarbenes Michelin-Männchen zwischen den Sitzen, die Arme baumelten seitwärts herab wie die Flossen eines Pinguins, sein Kopf wurde von dem dicken Kragenwulst in lächerlicher Weise nach oben gedrückt.

Miss Pfannkuchen unterbrach ihre Litanei und schoß herbei, die Leute in näherer Umgebung des Schauplatzes kicherten, ein paar geierten unverhohlen. Der Unglücksrabe blickte in völliger Verständnislosigkeit von einem zum anderen. Anne schwankte zwischen Verärgerung über diese Störung und Mitleid mit dem komischen Alten. Es würde doch hoffentlich deswegen keine Verzögerung des Starts geben? Nervös sprang sie auf und machte der hektisch hantierenden Stewardeß Platz. In dem Moment heulten die Triebwerke zornig auf, die Maschine löste sich vom Boden, während die Luft pfeifend aus der Schwimmweste wich und die Lacherei langsam verebbte.

Auf diese Weise wurde Anne ihren Nachbarn los, denn Pfannkuchengesicht nahm ihn mit und wies ihm einen freien Platz ganz vorne zu, um ihn fortan besser im Auge zu haben.

Anne konnte endlich zurück auf ihren Platz, das heißt, sie setzte sich gegen ihre Gewohnheit ans Fenster und räkelte sich gemütlich. Eine helle, reine Sonne, wie sie nur in zehn Kilometer Höhe strahlt, brannte durch das Panzerglas, und Anne dachte an den Rocker, oder was immer er darstellte, in der Flughafentoilette. Sie konnte sich beim besten Willen nicht erinnern, jemals einen Menschen tätlich angegriffen, geschweige denn, einen niedergeschlagen zu haben. Nicht daß es an Versuchungen gemangelt hatte, aber in ihren Kreisen war diese Form der Auseinandersetzung streng verpönt, oder doch zumindest äußerst unüblich.

Der Stelzvogel war, kaum daß sie zusammen aus der Toilette gekommen waren, verschwunden und blieb wie vom Erdboden verschluckt. Das war auch in Ordnung so. Nach einem Verbrechen ist es ohnehin besser, wenn die Komplizen sich trennen.

Ob sie Stefan diese Geschichte erzählen sollte? Sicher würde er sich königlich darüber amüsieren, er neigte allgemein zu einer lockeren Anschauung der Dinge. Ach ja, Stefan! Sie schloß einen Moment die Augen und malte sich sein Gesicht aus, wenn er sie heute abend vor seiner Tür vorfinden würde. Verträumt betrachtete sie die sonnenbeschienenen Wolkengebirge und lächelte vor sich hin. Sie rief sich ihre Lieblingserinnerung ins Gedächtnis, jenen Abend, nach ihrer schwersten Beziehungskrise, als Stefan unangemeldet und zerknirscht bei ihr erschienen war, eskortiert von einer Flasche Veuve Cliquot und einem Strauß selbstgepflückter Wiesenblumen, die einen strengen Geruch nach Dung verströmten...

Ein anderer intensiver Duft weckte sie sanft aus ihrem Tagtraum. Endlich Kaffee! Und diese putzigen Erdnußtütchen. Nüsseknabbernd lehnte Anne sich zurück, nahm ihre Zeitschrift, trank Kaffee, las einen hochinteressanten Artikel über Sado-Maso-Beziehungen, das Leben war herrlich. Nur noch ein paar Stunden. Zum hundertsten Mal ging Anne in Gedanken das Wiedersehen mit Stefan durch. Er wird mich in die Arme schließen, es wird genau so sein wie früher, ein langer, leidenschaftlicher Kuß und...

»Hi.«

Eine rote Haarsträhne peitschte Annes Wange, und eine Gestalt plumpste in den freien Sitz neben ihr. Anne sandte einen anklagenden Blick zum Himmel.

Sie trug noch immer ihre schwarze Lederjacke, hatte die Augenlider blau verspachtelt und ihre Lippen schrillrosa geschminkt. Sie bissen sich mit der Haarfarbe. Eine aufdringliche Wolke billigen Parfums machte sich breit. Jetzt gackerte sie auch schon drauflos: »He, was für ein Zufall. Ich hab' erst jetzt bemerkt, daß du auch im Flugzeug bist.«

Annes Begeisterung hielt sich in Grenzen. Eilig klappte sie die Zeitschrift zu.

»Übrigens, ich bin Katie. Katie Shannahan.« Sie strahlte wie ein Kind, dem eine Überraschung gelungen war.

»Anne Schwartz. Mit ›tz‹.«

Ich hab' mich noch gar nicht bedankt. Du hast mir das Leben gerettet, ehrlich. Es war toll, wie du dem Kerl eins über die Rübe…«

»Schscht!« machte Anne. »Warum gehst du nicht ins Cockpit und erzählst es über Lautsprecher?«

»Stimmt. Tschuldigung.« Sie fuhr im Flüsterton fort. »Trotzdem, der hätte mich vermutlich glatt erledigt. Ich schulde dir was.«

»Ein Mineralwasser«, gab Anne brummig zurück.

»Das habe ich ausgetrunken und verschwinden lassen. Ist dir doch sicher recht?«

Anne nickte stumm.

»Du bist ganz okay. Würde man gar nicht vermuten…« Sie taxierte Anne forschend von der Seite.

»Was soll denn das heißen?« Anne fuhr gereizt auf.

»Naja, nach den Klamotten und so…«

»Es kann nicht jeder so modisch gekleidet sein wie du. Wo hast du nur diese extravaganten Leggings her?«

»Woolworth, für neunfünfundneunzig.« Katie war absolut taub für die Ironie in Annes Stimme.

Die Stewardeß kam vorbei und fragte Katie, ob sie Tee oder Kaffee wünsche. Mißbilligend nahm Anne zur Kenntnis, wie Katie ihre Bestellung aufgab, ganz so, als wäre ihr Sitzplatz von nun an hier, neben ihr. Anne starrte verärgert vor sich hin.

»He, was guckst du dauernd auf meine Schuhe?«

»Wie bitte?«

»Meine Schuhe. Du guckst sie dauernd an.«

»So? Entschuldige bitte.«

»Ja, ich weiß, es sind nicht mehr die neuesten. Muß mir drüben welche besorgen, die sind da viel billiger.«

»Verzeihung, ich wollte wirklich nicht auf deine Schuhe starren. Es war mir nicht bewußt.« Es war dasselbe peinliche Gefühl, das sich einstellt, wenn man gedankenlos einen Bettler in der Fußgängerzone mustert und dabei von ihm ertappt wird.

»Weißt du, ich... ich bin nämlich Schuhverkäuferin.« Was war das nun wieder? Seit wann belog sie ihre Mitmenschen so grundlos und dummdreist? Dieses Mädchen brachte sie dazu, Dinge zu tun, die sie sonst nie tun würde: Erst einen Mann niedergeschlagen, dann Schmiere gestanden bei der Schändung eines Wehrlosen, jetzt gelogen, daß sich die Balken biegen, bravo Anne, weiter so.

Katie warf ihr einen sonderbaren Blick zu und sagte: »Soso.«

Anne fühlte sich so unwohl, als stünde sie mit einer Plastiktüte im Bioladen. Zum Glück wechselte Katie jetzt das Thema: »Was machst du drüben? Ferien?«

»So ähnlich. Ich besuche jemanden.«

»Deinen Macker?« Sie feixte anzüglich.

»Meinen Verlobten«, sagte Anne steif.

»Verlobt? Laß sehen!«

»Was?« fragte Anne verwirrt.

»Den Ring natürlich.«

»Ich... wir haben keine.«

Stefan war nicht fürs Konventionelle. Er war überhaupt nicht fürs Heiraten. Wenn es einen Freund oder Bekannten von ihm »traf«, wie es nannte, hatte er dafür nur Sarkasmus übrig. Anne mußte zusehen, wie ihre Freundinnen, eine nach der anderen, den sicheren Hafen der Ehe ansteuerten. Sie kaufte ihnen teure Hochzeitsgeschenke und nahm an zahllosen Polterabenden teil, wo sie verbissen mit Porzellan um sich warf. Danach war ihr meist wohler, und sie schöpfte neue Zuversicht. Vielleicht feilte Stefan ja nur noch an der Formulierung.

»Verlobt«, kicherte Katie nun. »Wie niedlich!«

»Was ist daran *niedlich*?«

Auf ausdrücklichen Wunsch ihrer Eltern hatte es sogar eine offizielle Verlobungsfeier gegeben. Annes Vater war einigermaßen zufrieden mit ihrer Wahl. Ein Schwiegersohn, nicht reich, aber mit Ehrgeiz und guten Ideen, für den ließe sich innerhalb eines weltweit operierenden Pharmakonzerns sicher ein Pöstchen finden. Annes Mutter war erleichtert. Immerhin ging ihre Tochter auf die dreißig zu, da wurde es allmählich höchste Zeit, für was auch immer.

»Nichts«, lenkte Katie ein, »ich dachte bloß, sowas gibt's gar nicht mehr. Ich wäre auch gerne verlobt. Aber so richtig, mit Ring und all dem Firlefanz...«

»So, wirklich?«

»Ja, aber dazu wird's so rasch nicht kommen. Mein Alter sitzt im Jail, und außerdem wollte ich sowieso Schluß machen, er ist nämlich 'ne echte Null.«

»Sitzt... wo?«

»Na, im Knast. Bloß wegen 'nem winzigen Deal. Acht Monate hat er gekriegt.«

»Acht Monate? Meiner auch«, nickte Anne zerstreut.

»Waaas? Deiner sitzt auch?« rief Katie ungläubig. Einige Köpfe drehten sich nach ihnen um.

»Du lieber Himmel, nein!« fauchte Anne. »Ich meine, mein Verlobter ist auch acht Monate weg. Aus beruflichen Gründen.«

»Hab's kapiert. Konnte mir dich sowieso nicht mit 'nem Knacki vorstellen.« Sie kicherte erneut. »He, du bist ja rot geworden, wie ein Herz-As.«

»Wundert dich das?« Aber Katie war schon einen Schritt weiter.

»Was macht dein... wie heißt er denn?«

Anne seufzte und begab sich daran, Katies neugierige Fragen widerwillig zu beantworten. »Stefan. Er hat Graphik und Design studiert und arbeitet für eine Werbeagentur. Die Agentur hat ihren Hauptsitz in New York, und da macht er gerade so eine Art Praktikum.«

Was sie dabei noch immer wurmte, war die Tatsache, daß er ihr nicht angeboten hatte, mitzukommen. Sicher, ihr Vater hätte das nie zugelassen, eine Leiterin der Personalabteilung kann nicht einfach so verschwinden, wie es ihr paßt. Dennoch hätte Stefan sie fragen können, ihr Stolz wäre dann nicht so verletzt gewesen.

»Und das dauert acht Monate«, bohrte Katie in der offenen Wunde.

»Allerdings«, kam es knapp.

Als Stefan vor einem Vierteljahr mit diesem Praktikum ankam, ließ Anne zum ersten Mal ihrem angestauten Frust freien Lauf. Seit Jahren ertrug sie zähneknirschend seine Alleingänge, die Segelturns in der Karibik, die regelmäßigen Herrenausflüge nach Südtirol, diverse Wochenenden zum Angeln in Frankreich oder sonstwo. Alles Vorwände für hemmungslose Saufgelage und kindische Männerkameraderie. In einer flammenden Anklagerede warf sie ihm seine sämtlichen Fehler und Untaten an den Kopf: Er verbringe zuviel Zeit mit primitiven Freunden und blödsinnigen Comics, er interessiere sich überhaupt nicht für Literatur, er sei ein sturer Autofahrer, lasse immer den Klodeckel offen und im übrigen besitze er das sexuelle Einfühlungsvermögen eines Trampeltieres. Am liebsten hätte sie ihn danach sofort hinausgeworfen, aber das war nicht so einfach, denn die Auseinandersetzung fand in seiner Wohnung statt. Also raffte sie eiligst ihre bei ihm deponierten Besitztümer – einige Dessous und Blusen, Zahnbürste, Parfum, eine angebrochene Packung Tampons und ihren Wok – nicht gerade viel nach sieben Jahren – zusammen, und erklärte im Hinausgehen ihre Beziehung für beendet.

Stefan, den besonders das mit dem Trampeltier schwer getroffen hatte, pfefferte Sekunden später den sündteuren Alessi-Wasserkessel, ein Geburtstagsgeschenk von Anne, vom Balkon des sechsten Stockwerks seines Schwabinger Apartments.

Auf diesen furiosen Abgang folgte eine große Stille, die zwei endlose Wochen dauerte, an deren Ende jedoch jener unvergeßliche Abend mit dem Champagner und den streng riechenden Blumen stand: Eine richtige Hochzeit stellte er ihr in Aussicht, mit allem Drum und Dran, was immer ihr Vater bereit war zu bezahlen, sobald er wieder aus den Staaten zurück sei...

»Ach, die paar Monate sind ja schnell 'rum, ihr heiratet ja dann«, platzte Katie tröstend in ihre Gedanken.

Anne seufzte innerlich. Genau das hatte sie zunächst auch angenommen. Sie arbeitete mehr denn je, damit die Zeit schneller vergehen sollte. Doch ihre Telefongespräche mit Stefan, anfangs farbige Höhepunkte in der beklemmenden Öde ihres kühlen, von fremder Innenarchitektenhand voll durchgestylten Apartments, verkamen nach und nach zur Pflichtübung. Sicher, Stefan war nicht der Typ für schwülstige Liebeserklärungen, und Anne selbst schon gar nicht, aber zuletzt hatten ihre Gespräche die Vertraulichkeit einer Verkehrsdurchsage mit anschließendem Wetterbericht. Und wenn Anne ihm gar mit Details der Hochzeitsplanung kam, brachte Stefan regelmäßig – etwas Abwegigeres fiel ihm wohl nicht ein – die horrenden Telefongebühren aufs Tapet und verabschiedete sich eine Spur zu schnell.

Aus einem wachsenden Gefühl der Unsicherheit heraus beschloß Anne, Klarheit zu schaffen und Stefan zu besuchen. Wer weiß, auf was für Ideen er sonst noch kam, wenn er zu lange alleine, ohne Ansprache und ohne Sex in seiner winzigen Bude hockte... Sie verscheuchte diese beklemmenden Vorstellungen und erklärte: »Damit es nicht zu lange wird, besuche ich ihn jetzt, quasi zur Halbzeit.«

»Na, der wird sich freuen.«

»Das will ich annehmen. Er weiß nämlich noch nichts davon.« Wie komme ich eigentlich dazu, dieser Göre mein Leben zu erzählen? Offenbar war ich zu lange allein, ich benehme mich schon wie eine grüne Witwe, wenn der Staubsaugervertreter kommt. Aber nun gab es kein Entrinnen mehr. Katie richtete ihre wachen grauen Augen mit lebhaftem Interesse auf Anne.

»Eine Überraschung also. Wie romantisch. Aber wenn er nun nicht da ist?«

»Er wird da sein«, sagte Anne mit absoluter Bestimmtheit. »Heute abend natürlich erst, nach Dienstschluß. Bis dahin sehe ich mir die Sehenswürdigkeiten von New York an. Zumindest einen kleinen Teil davon.«

»Aha, die Sehenswürdigkeiten.« Katie dehnte die Silben, als hörte sie das Wort zum ersten Mal, ihr Gesicht zeigte einen Ausdruck unverhohlenen Spottes.

»Kennst du New York?« fragte Anne.

»Das kann man sagen. Hab' einige Zeit da gewohnt.«

»Ach so. Leben deine Eltern dort?«

»Nein. Die sind tot«, sagte Katie knapp.

»Das tut mir leid.«

»Mir tut's nur um meinen Dad leid. Ich war mit ihm da, zusammen mit Jeff, meinem Bruder. Mein Dad war nämlich n' Ami, weißt du, aber mit irischen Vorfahren.«

Damit war zumindest die Frage der Echtheit ihrer Haarfarbe geklärt.

»Wir hatten 'ne prima Zeit drüben.«

»Wann war das?« bekundete Anne ihre höfliche Teilnahme.

Katie runzelte die Stirn und kratzte sich am Kopf.

»Ist jetzt ungefähr fünf Jahre her, daß er verunglückte. Autounfall. Da mußte ich zurück nach Deutschland.« Sie zuckte die Schultern, stöberte in ihrer geräumigen Handtasche aus Stoff und Wildleder, dem Muster nach stammte sie aus Mexiko, und machte Anstalten, sich eine anzustecken.

»Wir sind hier im Nichtraucherbereich«, belehrte sie Anne sachlich, »das gibt Ärger.«

»Stimmt. Hätte ich beinahe vergessen.« Katie ließ die Zigarette wieder verschwinden und brachte statt dessen einen Kaugummi zum Vorschein.

»Was wollte ich gerade sagen?«

»Du kamst vor fünf Jahren zurück nach Deutschland.«

»Ach ja. Mein Bruder ist drüben geblieben, hatte 'nen Job in 'ner Autowerkstatt.«

»Und jetzt besuchst du wohl deinen Bruder?«

»Ja, mal sehen.« Eine Kaugummiblase quoll aus ihrem Mund, wie bei einem quakenden Frosch, sie schnappte danach und ließ die Masse zur weiteren Bearbeitung wieder hinter ihren kleinen, scharfkantigen Zähnen verschwinden. Anne sah angewidert zur Seite.

»Ist schon ein dreiviertel Jahr her, daß er geschrieben hat. Eine Karte, zu Weihnachten. Weiß der Teufel, wo er steckt. Aber ich werde ihn schon auftreiben.«

»Das heißt, du fliegst jetzt einfach so rüber, aufs Geratewohl?« fragte Anne befremdet.

»Ja, klar. Du doch auch.«

»Da hast du auch wieder recht. Aber wie willst du ihn finden, falls er umgezogen ist?«

»Och, ich geh' einfach in die Kneipen, in denen er sich vorzugsweise rumgedrückt hat. Da treffe ich ihn sicher irgendwann, falls er noch in New York sein sollte.«

»Und wenn nicht?«

»Dann hängen da garantiert irgendwelche Leute herum, die ihn kennen. Irgendeiner wird schon Bescheid wissen.«

»Und wo wirst du wohnen?«

»Muß mal sehen«, lautete die präzise Antwort.

Es wurde etwas serviert, das vermutlich ein Frühstück sein sollte. Anne knabberte an dem Apfel, kostete eine Scheibe Vollkornbrot von sägemehlartiger Beschaffenheit mit zu harter Butter und legte dann das Besteck beiseite. Katie verschlang ihre Ration bis auf den letzten Krümel, sogar die Gummibrötchen und das pappsüße Törtchen.

»Du kannst mein Frühstück auch noch haben«, lächelte Anne süßsauer.

»Danke. Wollte dich sowieso gerade danach fragen. Machst du 'ne Diät?«

»Nicht direkt. Ich habe bloß keinen Hunger.«

Sie tauschten Tabletts. Dieses Mädchen schien völlig ausgehungert zu sein, nur so war es zu erklären, daß sie auch der zweiten Portion in rasender Geschwindigkeit den Garaus machte.

»Hm. Das war nicht übel.« Katie unterdrückte nachlässig einen Rülpser und lehnte sich in satter Zufriedenheit zurück, wie nach einem Festmahl. Die Stewardeß powackelte vorbei, Anne ließ sich nochmals Kaffee eingießen.

»Sag mal…«, begann Anne zögernd, »der Kerl da vorhin, in der Toilette…«

»Ja, was ist mit dem?« gähnte Katie.

»Was wollte der von dir?«

»Woher soll ich das wissen? Vermutlich das, was sie alle wollen.«

»Aber der kannte dich doch, oder?«

»Nee, wie kommst du denn darauf?«

»Ich hatte so den Eindruck.«

»Quatsch. Irgendein Perverser, der Frauen in Klos anfällt. Aber der hat jetzt was dazugelernt.« Sie grinste schadenfroh und drehte ihr Beutestück, die Goldkette, zwischen den Fingern. »Ich kann mir gut vorstellen, wie der jetzt ohne Klamotten durch den Flughafen wetzt. Das wird er den Bullen erst mal erklären müssen, hihi.«

Anne hatte das bestimmte Gefühl, daß Katie log. Aber jetzt, da die Sache ausgestanden war, konnte ihr das alles herzlich egal sein. Vermutlich war diese Katie ein durchgebranntes kleines Flittchen und der Typ ihr Zuhälter. Oder ein eifersüchtiger Liebhaber.

»Ja«, stimmte Anne zu, »das wird einen ziemlichen Aufruhr geben. Eigentlich schade, daß man nicht dabei sein…«, sie schwieg, denn Katie hörte ihr nicht mehr zu. Sie atmete regelmäßig, ihre blauen Lider flatterten, wie in einem lebhaften Traum, ihr Kopf sank langsam auf Annes Schulter.

Anne verfrachtete Katie auf die andere Seite des Sitzes. Das Omelettegesicht teilte die Formulare des Immigration Service aus, und Anne verbrachte eine halbe Stunde mit der Beantwortung überaus subtiler Fragen, unter anderem nach: Geistesschwäche, Wahnsinn, gefährlichen Seuchen (Schwindsucht, Syphilis, Aids und Aussatz), Rauschgiftkonsum und Alkoholismus. Sie verneinte Fragen, ob sie der Bettelei, der Prostitution oder der Polygamie fröne, überlegte, ob sie sich an perversen Sexpraktiken erfreuen könne, versicherte, daß sie weder mit Rauschgift zu handeln pflege, noch Kommunistin, Anarchistin oder Analphabetin sei sowie keinerlei Absichten hege, in den Vereinigten Staaten von Amerika ein terroristisches Gewaltverbrechen zu verüben. Unter anderen Umständen hätte Anne das Formular für einen gelungenen Witz gehalten, so aber setzte sie folgsam ihre Kreuzchen. Hin und wieder schnarchte Katie leise, hörte aber sofort damit auf, wenn Anne sie anstieß. Dafür knirschte sie dann mit den Zähnen. Zwischendurch brabbelte sie Undeutliches, nur einmal verstand Anne so etwas wie: »Rudi, du Schwein.«

Erst kurz vor dem Landeanflug wachte Katie auf, rekelte sich ungeniert, als läge sie zu Hause im Bett, erhob sich steif und ging nach vorn. Sie verbrachte einige Zeit in der Toilette, dann zog sie sich auf ihren ursprünglichen Platz zurück, um zu rauchen.

Als die Maschine landete, war es eigentlich Nachmittag, aber trotzdem war es erst zehn Uhr am Morgen. Anne stellte ihre Schweizer Uhr auf die amerikanischen Verhältnisse ein. Sie traf Katie erst wieder in der Wartehalle vor den Schaltern des Immmigration Service.

»Hallo«, lächelte Katie freundlich.

»Hallo.«

»Ich würde dir gern meine Nummer geben, aber ich weiß noch nicht, wo ich in den ersten Tagen sein werde. Die Leute ziehen hier dauernd um, man kann sich da auf nichts verlassen.

»Nicht so tragisch.« Anne lächelte falsch. Sicher will sie jetzt meine Adresse bei Stefan. Am Ende taucht sie dann noch auf und will bei uns wohnen, wenn sie ihren Bruder nicht findet, nein, das kommt gar nicht in Frage.

»Ich meine nur«, hakte Katie nach, »falls was schiefgehen sollte, mit deinem Verlobten, man kann ja nie wissen. Sonst kennst du doch niemanden hier, oder?«

»Nein, niemanden.«

»Paß auf, wenn was sein sollte, du triffst mich sicher im Crazy Cactus. Das ist eine Art Billard Saloon in der Lower East Side. Soll ich dir das aufschreiben?«

»Kann ich mir merken. Danke.«

Eigenartig, so viel Fürsorge von einer, die selbst nicht mal genau wußte, wo sie die kommende Nacht schlafen würde. Anne spielte mit dem Gedanken, ihr doch noch Stefans Adresse zu geben, aber Katie war bereits am Gehen.

»Vielleicht treffen wir uns mal im Crazy Cactus. Ich könnte dir ein bißchen die Gegend zeigen, wenn du willst. Ich weiß was so läuft in New York, und wo was abgeht.«

»Danke, ich werde mal sehen«, log Anne scheinheilig. Sie konnte sich diese Katie nur schwer als Begleitung vorstellen. Nein, ihre Begegnung war hier und jetzt beendet, unwiderruflich.

»Okay. Ich geh’ dann. Und laß dich von den Bescheuerten da nicht auf die Palme bringen, sonst hängst du hier den halben Tag ’rum.«

»Welche Bescheuerten?«

»Na, die da drin.« Katie wies auf die griesgrämigen Beamten der Einwanderungsbehörde in ihren Kabäuschen, die sich ein Vergnügen daraus machten, die Ankommenden in der Wartereihe schmoren zu lassen, um ihnen dann mit ernsthafter Miene die idiotischsten Fragen zu stellen. »Hast du die Adresse?«

Aha, also doch. »Welche Adresse?« Anne stellte sich dumm.

»Du mußt denen unbedingt 'ne Adresse angeben, irgendeine, wo du dich aufzuhalten gedenkst, vorher geben die keine Ruhe.«

»Ach so. Sicher habe ich die. Aber was sagst du denen?«

Katie zog eine hochmütige Miene auf: »Ich muß da nicht durch. Ich habe einen amerikanischen Paß. Tschau!« Sie streckte ihr die Hand hin, und Anne drückte sie widerwillig. Sie fühlte sich an wie die Haut einer Riesenschlange, warm, trocken und ein wenig rauh.

Kindisch hopsend bewegte Katie sich auf den nahezu leeren Schalter zu, welcher der privilegierten Kaste der amerikanischen Staatsbürger vorbehalten war. Sekunden später war sie verschwunden.

Anne atmete auf. Sie war diese lästige Person doch noch losgeworden, hatte die Einreiseprozedur glimpflich überstanden und fand sich in einer geordneten Schlange vor dem Taxistand am Flughafengebäude wieder. Eine umschleierte Vormittagssonne tauchte die Welt in ein gelbes Licht. Die Hitze legte sich wie ein dichter Vorhang über sie. Im Nullkommanichts war ihre Bluse ein verschwitzter Lappen, die Strumpfhose klebte wie zäher Leim auf der Haut, ihr Deo verabschiedete sich gerade endgültig.

Ein deutsches Touristenehepaar, kamerabehängt und in Shorts, sprach sie an. Die Frau war eine angejahrte Wasserstoffblondine mit rigorosem Kurzhaarschnitt, der Mann hatte Schweißperlen auf der Nase und schob einen Schmerbauch vor sich her. Sie trugen T-Shirts vom Hardrock Café in Bangkok, Schildmützen von McDonalds, er rot, sie grün, und wollten die Taxifahrt nach Manhattan mit ihr teilen. Anne war inzwischen strahlender Laune, und das sollte auch so bleiben. Also ließ sie das Pärchen schroff abblitzen. Jetzt waren die zwei natürlich beleidigt.

»Loß guat sei, Schätzle«, sagte die Frau schnippisch und eine Spur zu laut, »des ham mir doch net nötig, mir könnet uns des scho no leischte!«

Wenig später warf sich Anne erwartungsvoll in den Fond eines monströsen gelben Vehikels. Der Taxifahrer war Inder, jedenfalls schloß Anne das aus der Plakette, die am Armaturenbrett klebte, sein Name bestand aus zehn bis fünfzehn absolut unaussprechlichen Silben. Außerdem war da noch der Turban. Sie nannte ihm die Adresse, und er fuhr mit einem Ruck los, der sie unsanft in die abgewetzten Kunstlederpolster schleuderte.

In halsbrecherischem Tempo ging es durch ein paar wenig einnehmende Viertel. Wo blieb das eindrucksvolle, fotogene New York?

Anne bat den Fahrer, über die Brooklyn Bridge zu fahren, worauf sie zwei dunkle Augen entgeistert aus dem Rückspiegel anstarrten.

»Das ist ein Umweg. Wir verlieren dadurch eine Menge Zeit!« Es klang vorwurfsvoll. Zeit zu verlieren schien in dieser Stadt ein ernstes Vergehen zu sein. Sein Englisch war schlechter als Annes.

»Macht nichts«, gab sie barsch zurück.

»Sie sind nicht von hier«, resümierte er daraufhin. Anne frohlockte innerlich darüber. Wenigstens war sie nicht sofort als Touristin entlarvt worden.

»Aus England?«

»Germany.«

»Ah.«

Verkehrsmäßig ging es hier ernsthaft zur Sache. Schwärme von Taxis, wohin man sah, nur noch Gelb auf den Straßen, die sich teilweise in recht verlottertem Zustand befanden. Bloß gut, daß ich keinen Mietwagen genommen habe, dachte Anne, und krallte sich in den Sitz.

Dann die Skyline. Ein einziges Déjà-vu-Erlebnis. Eine Filmkulisse, etwas größer als erwartet zwar, aber dennoch vertraut. Tiefe, enge Schluchten trennten himmelwärts strebende Vertikalen, geballte Materie drängelte sich auf engstem Raum, und Anne überlegte, wann es die Insel wohl leid sei, das Gewicht dieser Masse auf sich zu erdulden, und die ganze Pracht wie Atlantis im Meer versinken würde.

Sie bogen ab, es wurde ruhiger. Prächtige viktorianische Häuser, dazwischen ein paar mehr oder weniger phantasielose Neubauten, es hätte ebensogut eine bessere Gegend in London oder Paris sein können.

Der Fahrer hielt vor einem pompösen vierstöckigen Kasten an der Upper East Side, er mochte aus der Jahrhundertwende stammen. Gegenüber, das mußte eine Bar sein, ein Budweiser Schild hing über dem

Eingang, an der Tür daneben das Schild eines Psychiaters. Stefan war also gut versorgt. Das Apartment gehörte der Firma, für die er momentan tätig war.

Ein Baldachin überschattete den Eingang seines Wohnhauses. Doch der noble Schein trügte. Die einstmals großzügigen, luftig-eleganten Stadtwohnungen waren nachträglich in viele kleine, verwinkelte »Condos« zerstückelt worden. Stefan hatte sich beklagt, wie hellhörig das Haus war, und daß die Klimaanlage in seinen beiden streichholzschachtelgroßen Zimmern immer dann versagte, wenn sie gebraucht wurde. Sich Situationen auszumalen, in denen man dringend eine Klimaanlage brauchte, hatte sich Anne strikt verboten.

»Und jetzt?« wollte der Fahrer wissen, da Anne keinerlei Anstalten machte, auszusteigen.

Selbst wenn Stefan durch irgendeinen Zufall gerade zu Hause sein sollte – ihre Bluse war durchgeschwitzt, ihr Make-up dahingeflossen, ein schaler Geschmack belegte ihre Zunge, ein Spritzer Sauce hatte beim Lunch ihren Rock versaut, außerdem glaubte sie, ihre Füße müßten stinken, gar nicht zu reden von den engen Schuhen, die sie schon seit zehn Stunden folterten – in solcher Verfassung würde sie ihrem Geliebten nach fast viermonatiger Abwesenheit nie und nimmer gegenübertreten.

»Bringen Sie mich bitte in ein Hotel, möglichst hier in der Nähe.«

Ohne ein Wort setzte er sein Gefährt in Bewegung. Einer von der schweigsamen Sorte. Das war Anne nur recht, Konversation mit dem Proletariat erwies sich meist als verkrampfte, geistlose Angelegenheit, und für heute hatte sie mehr als genug davon.

»Es macht nichts, wenn es kein Vermögen kostet«, fügte sie hinzu. Schließlich brauche ich nur eine Dusche und einen Platz zum Umziehen, überlegte Anne praktisch, die Nacht werde ich sowieso bei Stefan verbringen. Anne war mit eiserner Hand dazu erzogen worden, das Familienvermögen nicht leichtfertig zu verschleudern.

Der Fahrer runzelte die Stirn. »Hundertfünfzig müssen Sie schon anlegen, wenn Sie nicht wollen, daß Ihnen nachts die Ratten auf dem Gesicht rumtanzen.« Er feixte über seinen eigenen Witz, vielleicht auch über Annes verdutztes Gesicht.

Hundertfünfzig Dollar für eine Dusche! Wenn das jemals ihr Vater zu Ohren bekäme! Er, dem jede unnütze Geldausgabe geradezu körperliche Beschwerden bereitete, dessen Geiz bereits zu seinen Lebzeiten legendär war, dankbarer Stoff für heiter-gehässige Anekdoten in der Verwandtschaft und unter den Angestellten. Diese ganze Reise zum Beispiel, für ihn ein absolut überflüssiger Zeit- und Geldverlust. Sie sah sein knorziges Gesicht deutlich vor sich, als er letzte Woche gebrüllt hatte: »Was, gleich zwei Wochen? So plötzlich? Und das ausgerechnet jetzt! Ist dir klar, was das für Probleme aufwirft?« Über seinen antiken Mahagonischreibtisch hinweg, hinter dem er seit dreißig Jahren streng sein Pillenimperium regierte, fixierte er seine Tochter mit so ungläubigem Entsetzen, als hätte sie ihn soeben über eine weitere Gesundheitsreform informiert. Anne kannte die nun folgende Leier in- und auswendig: »Mein liebes Kind! Wir sind für ein Unternehmen verantwortlich, da kann man sich so etwas nicht erlauben…«, und so weiter, und so weiter, und das Ende lautete jedesmal: »Aber bitte, mach was du willst, schließlich wird es ja mal *deine* Firma sein. Du mußt selbst wissen, was du verantworten kannst…«

Gewöhnlich verfehlten diese Worte nicht ihre Wirkung, aber diesmal holte Anne tief Luft, hielt seinem Gletscherblick tapfer stand, was sonst nicht vorkam, und plusterte sich förmlich auf in neu gewonnenem Selbstbewußtsein. »Ich kann das sehr wohl verantworten«, hörte sie sich sagen. »Es ist noch eine Woche Zeit, um das Wichtigste zu regeln. Ich fliege am Freitag.«

Während er diese Impertinenz mit demonstrativem Schweigen quittierte, verließ Anne das Büro kommentarlos. Im Gegensatz zu sonst hatte sie kein schlechtes Gewissen. Immerhin ging es um ihr Lebensglück.

Verdammt, was soll das, fragte sie sich plötzlich. Ich bin eine erwachsene Frau mit einem netten Einkommen und einem satten Vermögen, ich sitze allein in einem Taxi mitten in New York und mache mir Gedanken, was mein Vater in München wohl zu einem Hotelzimmer für hundertfünfzig Dollar sagen würde. Bin ich denn noch zu retten? »Zum Teufel mit dem alten Geizkragen«, murmelte sie halblaut, und war darauf gefaßt, im selben Moment vom Blitz gestreift zu werden.

Stattdessen fragte der Taxifahrer: »Wha d' ya say?«

Anne straffte die Schultern: »Bringen Sie mich ins… Plaza!« Es war das einzige Hotel, das ihr auf Anhieb einfiel. Wenn er das erfährt, rauft er sich die letzten verbliebenen Haare aus, grinste sie boshaft vor sich hin.

»Ins Plaza? Sie meinen *das* Plaza?« Der Taxifahrer schaute sie etwas dümmlich an.

»Wie viele gibt's denn davon?« fragte Anne ungeduldig zurück.

»Da sind aber mindestens dreihundert Dollar fällig…«

»Das ist sehr gut.«

Er sandte einen Blick zum vergilbten Himmel seines Wagens und dachte sich offensichtlich seinen Teil. »Okay. Ist nicht weit von hier.«

Es war tatsächlich nur ein kurzes Stück downtown, entlang am Central Park, und da stand es schon, das hochherrschaftliche, alte Monstrum. Sie entließ das Taxi mit generösem Trinkgeld, ein uniformierter Boy stürzte sich wie ein Habicht auf ihre Tasche, dann fächerte sie vor dem Blondchen am Empfang ihre Kreditkartensammlung auf. Entzückt empfahl diese ihr eine kleine Suite. »Mit Blick auf den Park, really wonderful!«

Sie buchte ohne mit der Wimper zu zucken die really wonderful Suite für knappe vierhundert Dollar, ohne Steuer, dafür mit Frühstück.

Minuten später ließ sie sich erschöpft auf einem Bett nieder, in dem man sich glatt verirren konnte, und lächelte vor sich hin. »Gut gemacht, Anne«, lobte sie sich, »bis jetzt wirklich prima!«

Katie sparte sich das Taxi. Sie nahm den Bus voller schnatternder Touristen und fuhr durch die selben öden Viertel in Queens, die Anne kurz zuvor durchquert hatte, und als sich der Bus wegen eines Staus im Schrittempo über die Queensboro-Bridge quälte, beschlich sie so eine Art Heimatgefühl. Nach der Brücke stieg sie beim erstbesten Stop aus und wechselte in die Subway. Fröhlich vernahm sie das metallische Kreischen des herannahenden Zuges, das geeignet war, ein empfindliches Ohr für den Rest des Tages in einen summenden Bienenstock zu verwandeln. Sie nahm den F-Train zur Delancey Street. Endlich wieder die gute alte Subway!

Zwischen Washington Square und Broadway / Lafayette stolperte eines dieser zerlumpten schwarzen Halbwesen, wie sie an jeder Ecke der Stadt zu sehen waren, durch den Waggon. Er hielt jedem Fahrgast den obligatorischen Pappbecher hin und murmelte etwas von »homeless« und »help«. Katie spendierte ihm einen Quarter, und er verließ den Wagen durch die hintere Tür. Doch kaum hatte sich die Tür hinter ihm geschlossen, da verschwand seine zerfledderte Gestalt aus dem Fensterausschnitt. Verdammt, wo war der hin? Der würde doch nicht… Katie streckte sich ein bißchen, spähte durch die Scheibe und grinste. Der Kerl kauerte über einem Spalt von zehn, zwanzig Zentimetern auf den Trittbrettern zwischen den Waggons und seilte bei voller Fahrt einen ab. Dann wischte er sich akribisch den Hintern, wurde wieder im Fenster sichtbar, und zog sich mit der selbstverständlichsten Geste der Welt die löcherigen Hosen hoch. Langsam und penibel knöpfte er sie zu und nahm seine Erwerbstätigkeit im nächsten Wagen wieder auf.

Spätestens jetzt wurde Katie richtig klar, daß sie wieder zu Hause, in New York City war.

Ecke Delancey / Essex Street tauchte sie auf, roch die vertrauten Düfte der Markthallen und verspürte, neben einem aufwallenden Gefühl der Geborgenheit, vor allem eins: Hunger.

Sie setzte sich in Bewegung, wie leicht es sich auf den vertrauten Straßen doch ging, und erkannte unterwegs freudig altvertraute Einzelheiten wieder: das Chinarestaurant, den Coffee Shop daneben, den Supermarkt, die kleinen Schneidereien, die jüdischen Delis für koschere Lebensmittel und den schmuddeligen Burger King.

Sie überquerte die Houston Street, erreichte Alphabet City und schlenderte eine ganze Weile kreuz und quer herum. Ein paar schicke, neue Geschäfte waren auf der Ave A eröffnet worden, und ein Polizist stand wachsamen Auges davor. Offenbar war man gerade bemüht, die Lower East Side etwas aufzumöbeln. Die Gegend war, als Katie sie vor fünf Jahren verlassen hatte, ebenso heruntergekommen gewesen wie die meisten ihrer Bewohner. Und es lümmelten noch immer die einschlägigen Junkies, Crackheads und Pusher herum, Häuserwände und -treppen waren bepißt und beschmiert, die meisten Gebäude still am Dahinbröseln, wie faule Zähne, einige nur noch gespenstische Ruinen, dazwischen klafften leere Grundstücke, die als Müllhalde dienten oder – unwirkliche Oasen in der Stein- und Abfallwüste – von Mietern parzelliert und in pittoreske Gärtchen verwandelt worden waren. Doch stellenweise, zaghaft und irgendwie verdächtig, wies das Vorhandensein von neuen Läden, Coffee Shops und sogar Restaurants auf gewisse Veränderungen hin.

Katie betrachtete die Sache skeptisch. Hier verbargen sich seit Jahren die Sorgenfalten von Manhattans strahlendem Antlitz, hier lebten, gleich nach Harlem, die meisten Sozialhilfeempfänger – Schwarze, Latinos, gescheiterte Existenzen verschiedenster Nationalitäten, an denen der amerikanische Traum spurlos vorübergezogen war. War diese verlotterte Nachbarschaft den Mächtigen der Stadt auf einmal ein Dorn im Auge? Versuchten sie ernsthaft, diese »High Crime

Area« zu entschärfen, den Schandfleck nach bewährtem Muster zu beseitigen? Möglich wäre es, denn der Touristenrummel im benachbarten East Village breitete sich unaufhaltsam wie ein wucherndes Krebsgeschwür aus. Vielleicht würden die vergammelten Blocks und die uralten Häuser in Kürze von Spekulanten aufgekauft, abgerissen, saniert und stückweise an die ersten Yuppies verscherbelt werden. Ähnlich wie es drüben im East Village passiert war, und davor in Soho, und davor in Greenwich…

Sie lief weiter und wälzte ein paar melancholische Gedanken. Sicher, dies war nicht die Park Avenue, aber trotzdem hatte sie sich hier einigermaßen wohl gefühlt. Und viel gelernt. Und – es gab wesentlich Schlimmeres. Die South Bronx zum Beispiel, oder gewisse Teile von Brooklyn, dagegen war dies hier geradezu Beverly Hills, nur ohne Hügel. Wenn man ein paar Regeln beachtete, ließ es sich in der Lower East Side eigentlich ganz passabel überleben.

Katies ehemaliges Wohnhaus, in einer Seitenstraße zwischen der Ave B und der Ave C, der »Loisaida«, wie sie von den Latinos dort genannt wurde, gelegen, hatte dem sozialen Fortschritt erfolgreich getrotzt. Ebenso der Rest der Straße, deren Erscheinungsbild Beirut entschieden näher kam als Beverly Hills. Die Yuppies würden noch ganz ordentlich was zu tun bekommen, wollten sie hier tatsächlich aufräumen.

Der triste, sechsstöckige Brownstone-Bau war versifft wie eh und je, und eigentlich abbruchreif. Über die rußgeschwärzte Fassade rankte sich ein Gewirr von Feuerleitern, beinahe romantisch anzusehen, es sei denn man wohnte darin. Neue Graffitis waren über die verblassenden alten gesprüht worden. Vom Nebengebäude stand nur noch die ausgehöhlte Hälfte. Und dieser Müll überall! Früher hatte Katie das nicht so deutlich wahrgenommen, aber nun, da sie aus dem sauberen Deutschland kam…

Sie ging ohne zu zögern hinein. Zerbrochene Flaschen lagen im Hausflur, es stank säuerlich, und um ein Haar wäre sie in die halbverdauten Überreste einer Mahlzeit getreten. Nein, stellte Katie fest, die Armut hier hatte wirklich nichts Romantisches.

Sie hielt sich die Nase zu und studierte dabei die Namensschilder an den seit Jahr und Tag nicht funktionierenden Klingeln, die noch nicht abgerissen worden waren. Das brachte nichts. Dann rannte sie die Treppe hoch. Sie hatte wildes Herzklopfen, vom Hochlaufen und überhaupt. Was, wenn ihr Bruder tatsächlich noch da wäre?

Auf ihr hartnäckiges Klopfen öffnete ihr eine junge Puertoricanerin, etwa um die zwanzig, ein verlebtes Gesicht, zuviel Schminke. Sie hielt ein Baby im Arm, roch nach Fusel und fuhr Katie böse an:

»Wenn Sie vom Jugendamt sind, können Sie sich sofort wieder verpissen.«

»Ich bin nicht vom Jugendamt!« sagte Katie.

»Erst letzte Woche war einer da, mir reicht's jetzt allmählich, ihr miesen…«

»Ich suche meinen Bruder. Jeff. Jeff Shannahan. Er hat hier gewohnt.« Katie brüllte in die spanischen Schimpftiraden der Frau hinein. Die verstummte und sah Katie von oben bis unten an.

»Kenn' keinen Shannon.«

»Shanna-han.«

»Kenn' ich trotzdem nicht. Hau'n Sie ab.«

»Seit wann wohnen Sie hier?« bohrte Katie.

»Weiß nicht.« Die Frau sah sie fordernd an. Katie begriff. Sie kramte in ihrer Handtasche, und fünf Dollar wechselten den Besitzer.

»Seit 'nem halben Jahr«, antwortete die Frau.

»Haben Sie ihn noch getroffen?«

»Nee, die Bude stand schon ein paar Wochen leer. Was heißt leer… 'nen Riesensaustall hat Ihr feiner Herr Bruder da hinterlassen!«

Soviel Katie durch den Türspalt erkennen konnte, hatte sich das Ambiente seither nicht nennenswert verändert. Das Baby begann zu quäken.

»Sonst noch was?« fragte die Dame des Hauses genervt.

»Nein, danke.« Die Tür wurde zugeknallt. Fünf Dollar für nichts.

Sie verließ das Gebäude, nicht sehr enttäuscht, sie hatte nur vage mit der Möglichkeit gerechnet, ihn noch hier zu finden.

Einem plötzlichen Bedürfnis folgend, ließ sie sich auf einem Treppenabsatz nieder, vorher wie ein Tier nach allen Seiten witternd, und fischte ein Zellophantütchen aus ihrer Tasche. Weißes Zeug bröselte auf ihren Taschenspiegel, sie saugte es durch eine gerollte Dollarnote gierig in ihre Nase. Aaah, die erste Prise eines Tages war doch jedesmal wieder göttlich.

Es gab ein kurzes Hirngewitter, dann fühlte sie sich frisch und leicht. Sie glitt nun schwerelos etliche Blocks zurück und blieb in der Ludlow Street stehen. Die meisten Nachkommen der Bewohner dieser Turn-of-the-Century-Gebäude lebten jetzt in Brooklyn und hatten Latinos, Chinesen und weiß der Teufel wem noch alles Platz gemacht.

Doch ein paar waren noch immer hier. Katie blieb vor einem der Häuser stehen. Es war schmal, der rote Anstrich hätte eine Erneuerung vertragen, die Feuerleitern waren rostig, und mit der Bausubstanz stand es nicht mehr zum Besten. Immerhin lag kein Müll vor der Tür, und Grünzeug rankte in den Fenstern hinter den Spitzengardinen. Ein proper gekleidetes kleines Mädchen saß ein paar Meter entfernt im Staub und spielte mit einem verdorrten Regenwurm. Katie beachtete sie nicht, ging zur Tür des roten Hauses und klingelte. Eine sehr alte Frau mit einer schneeweißen Perücke auf dem eingeschnurrten Kopf öffnete. Aus der Tür drang der Geruch von Zimt, Anis und Kardamom. Stimmt, erinnerte sich Katie, morgen ist ja Samstag – Sabbat! Dafür bäckt sie also immer noch ihre Babkes und kocht Tscholent, wie eine Verrückte.

»Ja, bitte?« Die Stimme klang wie die einer Kettenraucherin, obwohl diese Frau garantiert noch nie in ihrem langen Leben geraucht hatte. Ihre kleinen Äuglein musterten Katie mißtrauisch.

»Frau Kirsch! Guten Tag. Erkennen Sie mich? Ich bin Katie. Katie Shannahan, die Freundin von Lis.«

Ein Ruck ging durch die schmächtige Gestalt. »Nennen Sie diesen Namen nie wieder«, fauchte sie die kratzige Stimme an. »Diese Person existiert nicht mehr.«

Katie war baff. Mit so einem Empfang war wirklich nicht zu rechnen gewesen. »Aber was ist denn...«

»Ich erkenne dich«, flüsterte die Alte jetzt und trat einen Schritt auf Katie zu, die eingeschüchtert zurückwich. »Ja, ich kenne dich. Du bist auch eine von denen...«

»Hören Sie, Frau Kirsch, bitte! Ich suche nur Lis, die Tochter Ihrer Tochter. Ich brauche bloß ihre Adresse. Dann gehe ich gleich wieder, wirklich, ich bitte Sie...«

»Schlecht seid ihr, alle miteinander! Schlecht und sündig!« kreischte sie, jetzt völlig außer sich. »Verschwinde von meinem Haus, ich kenne niemanden dieses Namens!«

Katie flüchtete verwirrt und von jiddischen Unfreundlichkeiten begleitet. Wieso in aller Welt rastete die Alte dermaßen aus, bei der bloßen Erwähnung ihrer eigenen Enkelin? Sicher, die alte Kirsch war immer schon ein wenig seltsam gewesen, mit ihren strengen, orthodoxen Gebräuchen und ihrer komischen Perücke, die sie ununterbrochen trug. Aber gleichzeitig war sie immer die Gastfreundschaft in Person gewesen. Sie hatte Lis doch sehr geliebt. War sie inzwischen meschugge geworden?

Katie trat hinaus auf die Straße und überlegte ihren nächsten Schritt. Was nun? Lis war ihr einziger Anlaufpunkt in dieser Stadt, ihre einzige Freundin von früher. Sie waren zusammen zur Junior High School gegangen und auch noch Freundinnen geblieben, als Katie nicht mehr regelmäßig kam und die Familie Shannahan immer mehr ins soziale Abseits schlitterte. Ihr Vater hatte seinen Job beim Elektrizitätswerk verloren, von heute auf morgen. Er konnte ganz gewiß nichts dafür. Bei einer Rationalisierungsmaßnahme der Gesellschaft fehlten ihm einfach ein paar Dienstjahre...

Katie wurde aus ihren Gedanken aufgescheucht. Das kleine Mädchen von vorhin schlenderte lässig auf sie zu.

»He«, sagte sie mit rotzfrechem Gesicht, »ich weiß, wer du bist.« Katie sah sie forschend an. »So? Und wer bist du?«

»Ich bin Sarah.« Sarah. Lis' kleine Schwester, vor fünf Jahren noch fast ein Kleinkind. Sie mochte jetzt etwa zehn oder elf sein.

»Sarah! Du erinnerst dich an mich?«

»Klar doch, du bist ziemlich oft bei uns gewesen.«

»Sarah, wo ist Lis?«

»Wohnt jetzt woanders. Im Village.«

»Wo sind deine Eltern?«

»Wir wohnen auch nicht mehr hier, sondern drüben, auf Coney Island.« Kindlicher Stolz schwang in ihrer Stimme.

Katie war erneut von den Socken. In den letzten Jahren schien sich die Welt total verändert zu haben, zumindest in dieser Familie. Die Mutter hatte man seinerzeit selten gesehen, sie war fast immer arbeiten. Lis' Vater war ein symphatischer Spinner, der stets irgendwelche Unternehmungen in Angriff nahm, die kaum jemals von finanziellem Erfolg gekrönt waren. Da war die Sache mit dem Hundefutter, dem ein unschädlicher, phosphoreszierender Stoff beigemischt war, welcher die Hinterlassenschaften der Biester bei Dunkelheit zum Leuchten brachte. Niemand, außer ein Blinder natürlich, würde mehr nachts in einen Hundehaufen treten, sollte diese Erfindung erst einmal weite Verbreitung gefunden haben. Lediglich die Hundefutterhersteller waren nicht von der Genialität dieser Idee zu überzeugen.

Wie hatte es diese Chaotenfamilie bis nach Coney Island geschafft, und warum war diese schrullige Großmutter noch hier?

»Wenn das alles stimmt, wieso lungerst du dann hier herum?« erkundigte sich Katie lauernd. Womöglich schlug die Kleine ihrem Erzeuger nach und halluzinierte.

»Weil Mami im Krankenhaus ist und Papi keine Zeit für mich hat. Er hat gerade einen neuen Job angefangen.«

Die Welt hatte sich also doch nicht völlig verändert.

»Ist deine Mutter denn krank?«

»Ach woher! Sie läßt sich bloß die Nase richten.«

Katie kicherte respektlos. Wahrhaftig, bei denen mußte der Wohlstand ausgebrochen sein. Aber nun zum Wichtigsten: »Was ist mit Lis? Warum will mir deine Großmutter die Adresse nicht geben?«

Sarah sah sich um und winkte Katie weiter, wo die Großmutter sie nicht sehen konnte.

»Ich darf nicht von ihr sprechen, wenn Omi es hört. Omi sagt, sie lebt in Sünde.«

»Was hat sie angestellt?«

»Oh, das weißt du nicht?«

»Sarah, ich war lange nicht hier.«

»Wo warst du?«

»In Deutschland, aber das tut jetzt nichts zur Sache. Was ist mit Lis?«

»O die! Die ist eine berühmte Schauspielerin geworden«, sie vollführte eine weltumspannende Armbewegung, »und kommt jeden Tag im Fernsehen, sogar zweimal.« Sarah blähte sich auf wie ein Ochsenfrosch. »Sie verdient viel, viel Geld. Davon hat sie unser neues Haus bezahlt. Sie wollte auch Omi ein schönes Haus kaufen, aber Omi will nicht. Sie will auch nicht in unser Haus ziehen. Omi sagt, es sei von schmutzigem Geld gekauft.«

Katie wußte nicht so recht, was sie glauben sollte. Lis hatte, neben ihren zahlreichen anderen Flausen, schon immer einen latenten Hang zur Schauspielerei gehabt. Sie hatte es immerhin mit sechzehn bis zur Statistenrolle in einer Off-off-Broadway-Show gebracht. Der einzige Fernsehauftritt jedoch, an den Katie sich erinnern konnte, war die Jeanswerbung eines lokalen Senders gewesen. Lis gehörte angeblich der siebente von zehn knackigen Mädchenpopos, die in knallengen Jeans über den Bildschirm wackelten.

»In welcher Sendung kommt sie denn?« Am Ende drehte sie Soft-

pornos oder sowas, das würde die Reaktion der alten Kirsch einigermaßen erklären. Sarah tat furchtbar wichtig. »Es heißt ›Wealth-Club‹.
Es spielt in einer Bank. Sag bloß, das kennst du nicht?!«

»Weißt du, in Deutschland sind sie da immer ein wenig hinterher...«, erläuterte Katie.

»Es ist eine ganz irre Serie, läuft seit einem knappen Jahr. Jeder
schaut sie an. Lis sieht im Fernsehen echt toll aus! Sie spielt die Mona,
und Mona ist verliebt in Richard, den Chef der Devi... Desi..., ach
irgend so einer wichtigen Abteilung, aber der hat eine Frau, die ist
schwer krank, und deshalb kann er sie nicht verlassen...« Sarah setzte
sie genauestens über die komplexen Zusammenhänge ins Bild, was
einige Zeit in Anspruch nahm. Katie hörte nur halb zu.

Lis! Lis der Nachwuchsstar einer Soap-Opera, das war kaum zu
glauben. Aus Sarahs naiven Schilderungen zu schließen, spielte Lis so
etwas wie das supersexy Dummchen.

»Hör zu Sarah. Hast du ihre Adresse? Oder die Telefonnummer?
Ich muß unbedingt zu ihr!«

Sarah schüttelte den Kopf. »Ich... ich weiß nicht genau.«

Katie seufzte schicksalsergeben.

»...aber ich kann dich hinbringen! Ich war schon oft da, ich weiß,
wie ich laufen muß. Ist gar nicht weit von hier.«

»Super, kannst du das für mich machen?«

»Ja, aber nicht jetzt. Omi würde mir den Kopf abreißen.« Sie senkte
verschwörerisch die Stimme. »Heute abend, da geht sie wieder zum
Friedhof, so um sieben. Kannst du da nochmal kommen? Dann
bringe ich dich hin.«

»Gebongt.«

»Macht zehn Dollar.«

»Wie bitte!?«

»Fünfzehn.«

»Okay, okay, okay...« Das Kind war durchaus nicht auf den Kopf
gefallen, würde es sicher noch weit bringen im Leben. »Also, ich
werde um sieben wieder da sein. Vergiß es aber nicht, Sarah!«

»Niemals. Bin ich ein Baby?« Federnden Schrittes, dazwischen elegante Pirouetten drehend, entfernte sie sich. Katie sah ihr beeindruckt
nach. Hatten die jetzt sogar Geld für Ballettstunden übrig?

Sie trottete zurück bis zur Ecke Ludlow/Houston Street und
gönnte sich von ihren letzten paar Dollars ein Roastbeef-Sandwich
bei Katz's. Das waren Sandwiches! Katie zählte fünfzehn Lagen

Fleisch. Dazu ein Ster saurer Gurken, nirgends auf der Welt gab es köstlichere Gurken! Über ihr wehte im lauen Luftstrom des Ventilators das alte Pappschild »Send a Salami to your Boy in the Army«.

Es blieben eine Menge Zeit und wenig Geld bis zum Abend. Sie schlich langsam durch die Straßen und sah sich ein wenig ratlos um, als sie unter einer umgedrehten Baseballmütze ein einzigartiges, unverkennbares Mopsgesicht erblickte. Whopper, das verfressenste Mitglied ihrer alten Bande, hockte auf den ausgetretenen Stufen seines Hauseinganges und aß grüne Speckbohnen aus einem Pappbecher, geradeso, als hätte er sich während der letzten fünf Jahre nicht von dort wegbewegt. Seinem Körperumfang nach zu urteilen hatte er das auch nicht. Neben ihm stand eine Dose Bier in der obligaten braunen Tüte.

»He, Whopper!«

Der Angesprochene fuhr flinker herum, als man ihm zugetraut hätte.

»Was hast du gesagt?« kreischte er mit seiner Eunuchenstimme. Eigentlich sagte er: »Wha d' ya say?«

»Ich sagte: He, Whopper!« Katie grinste ihn unverschämt an. Er machte seinem alten Spitznamen alle Ehre. Er war schon vor Jahren von robuster Gestalt gewesen. Nun war er sackfett. Sein Genick war dicker als sein Kopf.

»Willst du Ärger? Kannst du haben! Mein Name ist Silvio, kapiert? Silvio Brentone! Keiner nennt mich hier Whopper!«

Katie tippte ihm gegen die Wampe. »Reg dich ab, Whoppy. Kennst du mich nicht mehr?«

Whopper stellte seine Bohnen ab, pflanzte sich in seiner brandneuen Rapper-Kluft vor ihr auf und sah auf sie herunter.

»Kann sein. Ja, doch. Katie Shannahan, wenn ich mich nicht schwer irre. Warst lange nicht mehr in der Gegend. Du siehst immer noch aus, als ob sie dir in den Ventilator geschissen hätten.«

»Vorsicht, du aufgeschwemmter Maccaroni.« Katie haßte derlei Anspielungen auf ihre Sommersprossen.

»He, was denkst du dir eigentlich...« Seine feiste Hand ballte sich drohend zur Faust.

»Spar dir den Scheiß!« sagte Katie. »Ich will Marco sprechen.«

»Ha! Zum Brüllen. Sie will Marco sprechen!« Er schlug sich auf die Schenkel, es klang, als platze ein Wasserbett.

»Was ist daran komisch?«

Whopper trat auf sie zu und breitete die Arme gen Himmel aus. »Marco ist nicht mehr, Baby. Hat den Löffel abgegeben. Schon vor zwei Jahren.«

»Wieso?« fragte Katie, schwer getroffen. Der hübsche, draufgängerische Marco, in den Katie einmal unsterblich verliebt gewesen war...

»Das Übliche. Ne' kleine Schießerei... War unvorsichtig. Aber woher kommst du eigentlich, vom Mond?«

»So ähnlich. An wen kann ich mich in geschäftlichen Dingen wenden?«

»Geschäfte? Was 'n für Geschäfte?« Die Sehschlitze in seinem Hefeteiggesicht wurden eine Nuance breiter.

»An wen?« wiederholte Katie genervt.

»Na, an mich natürlich. Ist dein absoluter Glückstag heute. Du hast den Boss höchstpersönlich erwischt. Also, worum geht es?«

Oh shit, dachte Katie, nicht mal die Straßenbanden waren mehr das, was sie mal waren, wenn sich so eine Pflaume zum Anführer aufschwingen konnte.

»Na gut, du Angeber«, seufzte sie, und blies sich eine Haarsträhne aus der Stirn, »reden wir über's Geschäft.«

Etwas Schlaf wäre sicher nicht verkehrt, erwog Anne, als sie, ein völlig neuer Mensch, aus der Dusche kam. Doch die Aussicht auf den Abend hielt sie auf den Beinen, es war ein schwebendes Gefühl, als hätte sie ein Aufputschmittel geschluckt, was sie im übrigen niemals tat.

Nichts da, ermahnte sie sich streng, ich bin nicht zum Schlafen hier. Sie zog sich frische Sachen an. Aber wie die Zeit bis zum Abend sinnvoll verbringen? Eine Kunstgalerie? Das Guggenheim? Der Park? Alles nicht so ganz das Richtige. Ein Einkaufsbummel? Na, also. Warum schleichst du so lange um den heißen Brei herum, Anne, du kannst es doch kaum erwarten zu Saks, Bloomingsdale's, Tiffany's, und wie die Zauberwörter alle heißen, zu kommen.

Sie schlüpfte in ein Paar flache Slipper, zog sich die Lippen nach und machte sich an die Eroberung der geheiligten Hallen des Konsums. Ehe sie das Plaza verließ, hinterließ sie den bekleckerten Rock zur Reinigung an der Rezeption.

In einem lauten Coffee Shop nahm sie ihren Lunch, schon zum zweiten Mal in zwölf Stunden. Eigentlich wäre es ja schon das Abendessen, rechnete sie, aber wie erkläre ich das meinem Magen, wenn es für den Kopf schon schwierig genug ist. Man servierte schwammiges Omelett mit Dosenpilzen und Plastikkäse, annonciert als die Spezialität des Hauses. Die Tische und Bänke waren angeordnet wie die Zugabteile der Bundesbahn, zweite Klasse. Herren in grauen Anzügen lunchten mit ihresgleichen oder mit sorgfältig zurechtgemachten Damen. Diese Fingernägel! Klauen wie Maulwürfe! Die Bedienung schenkte Anne unaufgefordert Kaffee nach, was Anne sehr zuvorkommend fand, zumal sie am Ende nur einen bezahlen mußte. Was für eine freundliche Stadt!

Dann reihte sie sich nahtlos ein in den unendlich fließenden Gesichterstrom. Jeder schien es eilig zu haben. Anne ließ sich im wuselnden Menschengewimmel um ein paar Ecken treiben und landete, wie von einem geheimnisvollen Magneten angezogen, bei Bloomingdale's. Und kam natürlich nicht mehr raus. Die glitzernde Designerwelt hielt sie erbarmungslos gefangen. Sie schaffte es größtenteils, den mannigfaltigen Versuchungen, die Kreditkarte zu zücken, zu widerstehen. Wie gesagt, größtenteils. Bis auf ganz wenige Kleinigkeiten. Es war bereits später Nachmittag, als es ihr glückte, diesem Ort der Verlockung zu entfliehen. Die Straßen waren noch immer heiß und vollgepfropft mit Menschen.

Anne gönnte sich eine Verschnaufpause im kühlen Schatten eines Wolkenkratzers, die fünf Bloomie-Tüten wie eine Schar Enten rund um sich versammelt. Ihr Blick glitt an der reflektierenden Fassade hoch. Funkelndes, blitzendes Glas zerstach den stahlblauen Himmel irgendwo ganz da oben. Das Ding schien sich zu drehen. Oder drehte sich der Boden? Oder das Universum? Anne lehnte sich gegen das Gebäude, um nicht umzukippen. Es gab nicht nach. Der Plastikkäse von vorhin klebte schwer an ihren Magenwänden, und ihr wurde klar, daß nun die Zeit für einen eiskalten Drink in klimatisierter Umgebung gekommen war. Ein Taxi zu ergattern versuchten bereits Scharen anderer, tütenbepackter Menschen an dieser Kreuzung, also machte sie sich zu Fuß auf den Weg zurück ins Hotel.

In der Subway-Station am Rockefeller Center liefen Katie zwei Touristen in bizarrem Aufzug vor die Füße. Daß es Deutsche waren, erkannte ihr geschultes Auge auf den ersten Blick. Nicht unbedingt an der Kamera, die der Mann auf seinem Ranzen vor sich her balancierte, eher schon an ihren Shorts, den unrasierten, schwarzstoppeligen Beinen der blondgefärbten Frau und an den Baseballmützen von McDonalds, er rot, sie grün. Das Paar blieb stehen, studierte ebenso gründlich wie ratlos den Fahrplan und war dabei allen im Weg. Die Frau nahm einen ledernen Brustbeutel vom Hals, um nach Kleingeld zu suchen. Das Grollen eines einfahrenden Zuges wurde lauter, es herrschte Gedränge und Hektik. Rush Hour. Quietschend stoppte der Zug und spie eine bunte Menschenmenge aus. Jemand rempelte die Frau an. Empörtes Herumfahren, ein Griff, ein Aufschrei: »Schätzle! Hilfe, 's Geld isch weg!«

Doch Katie hatte ihren Token parat, witschte durch das Drehkreuz und schon verschwand sie im Zug, Türen zu, ab.

»Welcome to the Big Apple«, grinste sie leise vor sich hin.

Eine Station weiter uptown stieg sie aus, suchte sich eine Nische in einem Ladeneingang und sichtete ihre Beute: Vierhundert Dollar in bar, Reiseschecks, ein Päckchen feuchte Sagrotantücher. Na bestens! Würde jetzt noch der Deal mit Whopper heute abend planmäßig über die Bühne gehen, dann war sie für's erste wieder flüssig.

Ihr Blick fiel auf ein Paar rabenschwarze Sneakers im Schaufenster, Marke »Jordan Air«. Solche Dinger waren doch schon längst fällig. Außerdem brauchte sie dringend einen Ausgehfummel samt Schuhe für den Abend, eine Zahnbürste, etwas Make-up, neue Jeans und... New York war noch nie ein billiger Ort gewesen.

Nach einem heftigen Einkaufsbummel genoß Katie die spätnachmittägliche Atmosphäre des Central Parks. Es war noch genug Zeit bis zu ihrem Treffen mit Sarah. Katie liebte den Park. Hier war sie sonntags oft mit ihrem Vater gewesen. Sie hatten Eis gegessen und den Bladerunnern am Roller Rink zugesehen oder die Breakdancer beobachtet, wie sie zum neuesten Hop-Hop ihre akrobatischen Spielereien einstudierten.

Ihr momentaner Parkaufenthalt hatte jedoch eher materielle Gründe. Abgeschlaffte Büroangestellte und Liebespärchen trafen sich um diese Stunde zum Picknick auf den Rasenflächen. Katie spähte nach einem Objekt. Ein jüngerer Typ in Nadelstreifen und Hosenträgern kam an ihr vorbei. Sicher einer dieser Börsenhaie, oder vielleicht ein Banker, ziemlich ausgepumpt und fertig jedenfalls.

»He!« zischte Katie. Er verlangsamte seinen Schritt, als hätte er auf sein Stichwort gewartet. Sie trat auf ihn zu und spulte eine dieser

Phrasen herunter, die Geschäfte bestimmter Art einzuleiten pflegten:
»Ey, Mann, ich hab' was für dich. Das Schärfste, was je durch deine
Nasengänge gekrochen ist, ehrlich, das bringt dich Gott näher als alles
andere. Quatsch, was sage ich? Du wirst Gott sein!«

Na also, das ließ sich ja prima an. Er überlegte eine Zehntelsekunde,
heiße Gier ließ seine Pupillen wie Glühwürmchen aufleuchten.

»Was soll das sein?« Sein Tonfall drückte absolute Wurstigkeit aus,
konnte Katie jedoch nicht täuschen.

»Komm mit.« Sie ließ ihm keine Bedenkzeit, lief voraus zu einem
kleinen Gebüsch, er vorsichtig um sich blickend hinterher. Sie verschwanden.

Minuten später kam der Typ wieder heraus, kurz danach Katie. Sie
setzte sich hochzufrieden auf die Bank, zweihundert Dollar mehr in
der Reisekasse. Das war glatt gelaufen. Bei dieser Art Kunden
brauchte man wenigstens nicht um sein Leben zu fürchten.

Etwas Hartes, Kaltes berührte sie im Nacken und brachte ihr Herz
beinahe zum Stillstand. Starr schielte sie nach hinten. Es war die
Klinge eines Messers, eines mordsmäßigen Apparillos. Katie machte
sich um ein Haar in die Hose.

Der Besitzer des Mordinstrumentes sprang mit einem eleganten
Satz vor die Bank. Er war mindestens einen Kopf kleiner als Katie, ein
schmächtiger, hasenzähniger Latino-Junge, vielleicht zwölf, dreizehn
Jahre alt.

»He, was soll das?« Katie funkelte ihn wütend an.

»Was hast du eben mit dem Kerl in den Büschen getrieben?« Ha-
senzahn fuchtelte mit seinem Dolch vor ihrer Nase herum.

»Was geht dich das an? Nimm dieses alberne Ding da weg.«

»Ich frag' nicht noch mal.«

»Okay, okay. Reg dich ab! Ich hab' ihm für 'nen Zwanziger einen
runtergeholt. Kannst du ja auch machen. Im Moment ist er aber ziemlich ausgelutscht. Lauf, vielleicht holst du ihn noch ein.«

»Sei vorsichtig. Und nenn' mich nicht Schwuchtel.«

»Hab' ich ja nicht. Und jetzt: Adios, Amigo! Ich bin zum Relaxen
hier.«

Er sah sie mißtrauisch an. Augen, schwarz wie Motoröl. »Einen
runtergeholt, was?«

»Ja, verdammt. Noch nie was davon gehört?«

»Sei vorsichtig! Falls du hier Drogen verkaufst, solltest du schleunigst verschwinden. Das ist nämlich mein Gebiet hier, klar? Wer das

nicht kapiert, der kriegt echte Probleme mit mir, verstanden?« Erneut drohendes Messergefuchtel.

Beinahe hätte Katie über diesen Pimpf lauthals gelacht, doch sie machte sich im selben Moment klar, in welcher Stadt sie sich befand. Der Typ, so komisch er wirkte, meinte es zweifellos ernst. Das zarte Pubertätsalter hielt die Leute hierzulande nicht zwingend von Brutalitäten ab. Also stöhnte sie theatralisch: »Mach dir nicht ins Hemd, Mann, ich hab' nichts verkauft. Bin nur zufällig hier, mein Gebiet ist normalerweise am Times Square.«

»Soso.« Er musterte sie gönnerhaft, jetzt ganz cooler Macho. »Okay, Baby…« Diese halbe Portion nannte sie tatsächlich »Baby«! »…falls du hier öfter rumhängst, könnten wir vielleicht ins Geschäft kommen.«

Katie konnte ihren unbändigen Lachreiz kaum noch kontrollieren. »Schon möglich.«

»Okay. Aber denk dran. Keine Deals in meinem Revier!« Er steckte das Messer weg, und fort war er, so schnell und unbemerkt, wie er gekommen war.

Ein Zuhälter dieses Kalibers, das fehlte mir noch. Ganz schön auf Draht, die Kids hier. Sie sah sich um, ob dieses versaute Gör auch wirklich verschwunden war, und da auch sonst gerade niemand vorbei kam, gönnte sie sich selbst eine kleine Prise.

Hier war nun leider kein Reibach mehr zu machen, das Kerlchen würde garantiert noch eine Weile herumlungern und sie beobachten. Es schien angeraten, zu verschwinden; wenn dieses Gesocks einmal Stoff witterte, war ihr Leben weniger wert als eine leere Colabüchse.

Also stand sie auf und verließ den Park in Richtung downtown. An einem Pretzelwagen, gegenüber dem Portal des Plaza Hotels, kaufte sie ein paar geröstete Erdnüsse und beobachtete halb amüsiert, halb sehnsüchtig das Treiben. Ein Wagen nach dem anderen fuhr vor: Jaguar – BMW – Mercedes. Mercedes – BMW – Jaguar. Endlos lange Lincoln Towncars und ordinäre Taxis dazwischen. Türen wurden von uniformierten schwarzen Boys geöffnet, aufgetakelte Fregatten schälten sich heraus, die männlichen Begleiter, sie sahen alle mehr oder weniger gleich aus, verteilten Trinkgelder. Mittendrin diese albernen Pferdekutschen, herausgeputzt wie Fossilien aus dem vorigen Jahrhundert. Andererseits, so sahen einige der Figuren aus dem Plaza auch aus.

Eine große, weibliche Gestalt, beladen mit Einkaufstüten, stakste an der Ampel über die Fifth Avenue, wobei sie um ein Haar von einem Taxi auf die Hörner genommen worden wäre, und schleppte sich müden Schrittes auf das Portal zu. Hatte wohl kein Taxi gekriegt, diese Touristen stellten sich dabei aber auch zu dämlich an. Plötzlich reckte Katie den Hals und kniff die Augen zusammen. Das war doch... Sie pirschte ein paar Schritte näher zur Straße.

»Da schau her«, murmelte Katie, »die Schuhverkäuferin. Im Plaza. Das müssen aber ganz schön teure Schuhe sein...«

Um sieben Uhr p. m. stand Anne vor Stefans Palazzo Prozzo, erneut frisch geduscht, nochmals umgezogen und mit seinem Lieblingsparfum hinter den Ohren.

Mit klopfendem Herzen schritt sie die flachen Stufen hinauf zum Eingang. Eine Halle mit Marmorschachbrett als Fußboden und hoher Decke empfing sie mit vornehmer Kühle. Rechts thronte ein dicker Portier in Uniform hinter einem Tresen aus dunklem Holz mit Schnitzereien. Sein Gesichtsausdruck war noch zwei Grad frostiger als die Halle.

»Guten Tag.« Anne setzte ihr Business-Lächeln auf. »Wohnt hier Stefan Weinstein?«

Der Portier lüpfte sachte eine Augenbraue, beäugte sie von oben nach unten und wieder zurück, ehe er zu antworten geruhte.

»Ja, Madam. Wen darf ich melden?« Mein Gott, war das hier ein englisches Landschloß? Aber schließlich tat der gute Mann ja nur seine Pflicht.

»Das möchte ich ihm lieber selber sagen.«

»Tut mir leid, aber das ist gegen die Vorschrift.« Arroganter Kerl! Anne zwang sich zu einem Lächeln.

»Ich bin seine Verlobte. Anne Schwartz. Schwartz mit ›tz‹.« Sie ließ mit der gekonnt beiläufigen Geste von Leuten, die es zeitlebens gewohnt sind, mit Geld alle Türen zu öffnen, einen Zwanzigdollarschein auf den Tresen fallen. Das veranlaßte ihn, mit mißbilligendem Räuspern zum Telefonhörer zu greifen, während sich der Geldschein auf wundersame Weise dematerialisierte. Er drückte ein paar Knöpfe, wartete, wartete... verzog dabei keine Miene, und legte auf. »Er scheint nicht zu Hause zu sein.« Täuschte sich Anne, oder huschte da der Schatten eines boshaften Lächelns um seine Mundwinkel?

»Ja, es scheint so. Ich versuche es später.« Sie ging eilig hinaus, die

Blicke des Widerlings wie Dartspfeile im Rücken. Jetzt war die Temperatur erträglich, aber das war auch das einzig Positive an der Situation. Sie war verärgert. Weil Stefan nicht da war, und weil dieser Eisblock da drinnen Zeuge ihrer Niederlage geworden war.

Verdammt, wo war er bloß? Dann fiel ihr ein, daß dieses Land keine idiotischen Ladenöffnungszeiten kannte. Klar, das ist der wahre Fortschritt, hier erhält man alles zu jeder Zeit. Sicher ist er einkaufen gegangen. Natürlich, was sonst? Sein Kühlschrank ist leer, er wird jetzt gerade mit so einem Wägelchen durch irgendein Gourmet-Deli stolpern. Hoffentlich denkt er auch an Wein. Ein Dinner bei Kerzenlicht und kalifornischem Wein...

Jetzt habe ich so lange gewartet, da halte ich jetzt auch noch ein Stündchen aus, tröstete sie sich. Sie verbrachte das Stündchen in der Bar auf der anderen Straßenseite. Zwei angetrunkene Yuppies versuchten, ihr ein Gespräch aufzudrängen, doch Anne antwortete einsilbig, die Augen stur auf den Eingang gegenüber geheftet. Nach einer Weile gaben sie auf und betranken sich zielstrebig weiter.

Wo steckte der Kerl nur, so lange kauft doch kein Mensch ein! Sie bestellte die zweite Diet Coke und beobachtete die Eiswürfel, die glatt die Hälfte des Glases einnahmen. Als sich der letzte Hartnäckige aufgelöst hatte, trank sie hastig aus, zahlte und verließ die Bar. Sicher ist er schon da, und ich habe ihn nur nicht reingehen sehen.

Es war schon nach neun. Ein Glück, der Portier hatte gewechselt. Jetzt war es ein junger Schwarzer mit schlechtsitzender Uniform. Vielleicht ein Student, der sich hier mit der Nachtschicht was dazuverdiente. Anne wiederholte ihr Sprüchlein. Diesmal genügte ein Zehndollarschein.

»Aus Deutschland sagen Sie? Mein Bruder war mal ein ganzes Jahr da. In Fränkfurt. Sehr schön, Fränkfurt. Sagt mein Bruder. Woher kommen Sie?«

»Fränkfurt«, log Anne.

»He, was für ein Zufall! Vielleicht sind Sie ihm dort sogar schon mal begegnet.«

»Ja, das ist leicht möglich. Fränkfurt ist ja nicht sehr groß. Würden Sie jetzt bitte anrufen? Aber verraten Sie nichts...«

Er zwinkerte ihr gutmütig zu. »Okay, versuchen wir's mal.«

Das selbe Schauspiel wie eben wiederholte sich auf grausame Weise: »Geht keiner ran.« Eine Faust griff nach Annes Magen, Dakkelfalten formierten sich auf der Stirn des Portiers.

»Vielleicht noch im Büro?« meinte er aufmunternd.

»Vielleicht.«

»Er ist sicher nur in einen Stau geraten.«

»Er hat kein Auto, er fährt mit der Subway. Trotzdem, vielen Dank.«

Der Portier konnte nur hilflos und mit ehrlichem Bedauern die Schultern zucken. »See you.«

Na gut, beschwichtigte Anne sich selbst, vielleicht ist er einen trinken gegangen, mit Kollegen. Warum auch nicht? Es ist Freitagabend, da bleibt der doch nicht zu Hause, schließlich kenne ich ihn lange genug, um das zu wissen. Hätte ich bloß angerufen, ich blöde Pute. Aber nein, es mußte ja unbedingt das romantische Wiedersehen zweier Liebender nach langer Zeit sein! Scarlett O'Hara trifft auf Rhett Butler, oder so in dem Stil. Als ob das irgendwas ändern würde.

Resigniert beschloß sie, ins Plaza zurückzukehren und ihn von dort anzurufen. Das ersparte ihr weitere peinliche Auftritte vor dem Portier. Notfalls würde sie ihn eben erst morgen früh treffen. Sie erwischte ein Taxi, ließ sich ins Hotel fahren und ging ohne Umwege in die Oak Bar. Sie nahm einen Margherita, dann noch einen, und unterhielt sich geistesabwesend mit dem Barmann. Als sich ein älterer Herr neben ihr niederließ und ein Smalltalk drohend in der Luft lag, trank sie rasch aus und verzog sich in ihre Suite.

Im Viertelstundentakt rief sie bei ihm an, vielleicht waren es auch nur zehn Minuten, während sie im T-Shirt auf dem Bett lag und eine wahnsinnsdämliche Seifenoper im Fernsehen lief. Irgendwann gab sie die Telefoniererei auf und fiel in einen bleischweren Schlaf, der Fernseher quasselte noch weiter.

Nach einem zügigen Fußmarsch standen Sarah und Katie mitten im East Village vor einem ausgedienten Fabrikgebäude aus braunen Mauersteinen.

»Hier ist es«, Sarah zeigte stolz nach oben, »die zwei Etagen über dem Studio.«

»Hier?« Unten waren die Scheiben zu schmutzig, um etwas vom Innenleben zu erkennen, im ersten Stock klebte eine Reklamefolie für ein Fitness-Center in den Fenstern, die beiden Stockwerke darüber waren frisch renoviert worden, um die Fensterrahmen sah man sogar noch Farbkleckse. »Bist du da sicher?«

»Ja, es ist so ein Loft, du wirst sehen, es ist irre!« Sarah trat vor Ungeduld von einem Bein aufs andere und drückte bereits unter übertriebenem Geächze die schwere Eingangstür auf. Eine Halle mit allerlei Gerümpel empfing sie, ein Wachmann mit Pistole und Schlüsselbund im Halfter sah kurz auf und nickte dann. Offenbar kannte er Sarah.

»Na denn.« Katie stieg hinter Sarah die breiten Holztreppen hoch. Aus dem Fitness-Studio erklang ein Stück von Dr. Alban, schrille Kommandos einer weiblichen Stimme, untermalt von herzzerreißendem Stöhnen. Durch die Glastür erspähten sie ein gutes Dutzend draller Frauenkörper in hautengen Anzügen, die sich in spastischen Zuckungen auf roten Isomatten wälzten. Sie hockten sich einen Moment auf die Treppe, um das Schauspiel auf sich wirken zu lassen.

»Stretching!« erklärte Sarah schließlich in einem Ton, der Fachkompetenz erkennen ließ. Katie löste sich von dem Anblick , doch Sarah blieb auf dem Treppenabsatz sitzen: »Macht fünfzehn Dollar.«

»Wie? Oh, ja natürlich.«

Sarah schnappte sich das Geld, polterte hinauf und drückte lange und fordernd auf die Klingel. Kurze, schlurfende Schritte näherten sich, eine sehr kleine Chinesin öffnete und maulte etwas in ihrer Muttersprache vor sich hin.

»Hi, Bonnie!«

»Tag Sarah.« Sie taxierte Katie überaus kritisch.

»Ist Lis da? Ich bringe ihr 'ne alte Freundin vorbei. Sie heißt Katie. Denk nur, sie kommt aus Europa…«

Bonnie murmelte wieder mit sich selber, bat sie beide mit einer unwirschen Handbewegung herein und verschwand.

Katie blieb im Eingang stehen und sah sich um.

»Whow!« hauchte sie. Sarah hatte nicht übertrieben. »Wohnt Lis hier alleine?«

»Nein, es wohnen noch zwei oder drei Leute hier, so genau kann man das nie sagen, das wechselt.«

»Diese Bonnie?«

»Nein«, Sarah schüttelte entrüstet ihr Haupt, »Bonnie macht hier nur sauber und kocht. Sie geht abends wieder.«

Ein Dienstmädchen! In dem Moment trat Lis hinter einem türkisseidenen Vorhang aus dem Hintergrund hervor, stutzte kurz und raste dann mit ausgebreiteten Armen auf Katie zu.

44

»Katiiie?!« Ihre Stimme endete in einem hohen Quietschen. »Katie, meine Katie! Wo bist du gewesen, warum hast du nie geschrieben?« Lis hing für einen glücklichen Moment an Katies Hals. Doch dann besann sie sich auf den Umgangston, der seinerzeit zwischen ihnen geherrscht hatte. Sie ließ Katie schlagartig los und sagte: »Los, komm da von der Tür weg, das schadet sonst noch meinem Ruf.«

Katie fiel ein Stein vom Herzen. Nach ihrem Erlebnis mit der durchgeknallten Großmutter war ihr für einen Moment ganz mulmig zumute geworden. Aber Lis schien sich Gott sei Dank nicht verändert zu haben. Zumindest, was ihr Wesen betraf. Äußerlich war sie kaum wiederzuerkennen. Ihr ehemals dunkles, langes Haar war nun kürzer und schimmerte rötlich. Es wurde oben auf dem Kopf von einem Band zusammengehalten, um gleich wieder wie ein Büschel auseinanderzufallen, was ihrem Kopf die Silhouette einer Ananas gab. Ihr Gesicht wurde noch immer von den dramatisch großen Mandelaugen beherrscht, aber irgendwas mußte mit ihrer Nase passiert sein, denn die war ursprünglich sichelförmig geschwungen gewesen, was Lis den Spitznamen »Winnetou« eingebracht hatte. Nun war sie auf einmal exakt kerzengerade. Katies Augen arbeiteten sich weiter. Noch etwas stimmte nicht. Irritiert starrte sie ihre Freundin an. Dann sagte sie zur Begrüßung: »Mensch Lis, wo hast du bloß diese gewaltigen Titten her?«

Am nächsten Morgen vertilgte Anne bereits um acht einen Wabbeltoast und wählte danach von der Halle aus Stefans Nummer. Es dauerte unendlich lange, dann meldete er sich verschlafen. Ein Heer Ameisen kroch ihren Rücken hinab. Ohne ein Wort zu sagen, legte sie wieder auf. Er war da.

Diesmal konnte sie das Taxi vor seinem Haus getrost wegschicken. Doch schon von den äußeren Stufen aus erspähte sie den dicken Zerberus vom Vortag. Mist! Während sie noch zögerte und Spekulationen über die nun fällige Summe anstellte, rasselte drinnen ein Telefon. Sie hörte den Dicken kurz sprechen, dann wuchtete er sich schwerfällig aus seinem Sessel und entschwebte mit dem Aufzug himmelwärts.

Anne nutzte die Gunst des Augenblicks. Im Sturm nahm sie die Halle und klapperte auf hohen Hacken die ausladende Treppe hinauf. Es war fast genau so, wie sie es sich vorgestellt hatte. Stefan war offensichtlich noch verschlafen, oder sogar ein wenig verkatert. Er stand leicht schwankend in der Tür, seinen abgewetzten Bademantel nachlässig zugebunden, darunter sah man den Slip mit den kleinen Nikoläusen drauf, eines von Annes Weihnachtsgeschenken.

Sein Gesicht wurde abwechselnd tomatenrot und aschfahl, wie eine Warnlampe. »Anne! Wie zum Teufel... Was tust *du* denn hier?« Seine braunen Augen waren schreckgeweitet, er rang nach Luft. Man hätte beinahe den Eindruck bekommen können, als sei er bestürzt über ihre duftige, morgenfrische Erscheinung, während sie ihn wie ein Tausend-Watt-Scheinwerfer anstrahlte.

Sie schmiß sich ihm noch unter der Tür entgegen, saugte seinen warmen Bettgeruch ein, ihr Kuß traf sein stoppeliges Kinn. Der Ärmste war total daneben, hielt sie linkisch in den Armen und stotterte: »Wo... wo kommst du denn her, ich meine... jetzt, so in aller Herrgottsfrühe?«

»Ich war gestern schon da, aber du nicht, da habe ich im Plaza übernachtet«, sprudelte Anne hervor.

»Im Plaza...«, wiederholte er mechanisch.

Über seine Schulter erstahl sie sich einen Blick in die Küche. Ein monströser Kühlschrank, Türme von schmutzigem Geschirr, verstreute Zeitungen, es sah aus, wie es bei Stefan eben immer aussah. Ein grandioser Schlamper. Vermutlich verfügte der nächstgelegene Pizzaservice über seine Wohnungsschlüssel. Doch an einem der Stühle hing etwas, von dem eine seltsame Störung des vertrauten Bildes ausging. Es sah aus wie ein T-Shirt, aber der Stoff... so seidig schimmernd, nein, eher eine Bluse. Das Problem dabei war, Stefan trug im allgemeinen keine himbeerroten Seidenblusen.

Anne achtete nicht weiter auf sein fragendes Gestammel, weshalb sie denn nicht angerufen hätte, und so weiter. Sie schüttelte seine unbeholfene Umarmung ab, stob an ihm vorbei, durchmaß das Zimmer wie ein Feldwebel und bekam gerade noch mit, wie eine völlig unbekleidete, weibliche Person, mit schwarzen Locken und karamellbrauner Haut, aus dem Nebenzimmer spazierte und im Bad verschwand. Die Tür zum Schlafzimmer stand jetzt offen und erlaubte den Blick auf ein nahezu klassisches Stilleben: Hastig verstreute Kleidungsstücke aller Art, darunter ein schwarzer Tangaslip, eine leere, umgekippte Sektflasche auf dem Boden, flankiert von zwei Gläsern, eins mit himbeerrotem Lippenstift dran, daneben die Reste einer Familienpizza in Alufolie. Die Dinger zwischen den vertrockneten Sardellen, die Anne beim flüchtigen Hinsehen für eingeschrumpelte Calamari hielt, entpuppten sich beim näheren Hinsehen als drei (!) gebrauchte Kondome.

Anne kämpfte mit den Tränen und einem unbestimmten Déjà-vu-Gefühl. Nein, sagte sie sich, das kann nicht mein Leben sein, das ist ein Traum, nein, ein Film, ein ganz mieser Film, eine kitschige Seifenoper, schlimmer als Denver und Dallas zusammen...

Irgendwie, im allerentferntesten Winkel ihres Vorstellungsvermögens, hatte sie so eine Situation kommen sehen. Oder hatte sie sie sogar provoziert?

»Anne, laß dir das erklären, bitte, lauf nicht weg.«

Stefan sprang mit wehendem Bademantel und in seinen der Jahreszeit unangemessenen Unterhosen auf dem Flur herum und rief ihr fadenscheinige Ausflüchte nach. Sie merkte erst jetzt, daß sie langsam die Treppe hinunterstieg, einer Schlafwandlerin ähnlich. Wie Milch auf dem Herd schäumte die Wut in ihr hoch. Am liebsten hätte sie geschrien, gebrüllt, randaliert, alles kurz und klein geschlagen, einschließlich Stefan, und dem Miststück im Bad den Garaus gemacht. Aber Anne war frühzeitig beigebracht worden, daß eine Dame ihre Gefühle im Zaum hält. So wirbelte sie am Fuß der Treppe herum, blitzte Stefan aus feuchten Augen an und flüsterte: »Stefan, du bist ein ganz mieses Schwein. Ich will dich nie wieder sehen.«

Sie flog die restlichen Stufen hinunter und hätte beinahe den Portier umgerannt, der sich, alarmiert von dem Krawall zu so früher Stunde, soeben anschickte, nach dem Rechten zu sehen. Er verstellte ihr, infolge seiner stattlichen Leibesfülle wohl eher unabsichtlich, den Weg und erkundigte sich in scharfem Ton, was hier vorginge. Sein Erscheinen gab Anne den Rest. Der Topf kochte in genau diesem Moment über. Mit Karacho rammte sie ihm den Ellbogen in den Wanst, so daß er zusammenklappte wie ein Liegestuhl, raste an ihm vorbei, auf den Ausgang zu, und schrie dabei: »*Fuck you!*«

Village People

Der Kellner servierte Anne mit dezenter Süffisanz ihren soundsovielten Margherita. Seit dem Morgen hielt sie sich im Hotel verkrochen wie ein angeschossenes Tier, gegessen hatte sie auch noch nichts.

Zum ersten Mal in ihrem Leben genoß Anne ihre gesunde finanzielle Lage mit vollem Bewußtsein. Die Vierhundert-Dollar-Suite mit ihrer angestaubten Eleganz, den englischen Möbeln und der teuren Aussicht erwies sich als geradezu prädestiniert, um einer verlorenen Liebe nachzutrauern. Eine beklemmende Vorstellung, solche Schicksalsschläge in einer drittklassigen Absteige durchstehen zu müssen, auf einem mottenzerfressenen Bettüberwurf in ein speckiges Kissen zu heulen, umgeben von Sperrholzmöbeln und geschmacklosen Tapeten.

Einem ersten Impuls folgend, war sie nach ihrem traumatischen Erlebnis auf ihr Zimmer gestürmt und hatte mit der wütenden Energie eines Tornados begonnen, ihre Sachen zu packen. Doch in einem glasklaren Moment sah sie auf einmal die Gesichter ihrer Lieben zu Hause vor sich: Ihr Vater, der seine Meinung, diese Reise sei eine sentimentale Schnapsidee, grimmig bestätigt sah, die bohrenden Fragen ihrer an der Oberfläche so besorgten Mutter, das heimliche Getuschel in ihrer Abteilung... Nein, sie *konnte* gar nicht zurück. Nicht in den nächsten zwei Wochen. Also packte sie wieder aus und gab sich beinahe lustvoll einer bleischweren Melancholie hin. Notfalls würde sie bis zum geplanten Abflug hier herumhängen. Hier war ihr Refugium, ein stilles, dämmriges Reich aus edlen Hölzern, Chintz und Seide, das sie schmerzlindernd mit dekadentem Luxus umhüllte und sie zuverlässig vor den Gemeinheiten des Lebens da draußen abschottete. Hier würde sie sich verstecken und lethargisch auf die Scherben ihres bisherigen Lebens blicken. Dazwischen vielleicht ein wenig fernsehen und noch mehr von diesen hervorragenden Margheritas trinken. Hinausgehen? In diese gräßliche Stadt, die ihr all das angetan hatte? Niemals. Sie haßte New York seit dem Morgen geradezu inbrünstig.

Es klopfte. Anne rief etwas Undeutliches, und die Tür wurde geöffnet. Draußen stand ein Page. In ihrer zarten Beschwipstheit hielt Anne ihn für den Zimmerkellner.

»Hatte ich noch einen bestellt? Aber wenn Sie schon mal da sind... Diesmal ist hoffentlich etwas weniger Eis drin.«

Der Junge, er war so schwarz, als trüge er einen Taucheranzug unter seiner tressenbehangenen Uniform, räusperte sich.

»Verzeihung, Ma'am, unten in der Halle wartet jemand auf Sie.«

Stefan. Das konnte nur er sein. Hatte sie das Hotel erwähnt? Ja, sie glaubte sich daran zu erinnern. Sicher kam er jetzt angekrochen, um ihr verwegene Lügen aufzutischen, garniert mit Versprechungen, die er nicht zu halten gedachte.

»Sagen Sie dem Herrn...«

»Verzeihung, es ist kein Herr. Es ist eine junge... äh... Dame.«

»Eine Dame? Jung?«

»Möchten Sie sie in der Halle empfangen, oder soll ich sie heraufschicken?«

»Wer ist sie denn?«

»Eine Miss...«, er schien krampfhaft zu überlegen, »Shannon?«

Hoffnungsvoll wartete er auf ein Zeichen des Erkennens in ihrem Gesicht. Anne zuckte apathisch die Schultern.

»Das ist sicher ein Irrtum. Aber schicken Sie sie schon rauf. Und organisieren Sie mir noch so einen Margherita!«

»Selbstverständlich, Ma'am.«

Anne stolperte ins Badezimmer und inspizierte ihr Gesicht im Spiegel. Rotgeschwollene Ringe unter ihren blaßblauen Augen zeugten von ihrem Elend. Sie fuhrwerkte hastig mit der Puderquaste herum, was so gut wie nichts an ihrer kläglichen Erscheinung änderte. Ist sowieso nicht für mich, dachte sie dann gleichgültig, wahrscheinlich eine Verwechslung.

»Wer ist draußen?« rief Anne, als es laut klopfte. Vielleicht war das ja nur ein Trick von Stefan, obwohl... er würde wohl kaum so weit gehen, sich in Frauenkleidern getarnt an sie heranzumachen.

»Don Johnson«, antwortete eine vage bekannte Stimme.

Anne wurde leicht schwindelig, sie war Alkoholgenuß in derart massiver Form nicht gewohnt. Unsicher öffnete sie die Tür.

Ein bizarres Reptil stand auf dem Flur. Ein ultrakurzes, quietschgrünes Kleid umspannte knapp fünfzig Kilo geballte Erotik, so daß das Schlangenmuster darauf wie aufgemalt wirkte. Ihr Haar war zu einer einzigen weichen, roten Wolke aufgesteckt und fiel in trägen Kaskaden auf ihre nackten Marmorschultern. Der tiefe Ausschnitt enthüllte ein blasses Dekolleté, die frisch erbeutete Goldkette glänzte matt zwischen Legionen von winzigen Sommersprossen, auf der schwarzseidenen Oberfläche ihrer transparenten Strümpfe spiegelte sich aufreizend der Schein der Kristallüster. Das Gesicht war mit dezentem Make-up verfeinert, ganz anders als die Kriegsbemalung vom Morgen. Offenbar war sie zum Ausgehen gerüstet. Das ganze Kunstwerk balancierte auf Schlangenlederschuhen, deren gefährlich hohe Absätze die zierliche Person annähernd so groß wie Anne wirken ließen. Die trug lediglich Tennissocken und hielt sich am Türrahmen fest.

»Das gibt's nicht«, stellte Anne sachlich fest. Dieses Mädchen war zweifellos schlimmer als eine Warze. Man wurde sie einfach nicht los. Sie warf einen vorwurfsvollen Blick auf ihren letzten Drink. Delirium. Nannte man das nicht so, wenn man im Suff phantasierte?

»Überraschung«, krähte Katie. »Darf ich reinkommen?« Ohne Annes Antwort abzuwarten, stand sie schon im Zimmer und sah sich neugierig um. »Auch keine schlechte Bude, nein wirklich.« Sie trat ans Fenster. »He, was für 'ne starke Aussicht. Der ganze Park!«

»Wie kommst du hierher? Was tust du hier?« Wie, zum Teufel, war das möglich? New York war schließlich kein Kuhdorf.

»Störe ich?«

»Äh... nein, nein, ist schon in Ordnung.« Irgendwie war Anne plötzlich ganz erleichtert, diesen bunten Vogel hier zu sehen.

»Was hängst du hier alleine rum? Willst du nicht ausgehen? Wo ist dein Macker?«

Statt einer Antwort brach Anne in Tränen aus. Es war ihr höchst peinlich, aber der Ausbruch ließ sich nicht stoppen. Katie war froh, daß in dem Moment der Zimmerkellner mit dem Margherita erschien.

»Nett, daß du an mich gedacht hast.« Sie leerte den Drink in einem Zug bis zur Hälfte und hielt Anne wortlos den Rest hin. Sie wartete, bis Anne sich wieder im Griff hatte, dann lauschte sie geduldig dem Bericht zur Lage.

»Also hat Teresa doch recht behalten«, stellte Katie am Ende mit Überzeugung fest.

»Teresa?«

»Teresa Kokoszka. Eine Wahrsagerin, Hellseherin, oder wie du willst. Sie legt Karten, pendelt und liest aus der Hand.«

»Soso.« Es war Anne völlig egal, wer oder was diese Teresa war, aber schon hob Katie zu einer wirren Erklärung an: »Das ist nämlich so: Teresa wohnt bei Lis, und Lis ist meine Freundin von früher, bei der wohne ich jetzt im Moment.«

Anne nickte nur. Katie warf einen Blick auf ihre brandneue Swatch – Ziffernblatt mit Schlangenmuster, passend zum Kleid, sie mußte wirklich einen latenten Hang zu diesen Amphibien haben.

»Hast du 'nen Fernseher hier?«

»Fernseher? Sicher, da drüben, aber...«

Katie schaltete wüst an dem Gerät herum. »Gleich, gleich müßte sie kommen«, verkündete sie aufgeregt.

»Wer?«

»Lis. Hier, da ist sie, siehst du? Die Brünette da. Das ist Lis. Früher war ihr Haar aber anders, eher so kackbraun, und länger.« Auf der Mattscheibe goß Lis, genannt Mona, gerade einem angegrauten Herrn eine Kanne Kaffee über den Kopf.

Anne winkte ab. »Kenne ich. Kam gestern nacht schon.«

»Sag bloß, du bist zum Fernsehen hergekommen«, witzelte Katie, aber das war schon wieder zuviel, Anne wischte sich erneut die Augen.

»Nun komm«, Katie setzte sich neben sie aufs Bett, »heul nicht. Wegen 'nem Mannsbild! Pf!« Um sie aufzuheitern, erzählte Katie wortreich und umständlich von der Begegnung mit Lis' Großmutter und über das Nasen- und Busenwunder: »Wir nannten früher ihren Busen – natürlich nur hinter ihrem Rücken – Death Valley. Und stell dir vor, aus Death Valley wurde Silicon Valley!«

Anne lächelte schwach.

»Weißt du, Lis' Großmutter ist stinksauer auf Lis. Die Nase und der Busen allein würden schon dicke reichen, um die alte Kirsch auf die höchste Palme zu bringen, falls es in der Lower East Side welche gäbe, aber daß Lis ihre Wundertitten auch noch öffentlich vorführt, um für ein Sonnenöl zu werben, das schafft die Alte total. Diese Sonnenölsache hat Lis immerhin einen Mordshaufen Kohle eingebracht, mehr als die Schauspielerei.«

Anne schüttelte den Kopf. Katie war jetzt mitten in ihrer Show. Sie stolzierte im Zimmer auf und ab, streckte die Arme theatralisch in die Luft und fuhr fort: »Und da ist noch was.« Sie rückte nahe an Anne heran, leerte den Margherita vollends und wisperte geheimnisvoll: »Lis hat ihren Namen geändert. Sie hat einen Künstlernamen, einen affigen, französischen! Sie nennt sich jetzt, halt dich fest: Li Fleury! Kannst du dir das vorstellen? So heißen im allgemeinen Nutten aus den Südstaaten. Eine waschechte Jüdin aus der Lower East Side nennt sich freiwillig Li Fleury! Das brachte die alte Kirsch an den Rand des Wahnsinns, das sage ich dir aus zuverlässiger Quelle, denn ich habe sie gestern höchstpersönlich erlebt.«

»Hör auf, hör auf!« Anne lachte nun wirklich, über Katie und die ganze verworrene Geschichte. »Und wie heißt deine Freundin Lis-Mona-Li Fleury denn nun richtig?«

»Soll ich's dir wirklich sagen?«

»Nein.«

»Echt nicht?«

»Nö.«

»Lisbeth Ziegenbalg.«

Sie kugelten sich lachend auf dem Bett herum.

»Wie hast du mich überhaupt hier gefunden?« fragte Anne, als sie sich einigermaßen gefangen hatte. »Und erzähl mir jetzt nicht, daß das in den Karten von dieser Teresa gestanden hat.« Anne verabscheute solchen Humbug.

Katie widerstand um Haaresbreite der Versuchung, Anne einen gewaltigen Bären aufzubinden. »Nein, ich hab' dich gestern vom Park aus zufällig hier reingehen sehen.« Sie sprang mit einem energischen Satz auf. »Genug rumgequatscht, jetzt wird's Zeit, daß du dich ein bißchen herrichtest. Ehrlich gesagt, du siehst ziemlich fertig aus. Zieh dir was Flippiges an, schmink dich, und dann gehen wir aus.«

»Ich besitze nichts Flippiges.«

»Ja«, nickte Katie ernst, »das habe ich allerdings befürchtet.« Schon im Flugzeug war ihr aufgefallen, daß Anne zwar teuer, aber reichlich bieder gekleidet war.

Es dauerte ein knappes Stündchen, ehe sich ein Kompromiß in der Kleiderfrage anbahnte, Katie erklärte sich schließlich mit einem engen, schwarzen Cocktailkleid einverstanden, und bis Anne genügend Make-up aufgetragen hatte, um die Nachwirkungen der Katastrophe in ihrem Gesicht zu übertünchen.

Dann nahmen sie ein Taxi und fuhren durch Manhattan, wobei sich Katie als qualifizierte Fremdenführerin erwies. Anne quittierte das mit höflichem Interesse. In Wirklichkeit war sie noch längst nicht versöhnt mit New York. Sie hielten vor der Fußgängerrampe der Brooklyn Bridge, und Anne bezahlte das Taxi.

»Ich dachte mir, ein bißchen frische Luft kann deinen Augenringen nicht schaden«, meinte Katie fürsorglich.

Sie liefen bis zum Scheitelpunkt der Brücke, und Katie blieb zwischen zwei Laternen stehen.

»Was tun wir hier?« fragte Anne.

»Och, nichts Besonderes, einfach nur so *sein*«, antwortete Katie wolkig.

Die Dunkelheit kroch langsam heran. Steil ragten die scharf gegliederten Quarztürme in den tintigen Himmel, der im Westen lichterloh brannte.

»Es wird bald regnen«, verkündete Katie, und wie zur Bestätigung ihrer Worte kühlte eine frische Brise vom Atlantik Annes heiße Wangen. Fasziniert und wortlos starrten sie dann auf die harte Silhouette dieser künstlichen Stadt, die trotzdem wie ein Naturwunder wirkte. Gebadet im weichen, goldenen Schimmer des allerletzten Abendlichts war sie von so perfekter, zerbrechlicher Schönheit, nichts Derartiges hatte Anne je vorher gesehen. Trotz des Straßenstaubes setzte sich Anne nahe ans Geländer und lehnte den Kopf dagegen. Sie fühlte die Vibration dieses dünnen Nervs aus Stahl und Eisen, der Manhattan und Brooklyn verband, zwei Millionenstädte, beide außergewöhnlich in ihrer Verschiedenheit. Es war, als spürte sie den Rhythmus und die geballte Energie, die von diesem fiebrigen Stück Erde ausging. Die Zeit verstrich schweigend. Das Wasser des East River färbte sich schwarz, die Sonne saugte die letzten Farben in sich auf und nahm sie mit sich auf die andere Seite der Weltkugel. Manhattan begann nun aufzuleuchten, kraftstrotzend, wie ein funkelnder Kristall gegen den sepiafarbenen Himmel. Wie konnte eine Stadt, die als brutal, laut und schmutzig verschrien war, gleichzeitig so eine magische Stimmung verbreiten?

»Die Workaholics«, durchbrach Katie brutal den magic moment.

»Was?« Anne tauchte jäh aus einer anderen Welt auf.

»Die Skyline in der Nacht. Alles Workaholics.«

»Interessanter Aspekt.« Wenn Katie wüßte, daß sie, Anne, zu Hause auch zu dieser Sorte gehörte.

Nach diesem tiefschürfenden Brückenerlebnis folgte die heftigste Kneipentour, die Anne jemals erlebt hatte. Am Anfang stand ein flüchtiger Imbiß in einem chinesischen Restaurant. Katie schlang gierig, kaum daß man sie kauen sah, und auch Anne spürte auf einmal rasenden Hunger. Mitten in ihrer Frühlingsrolle entdeckte sie ein grünes Plastikteil.

»Was ist das?« wunderte sich Anne.

»Ach, irgend ein chinesischer Spruch, oder dein Tageshoroskop.«

»Na bestens.« Anne öffnete das glitschige Ding mit Hilfe von Fingernägeln und Zähnen. Eine winzige graue Papierrolle fiel heraus.

»Was steht drauf?« fragte Katie.

Anne grinste. »Ein garantiert original chinesischer Spruch.«

»Lies schon vor.«

»Weine nicht über verschüttete Milch«, zitierte Anne und schnaubte verächtlich.

»Ist doch gar nicht so abwegig.« Katie war empfänglich für alles, was nur im Entferntesten mit Wahrsagerei, Astrologie und dergleichen zu tun hatte. »Wenn man deine Lage bedenkt.«

»Das ist purer Blödsinn«, Anne zerknüllte das Papier. »Was steht auf deinem?«

Wie ein Schakal zerpflügte Katie den Rest ihrer Mahlzeit. »Bei mir ist keins drin!« jammerte sie enttäuscht.

»Du hast es bestimmt mitgegessen!«

»Scheiße! Ich hab' Plastik im Magen, so eine Schweinerei!«

»Vielleicht kannst du den Spruch morgen lesen.«

Kaum hatte sie bezahlt, stürzte Katie hinaus, als hätten sie schon viel zuviel Zeit mit Essen vertan. Teils zu Fuß, teils mit dem Taxi durchstreiften sie Downtown. Einige Lokale verließ Katie kurz nach Betreten unter Protest, verärgert, nicht das vorzufinden, was sie erwartet hatte. Andere fanden Gnade vor ihren Augen, und sie blieben immerhin auf einen Drink, in seltenen Fällen auch auf zwei. Sie tranken dünnes, eiskaltes Bier in einem Schuppen in Greenwich Village, zum schwarzen Rap und dem akrobatischen Break-Dance einer Band aus der South Bronx. Kurze Zeit später hingen sie in dritter Reihe an irgendeiner Bar in Soho, schlürften bunte Cocktails und wippten zu den blechernen Tönen einer Calypso-Band. Sie versuchten es an anderer Stelle mit Free Jazz, aber die Band machte gerade Pause, und sofort ging es weiter, weiter, als müßten sie die Stadt in einer Nacht erobern. Katie kannte kein Pardon. Sie taten sich vorübergehend mit ein paar Jungs zusammen, es waren Touristen aus Montana, welche Katie gnadenlos als Hinterwäldler titulierte. Sie ließen die Kerle dann in einem Rock'n Roll-Schuppen stehen und genehmigten sich zwei Margheritas in einem weiteren Club zum nervösen Staccato eines Saxophons, verloren sich in einer riesigen Discothek, wo die pumpenden Bässe von Techno und House einem bis in den Magen fuhren und kreischende, unwirkliche Töne das Trommelfell flattern ließen. Mit einem Gefühl wie nach einer Gehirnwäsche fanden sie sich wieder vor der Türe, wo sie feststellten, daß es inzwischen einen satten Regenguß gegeben haben mußte.

Sie strichen durch die prickelnde Luft die Straße entlang, irgendwo in Greenwich, oder war es Tribeca? Völlig egal. Es war schon halb drei, die Stadt roch wie neugeboren, Anne hatte jede Orientierung verloren. Was Katie anbelangte, war sie sich gar nicht so sicher, ob die nur so tat, als würde sie sich überall auskennen. Schließlich war sie vor fünf Jahren noch viel zu jung gewesen, um in all diese Clubs eingelassen zu werden.

Vor einem Lagerhaus träubelte sich eine Menschenmenge, von drinnen lockten dumpfe Klangfetzen, ein stampfender Rhythmus, wie der einer Maschine, dazu Gejohle. Katie strebte wie an Schnüren gezogen darauf zu, drängelte sich geschickt nach vorne, zum Ort des Geschehens, Anne kämpfte sich hinterher.

Ein schwarzer Soundmixer operierte an zwei Plattentellern. Er ließ sich von einer Frau eine Scheibe nach der anderen reichen, spielte ein paar Takte von dieser, ein paar von jener Platte, mischte zwei Songs gleichzeitig ab, wechselte in irrer Geschwindigkeit und wirkte dabei unheimlich cool. Niemals wurde der Rhythmus des Raps unterbrochen, das hätte vermutlich das nahe Ende seiner Karriere eingeläutet. Selber nur gelassen mit dem Kopf wiegend, gab der Maestro des Mischpultes über ein Mikro Sprechanweisungen an sein Publikum: »Say: Yeah, yeah!«

»Yeah, yeah«, kreischten die Tanzenden.

»Say: He ho!«

»He ho!«

Der ganze Raum schien zu pulsieren, einige wippten nur mit entrückten Gesichtern auf der Stelle, andere zuckten wie unter einem kalten Wasserstrahl.

»Everybody say: Hip-e-di-hip-hop jah, jah!«

»Hip-e-di-hip-hop jah, jah!«

»Whow, das ist stark!« Katie war hingerissen. »Das war von Arrested Development! Und das von Dr. Alban!« Seltsame Namensfetzen flogen Anne um die Ohren, manche klangen wie Formeln für Pflanzenschutzmittel. Ihr Interesse an zeitgenössischer Musik war vor Jahren irgendwo im Disco-Sumpf zwischen Madonna und Michael Jackson steckengeblieben. »Das da, das kenne ich!« rief sie erfreut, als die ersten Takte eines Songs zu hören waren.

»Na klar«, schleuderte sie Katie auf den Boden der Tatsachen zurück, »das kennt jeder. Grandmaster Flash, The Message.«

Den D. J. verlangte es nun nach Relaxing, er legte eine Platte auf und setzte sich ein wenig abseits, seine Assistentin reichte ihm dienstbeflissen die mordsmäßigste Tüte, die die Welt je sah. Als Pausenmusik lief Salsa, und sofort bildeten sich andere tanzwütige Paare.

»Wanna Dance?« Ein Schwarzer mit prallgefülltem Muskelshirt und krachengen Hosen grinste Anne herausfordernd an.

Sie lächelte zögernd zurück, und schon führte er sie ab wie seine Gefangene, in die Mitte der Tanzfläche.

Das letzte Mal, daß sie getanzt hatte, daran erinnerte sich Anne ganz genau. Das war voriges Jahr im Winter gewesen, mit dem Verkaufsleiter der österreichischen Niederlassung von Schwartz Pharma, auf dem Opernball. Wiener Walzer. Seitdem nicht mehr. Stefan war kein großer Tänzer und erst recht kein Discofreak, sie selbst allerdings auch nicht.

Dementsprechend linkisch stellte sie sich nun an. Ihrem Partner blieb das nicht verborgen, er erbarmte sich, faßte sie mit einem bestimmenden Ruck um die Taille und zog sie eng zu sich heran. Anne reagierte zunächst ein wenig brüskiert, versuchte aber dann tapfer, sich ihm anzupassen, was ihr nur bedingt gelang. Ein paarmal trat sie ihm auf die Zehen, aber durch seine schwarzledernen Reeboks mochte ihm das wohl kaum fühlbare Schmerzen bereitet haben. Er lächelte ekstatisch, ein verheißungsvoller, dunkler Schweißgeruch stieg ihr in die Nase, sie spürte seine immense Körperwärme durch ihr dünnes Kleid und fand die Situation durchaus nicht übel. Allmählich gelang es ihr immer besser, seinen Bewegungen zu folgen, aber das nur, weil sie sich ziemlich fest, wenn man's genau nahm, eindeutig zu fest, gegen ihn preßte.

Dabei fielen ihr unweigerlich diese haarsträubenden Stories über schwarze Männer ein, die ihre Freundinnen seinerzeit, hinter vorgehaltener Hand gänsehaft kichernd, auf Partys und im Tennisclub vom Stapel gelassen hatten.

»Ein Gerät wie eine Landgurke«, hatte ihre Doppel-Partnerin Babsie frech behauptet, und diese Schilderung durch eine plastische Geste illustriert, ohne aber die Quelle ihres kostbaren Wissens preiszugeben. Kürzlich hatte sie einen drögen Immobilienmakler geheiratet, an dem bestimmt nichts war, was einer Landgurke gleichkam. Anne grinste boshaft.

Der Tanz hatte inzwischen an Dynamik gewonnen, sicher hatte der Tequila, der in ihrem Blut kreiste, einen nicht unbeträchtlichen Anteil daran. Inzwischen war sie genauso durchgeschwitzt wie ihr Tänzer. Anne folgte dem Druck dieses massigen Körpers, ließ sich wie ein Grashalm nach hinten und zur Seite biegen, dann wieder in atemberaubendem Tempo herumreißen, das Ganze hatte etwas von einem spektakulären Tango. Erst nach einer Weile merkte sie, daß sich um ihr Terrain ein kleines Grüppchen geschart hatte, das sie klatschend anfeuerte, allen voran natürlich Katie. Urplötzlich wurde Anne bewußt, was für eine Vorstellung sie da gab. Ausgerechnet sie! Ihre Gedanken begannen zu galoppieren. Mein Gott, wenn Stefan mich jetzt sehen könnte ... aber warum eigentlich nicht? Ach, zum Teufel mit Stefan! Aber was mache ich, wenn diese Platte zu Ende ist? Ah, wäre sie doch nie zu Ende, so hat noch niemand mit mir getanzt! Diese Verrenkungen, zweifellos obszön, aber es macht Spaß. Wenn der das bloß nicht als eindeutige Aufforderung zu ... lieber Himmel, er wird mich für ein Flittchen halten! Wie werde ich ihn auf elegante Weise wieder los?

Der D. J. griff sich bereits wieder das Mikro.

Katie, zur Hilfe, was mache ich nur?

Aber Katie tanzte. Sie scherte sich nicht im geringsten um Annes Nöte, wieso auch, wo sie nicht einmal die allerkleinsten Anzeichen einer Notlage wahrnahm.

Das Stück war zu Ende. Und jetzt?

Der Typ ließ Anne unvermittelt los, grinste ihr zu und sagte etwas, von dem Anne nur die Hälfte verstand. Dazu versetzte er ihr einen jovialen Klaps auf den Po und tauchte unter im Gedrängel.

»Unverschämt!« schnaubte Anne.

Katie feixte.

»Mir auf den Hintern zu klatschen, wie einer ... einer Kellnerin in einem Bumslokal!«

»Was regst du dich deswegen auf?« meinte Katie lakonisch. »Was ihr da gerade geboten habt, war doch schon so was wie Trockenbumsen.«

»Wenn du vom Tanzen sprichst, das war etwas völlig anderes.«

»So?«

»Das eine hat was mit Erotik zu tun, das andere ist primitiv!«

»Du spinnst«, stellte Katie nüchtern fest. In was für einer Welt lebte die eigentlich, was hatte sie erwartet? Einen Handkuß?

»Hast du gehört, was der zu mir gesagt hat? Es klang wie: ›Gar nicht so übel für…‹, den Rest habe ich nicht verstanden.«

»Eine WASP.«

»Eine was?«

»WASP. White Anglo-Saxon Protestant.«

»Ist das etwas Gemeines?« fragte Anne verunsichert.

»Wie man's nimmt. Er dachte, du wärst ein Sproß englischer Vorfahren, sozusagen die Aristokraten unter den Einwanderern.«

»Das ist doch nicht beleidigend, oder?«

»Für dich nicht. Für mich als Irin wär's ein Grund, ihm in die Eier zu treten.«

»Laß uns noch woanders hingehen«, beschloß Anne, »meinen Beitrag zur Völkerverständigung habe ich ja jetzt geleistet.«

Sie schoben sich hinaus, um gleich darauf vor den ersten Tropfen eines neuen Regenschauers in eine Blues-Bar zu flüchten. Dort kippten sie ein paar Tequilas, und schließlich strandeten sie reichlich betrunken in einer verqualmten, proppenvollen, billigen After-Hours-Bar, irgendwo auf der Lower East Side, es war so gegen fünf. Musiker samt ihren Instrumenten, Huren, Zuhälter, Penner, Nachtschwärmer, sogar zwei Polizisten, alles trudelte hier auf einen Kaffee ein.

Als Katie vorschlug, noch einen Club in Soho zu besuchen, von dem sie gehört hatte, er sei momentan definitiv der letzte Schrei, warf Anne endgültig das Handtuch. Sie ließ sich von Katie in ein Taxi verfrachten und hoffte nur noch, ihr Hotelzimmer zu finden.

Katie, dank einer klammheimlichen Dröhnung auf dem Klo wieder topfit, beschloß, noch einmal im Crazy Cactus vorbeizuschauen, der ehemaligen Stammkneipe ihres Bruders. Vielleicht würde sie heute ein paar Freunde von ihm treffen, außerdem hatte sie gerade Lust auf ein Billardspiel.

Annes Hirn schwamm auch um die Mittagszeit noch im Tequila, wie eine Olive. Nur diesem Umstand war es zu verdanken, daß sie, durch Katies Anruf brutal aus einem nebelhaften Traum gerissen, nach einigem Hin und Her auf den Vorschlag einging, den Katie ihr wortreich schmackhaft machte.

Nach der kräftezehrenden Tätigkeit des Duschens, Anziehens und Kofferpackens fand sie sich eine Stunde später an der Hotelrezeption wieder, wo Katie an einer Säule lehnte und sich soeben einen ihrer

Hacken abstreifte, um mit dem nackten Fuß den Marmorboden zu betasten.

»Babyarschglatt«, verkündete sie. Ansonsten fand sie den ganzen Laden reichlich überladen: funkelnde Kristallüster, goldener Schnickschnack überall, Marmor an Decken und Wänden, und zu allem Überfluß auch noch dunkelrote Teppiche mit aufdringlichen Mustern. Hielten die reichen Amerikaner das für Europäische Eleganz?

Katie sorgte ihrerseits für dezentes Aufsehen unter Gästen und Personal. Sie war für die Tageszeit unpassend geschminkt, trug wieder diese verbeulte Lederjacke, und obwohl kein anstößiges Stückchen Haut sichtbar war, wirkte Katie irgendwie nuttig. Womöglich lag es an der Haltung, dieser aggressiv zur Schau gestellten Lässigkeit, mit der sie dastand und Kaugummi in ihrem Mund herumschob. Hinter ihren mokanten Blicken, mit denen sie die feine Gesellschaft um sich herum musterte, versteckte sich ein kindlicher Trotz, und Anne hatte den Verdacht, daß sie sich eigentlich unwohl fühlte.

Anne unterschrieb willenlos alle Rechnungen, die man vor ihr ausbreitete, immerhin besaß sie soviel Geistesgegenwart, um nach ihrem Kostümrock zu fragen, der sich aber noch immer in der Reinigung befand. Also hinterließ Katie ihre neue Adresse, und Anne bat die freundliche Dame, mit einem Zehndollarschein als Gedächtnisstütze, ihr das Kleidungsstück doch nachzusenden.

Draußen stach ihr die klare Spätsommersonne schmerzhaft in die Augen, so daß sie auf dem kurzen Weg vom Eingang zum Taxi mit einem ihrer cremefarbenen Wildlederpumps in einen Pferdeapfel trat.

»Das fängt ja gut an. Verdammte Kutschen! Blöde Viecher! In welchem Jahrhundert leben wir eigentlich?« zeterte sie entnervt. Erstaunlicherweise schien Katie die Exzesse des Abends spielend zu verkraften. Es ist wohl das Alter, dachte Anne, sie ist doch einiges jünger als ich, bei mir zeigen sich schon präsenile Abnutzungserscheinungen.

Als sie durch's East Village fuhren, ging es Anne schon besser. Sie besah sich kritisch die wechselhafte Szenerie und war sich absolut sicher, mit ihrem Umzug einen schweren Fehler begangen zu haben. Aus ihrer Studentenzeit kannte sie einige dieser Lotter-WG's. Sicher würde man sie in irgendeinem Kabuff mit einem Armeeschlafsack auf einer Isomatte schlafen lassen, und womöglich gab es dort allerlei Ungeziefer, Asseln, Kakerlaken, wenn nicht sogar noch größere Haustiere...

»Wir sind da.« Katie belud sich wie ein Kuli mit Annes Gepäck und lästerte: »Es wäre mal interessant zu ergründen, ob König Ludwig der Sechzehnte bei seinem jährlichen Umzug ins Sommerschloß mehr mitzunehmen pflegte als du.«

Anne überhörte das, sie betrachtete naserümpfend das bröckelnde Mauerwerk der Brownstone-Fabrikhalle und sah ihre schwärzesten Befürchtungen bestätigt. Widerwillig schleppte sie sich die zwei Treppen hoch. An der Tür verkündete ein Messingschild:

»Psycho«
Teresa Kokoszka – Weissagungen, Lebensberatung

Kein Hinweis auf diese Lis. Aber Promis hatten es bekanntlich nicht nötig, ihre Namen in dicken Lettern an die Tür zu schreiben. Es öffnete ihnen Bonnie mit ihrem stets leicht sauertöpfischen Gesichtsausdruck. Sie bat den neuen Gast nach sorgfältiger Begutachtung herein. Anne ließ ihre Tasche fallen, und sah sich mit wachsendem Staunen um.

Nach dreistündigem Schönheitsschlaf machte sich Anne auf die Suche nach menschlichen Lebewesen. Sie huschte durch ein wahres Labyrinth aus Treppen, Podesten, Säulen und Emporen, wobei sie fast bis zum Hals in einem weichen Berberteppich versank. Lis mußte sämtliche Kunstgalerien der Nachbarschaft leergekauft haben. In wilder Anordnung bevölkerten Bilder und Plastiken dieses weitläufige Wunder der Innenarchitektur. Großflächige Wandteppiche mit Ethno-Mustern bedeckten die Brownstone-Wände, dazwischen standen und baumelten die garantiert irrsten Lampen, die in New York aufzutreiben waren. Nichts erinnerte mehr daran, daß in diesem Gebäude einmal Seife produziert worden war.

»Bist du das erste Mal in den Staaten?« fragte Lis, als Anne endlich die geräumige Küche, mit dem obligatorischen Kühlschrank von der Größe einer Telefonzelle, entdeckt hatte, in der die anderen um einen runden Tisch saßen. Darauf lagen Bagels in einer aufgerissenen Papiertüte.

»Ja.«

»Und? Reicht's dir noch nicht?«

»Nein, es ist sehr… interessant«, antwortete Anne artig.

»Das kann nur sagen, wer hier nicht leben muß«, gab Lis sofort zurück. »Es ist stinkig und heiß im Sommer, eiskalt im Winter, die Straßen sind in schlimmerem Zustand als im afrikanischen Busch, die U-Bahn ist sowieso das allerletzte, und als Frau kann man sich nachts kaum auf die Straße wagen, außerdem ist hier alles sündteuer und die Leute sind alle plemplem. Die einfachsten Dinge des Lebens sind hier ein Desaster. Du mußt nur mal versuchen, einen Klempner zu kriegen, eine Katastrophe! Aber lange spiele ich da nicht mehr mit. So bald es geht, verschwinde ich, an die Westküste oder sonstwohin, darauf könnt ihr euch verlassen, mir reicht's!«

Anne guckte betroffen von einem zum anderen.

»Red keinen Stuß.« Das war Teresa. Sie war mollig und von sehr dunkler Hautfarbe. Ihre beinahe kreisrunden Augen drehten sich gequält in Richtung Decke, dabei schüttelte sie die Perlen in ihrer Rasta-Frisur. Unzählige Armreifen, Amulette und Ohrgehänge im Kronleuchterformat ließen sie bei jeder Bewegung klimpern wie einen Glockenbaum. Zu Anne gewandt erklärte sie: »Jeder New Yorker schimpft über seine Stadt. Alle sind sie gerade dabei, für immer wegzugehen. Und wenn du sie nach einer Weile anschaust... alle noch da. Keiner geht, sie bleiben und schimpfen weiter. Weil sie nirgends anders leben *können*.«

»Aha«, lächelte Anne. Diese Teresa schien ganz nett zu sein, mal abgesehen von ihrer bizarren Aufmachung.

»Aber mach nie den Fehler, als Nicht-New Yorker genauso über New York herzuziehen wie sie. Das vertragen sie nämlich nicht.«

»Danke für den Tip.« Anne schielte hungrig nach der Tüte.

»Auch 'n Bagel?« Katie schob ihr eines hin. »Schon mal probiert?«

Anne verneinte.

»Hier, die sind mit Frischkäse. Es gibt die Dinger in allen Variationen.«

Anne biß vorsichtig in den gefüllten Teigkringel. »Sehr gut«, lobte sie mit vollen Backen.

»Weißt du«, nahm Teresa den Faden wieder auf, »wie man einen New Yorker dazu kriegt, eine leidenschaftliche Lobeshymne auf seine Stadt anzustimmen?«

»Nein«, sagte Anne entgegenkommend.

»Du mußt bloß was Nettes über Chicago sagen.«

»Pah, Chicago«, ging ihr Lis auf den Leim, »lauter Provinzler! Aber wenn man, wie Teresa, aus Detroit stammt, dann ist natürlich jeder verdammte Platz auf der Welt ein echter Glücksfall. Stimmt doch, Gordon?«

Der Angesprochene, er war der einzige Mann am Tisch und momentan der einzige in diesem Haushalt, ein Typ mit kantigem Gesicht, reichlich zu großen Ohren und zurückgekämmten braunen Haaren, die in ein schütteres Zöpfchen mündeten, legte die Village Voice aus der Hand. »Hm? Wie bitte?«

»Ach, penn weiter.«

Anstatt der Aufforderung nachzukommen, griff er sich drei Zitronen aus der Obstschale, sie sah verdächtig nach Töpfer-Workshop aus, und begann mit ihnen zu jonglieren. Rechts herum, links herum, und in scheinbarem Durcheinander. Dann kam ein Apfel dazu, von dem er hin und wieder abbiß, während die Zitronen weiter wie Planeten auf ihrer Umlaufbahn um seinen Kopf kreisten. Anne war er als Gordon Pettengill vorgestellt worden. Seinen Lebensunterhalt finanzierte er, indem er auf Neureichenpartys und Kindergeburtstagen den Magier beziehungsweise den Zauberclown spielte. Zu seinem Repertoire gehörte neben dem Jonglieren mit vier, an guten Tagen mit fünf Bällen, Keulen oder anderen Gegenständen, die Kunst des Einradfahrens, ein paar schauerliche Fakirtricks und natürlich Feuerspucken und -schlucken. Außerdem moderierte er Musiksendungen bei einem lokalen Mittelwellensender, der ihm zur Hälfte gehörte und der kurz vor der Pleite stand. Gordon träumte davon, den Sender eines Tages ganz zu übernehmen und das Programm endlich nach seinem ureigenen Geschmack zu gestalten, aber bis dahin mußte er wohl noch etliche Generationen weißer Mäuse verschwinden lassen und ganze Hochhausbrände in sich hineinfressen. Wenn Gordon Pettengill auftrat, so tat er dies unter dem wesentlich magischer klingenden Namen »Nino Giammarco«. Die Menschheit fordert es manchmal heraus, betrogen zu werden.

Teresa Kokoszka hieß ebenfalls nur in ihrer Funktion als Wahrsagerin so, ihr wirklicher Name war Marylou Tucker, aber alle nannten sie Teresa. Anne taufte ihr neues Domizil im stillen »das Haus der falschen Namen«.

»Sag mal«, wandte sich Anne an Lis, die so etwas wie die Hausherrin darstellte, offensichtlich finanzierte sie die Nobelunterkunft zum größten Teil, »das Zimmer, in dem ich schlafe, wem gehört es?«

»Freund Pepper. Macht gerade Urlaub auf Mauritius. Soll da ein paar spezifische Sorten geben.«

»Pepper, aha.« Gleich als sie den Raum bezogen hatte, war ihr ein ganzes Regal voll mit Dosen, Flaschen und Gläsern aufgefallen. In ausnahmslos allen befand sich Pfeffer. Pfeffer in den unterschiedlichsten Farbtönen, gemahlen, geschrotet oder ganz, dazu ein Sammelsurium von Pfeffermühlen.

»Er sammelt wohl...«

»Er frißt ihn«, fiel ihr Lis ins Wort.

»Das stimmt nicht«, präzisierte Teresa, »er schnupft ihn.«

»Er schnupft Pfeffer?« Man hatte ja schon von manchen Exzentrizitäten gehört, aber daß jemand Pfeffer schnupfte...

»Es ist eine Sucht«, richtete nun Gordon zum ersten Mal das Wort an sie. »Es ist nicht gerade gesund, wie du dir sicher vorstellen kannst. Zerfrißt die Schleimhäute. Aber er kommt nicht los davon.«

Teresa erhob sich, wobei wieder alles an ihr klirrte und rasselte, und murmelte im Hinausgehen etwas von einem Telefongespräch. Die anderen widmeten sich wieder ihren Bagels. Wenig später stand Katie auf und winkte Anne, mitzukommen.

»Wohin des Weges?« fragte Lis in lauerndem Ton.

»Och, nirgends.«

»Katie!«

»Bloß noch dies eine Mal!«

»Erzähl mir dann, wie es war«, befahl Lis, und schon witschte Katie aus der Küche und zog die verständnislose Anne hinter sich her. Sie durchquerten die ehemalige Lagerhalle. Sie wirkte wie eine perfekte Kopie aus einer dieser Lifestyle-Gazetten. Tatsächlich war das Loft schon einmal im New York Times Magazine abgebildet gewesen: »So lebt Jungstar Li Fleury aus der Serie... undsoweiter.«

Anne blieb auf's neue fasziniert vor einer drei, vier Meter hohen – na, was eigentlich – Skulptur, im Zentrum der Halle stehen, die zugleich den Mittelpunkt dieser Multi-Kulti-Sammlung bildete. Das Ungetüm bestand aus farbig lackierten Autoreifen und war vermutlich die etwas eigenwillige Interpretation der Venus von Willendorf. Der Titel des Werkes lautete »Urmutter«, böse Zungen hängten ihr den Untertitel »die Runderneuerte« an.

»Katie, weißt du, warum ausgerechnet dieser eine Reifen in der Mitte schwarz gelassen wurde?«

»Muß ich dir das wirklich erklären?« lachte Katie. Anne runzelte die Stirn. »Ich finde, dieser sogenannte Künstler sollte mal dringend zum Psychiater!«

»Er ist Psychiater.«

»Ach so.«

Katie erklomm eine freischwebende Metalltreppe und blieb vor einer angelehnten Tür stehen. Sie winkte Anne hastig zu sich und legte den Finger an den Mund. Leise wie eine Meuchelmörderin öffnete Katie die Tür einen Spalt. Er gab den Blick auf ein apokalyptisches Durcheinander frei. Es sah aus wie ein New-Age-Laden kurz nach einem Erdbeben der Stärke acht. Mitten im Raum, auf einem ledernen Kamelhocker, thronte, etwas breitärschig aber in majestätischer Haltung, Teresa. Teresa Kokoszka, die Schamanin, die Hexenmeisterin! Es fehlte eigentlich nur die Kristallkugel und der Rabe auf der Schulter.

Teresa drehte ihnen den Rücken zu. Sie lackierte sich die Fußnägel, schneeweiße Wattebällchen leuchteten zwischen ihren dunkelbraunen Zehen, neben ihr lag leise schnarchend ein weißbrauner Hund, Marke Hinterhof. Dort, wo eigentlich der Rabe hingehörte, klemmte ein schnurloses Telefon. Und was man so hörte, hatte mit Wahrsagerei auch nicht allzuviel zu tun.

»...komme gerade aus der Badewanne, mein Körper ist jetzt überall weich und warm«, hauchte Teresa soeben mit rostiger Stimme in den Hörer, »...und jetzt öle ich mich ein.«

Eine glatte Lüge.

»Langsam und ganz zart... den Hals, die Brüste...«

Die Frage des Anrufers ließ sich leicht erraten, denn Teresa antwortete, ihre Zehen-Pinselei unbeirrt fortsetzend: »Sie sind groß und schwer, und schneeweiß...«

Schneeweiß!?

»...ah, jetzt reibe ich an den Nippeln. Ich stelle mir vor, es wären deine Hände, kannst du dir das auch vorstellen? Jetzt werden sie hart... aah!« Sie wechselte gemächlich den Fuß, tauchte den kleinen Pinsel in das Lackfläschchen und forderte drängend: »Los, nimm Willy in die Hand und streichle ihn...«

Wer, zum Teufel, ist Willy, überlegte Anne begriffsstutzig.

»Ja, kräftig, gib's ihm! Sag mir, wie fühlt er sich an, unser Held, ist er schon ganz groß und hart?«

Ach, *das* war Willy. Dieser Job erforderte also, neben gewissen anderen Fähigkeiten, auch noch ein exaktes Namensgedächtnis. Ob Teresa wohl eine Kartei führte, in welcher Daten standen wie:

Mr. Emerald Fuller	– Ralphie	– Blondinen, Strapse
Mr. John Kozlowsky	– Charly	– Rothaarige, Gummi und Leder
Dr. Richard Snyder	– Dickie	– versaute Dreizehnjährige
Mr. Soundso	– Willy	– Badewannennummer usw.

Katie und Anne tauschten einen vielsagenden Blick.

Teresa war beim letzten Zehennagel angelangt und betrachtete ihr Werk, dazu erläuterte sie: »Ich massiere meine langen, festen Schenkel… überall ist Öl, es duftet, meine Haut wird immer wärmer, ah, wie das prickelt!« Ein paar Takte leidenschaftliches Gestöhne. »Ich spreize langsam die Beine, weiter und weiter, öle mich ein, überall, meine Finger sind ganz schlüpfrig… und jetzt fasse ich mir fest an die…«

Anne war dieses englische Wort nicht geläufig, sie verstand es aber trotzdem. Es gehörte zu jenen Vokabeln, die auf keinen Fall in Lehrbüchern auftauchen, noch nicht einmal bei den Golden Girls, die sich Anne gelegentlich zur Erhaltung ihrer Sprachkenntnisse im Originalton ansah. Sie riß die Augen auf und sah Katie an. Die jedoch hatte die Hand an den Mund gepreßt, bebte vor verhaltenem Lachen, und um ja nichts zu verpassen, schlüpfte sie nun durch die Tür und hockte sich auf einen roten Fußabtreter in der Ecke.

Teresa, ahnungslos, wedelte verspielt mit den Füßen hin und her, damit der Lack trocknete, und kraulte dabei ihrem Hund Buster das Schlappohr. Ihr Gesicht war so ausdruckslos wie ein Teller, während sie dermaßen lustvoll stöhnte, daß sich Anne zu ein paar schwülen Gedanken hinreißen ließ.

»Oh, jaah, ich sehe deinen prächtigen, harten Schwanz vor mir! Stell dir jetzt mal vor, er wäre… aah! Jetzt bin ich mit meinem, langen glitschigen Finger bei mir drin«, ächzte Teresa, und ließ ihre Finger gedankenverloren um Busters Ohr kreisen. Dem war das alles völlig schnuppe.

»Na, wie würde das deinem Willy gefallen, hm? Dieses seidige Fell, äh, Haar… alles ist so feucht, es wird immer enger, mir wird ganz heiß… ah! Da drinnen ist es…«, Teresa warf einen flüchtigen Blick auf das Ohr, »…so dunkel, warm und…«, sie drehte das braune Schlappohr um, und musterte die Innenseite, als sähe sie das Ohr zum ersten Mal, »…und rosa.«

Jetzt gab sogar Teresa ein gutturales Lachen von sich, was Willys Herrchen auf seine Weise interpretieren mochte. Aber sofort war sie wieder bei der Sache. »Es fühlt sich sooo gut an… eine heiße, enge, rosa Muschel…«

»Uuaahahahaa!« Das war Katie.

Buster hob den Kopf, Teresa fuhr herum. Steifbeinig, wegen der Wattebällchen zwischen den Zehen, watschelte sie quer durch den Raum, direkt auf Katie zu, während sie mit ihrer rauchigsten Stimme noch mehr detaillierte Intimitäten, unterbrochen von keuchenden »Ahs« und »Ohs«, von sich gab. In ihren Augen blitzte es gefährlich. Sie zeigte mit bebendem Finger auf den roten Fußabtreter unter Katies Hintern. »Sofort runter von meinem Mantra!« zischte sie wütend.

Katie schnellte hoch wie eine Feder, die Tür krachte hinter ihr zu, haltlos prustend machten sie und Anne, daß sie wegkamen.

»Was war denn das?« fragte Anne, rot bis unter die Haarwurzeln, als sie in Katies Zimmer angelangt waren.

Katie rang nach Luft, schmiß sich auf das Bett, es war mit einer duftigen Tagesdecke verhüllt, die in allen Farben schimmerte, wie eine Öllache, und schüttelte sich vor Lachen. »Noch nie was von Telefonsex gehört?«

»Nicht so unmittelbar. Ich dachte, sie ist Wahrsagerin?«

»Das ist ihr Hauptberuf, sozusagen. Ich glaube, sie ist gar nicht schlecht darin. Sie hat mal einen Typen aufgestöbert, der seine Alimente nicht zahlen konnte, obwohl er sich im hintersten Winkel von Florida versteckt hat.«

»Wie hat sie das angestellt?«

»Weiß ich nicht, Lis hat's mir bloß erzählt. Frag sie selber. Aber von der Wahrsagerei könnte sie nicht mal die Miete hier bezahlen. Und das Telefongeschäft läuft prima, sie hat etliche Stammkunden. Du solltest sie mal hören, wenn sie einen auf blonde Schwedin macht. Das hört sich vielleicht dämlich an. Dieser Akzent!«

Teresa mit ihrer Bluesstimme als blonde Schwedin, das sprach nicht gerade für die Intelligenz ihrer Kundschaft. Anne wechselte das Thema.

»Hat Lis eigentlich einen Freund oder so etwas?«

»Allerdings.«

»Was gibt es dabei zu kichern?«

»Ich weiß es nur von Teresa. Selber ist sie damit noch nicht rausgerückt, aber…«, Katie fiel in geheimnisvolles Wispern, »…sie ist mit ihrem Schönheitschirurgen zusammen.«

»Das muß praktisch sein, wenn man sich seine Freundinnen so ganz nach Geschmack zurechtschneidern kann.«

Es folgte ein weiterer Heiterkeitsausbruch. Dafür, daß ich eigentlich Liebeskummer habe, gibt es in letzter Zeit recht viel zu lachen, notierte Anne nebenbei.

»Vielleicht läßt er sich hier mal sehen«, meinte Katie. »Ist 'n ziemlich alter Sack, schon über dreißig.«

Alter Sack! Bei Anne schrillten sämtliche Alarmglocken. In knapp zwei Jahren wurde auch sie dreißig. Und was hatte sie bis jetzt aus ihrem Leben gemacht? Eine Stellung bei Papa und eine geplatzte Verlobung. Großartig.

»Und was ist mit Gordon?« fragte sie, »hat der jemanden Festes zur Zeit?«

»Nee, glaube nicht. Ab und zu macht er wohl 'ne gemischte Raubtiernummer mit Teresa. Lis hat so was angedeutet.«

»Dafür, daß du erst zwei Tage hier bist, bist du erstaunlich gut informiert.«

»Ich interessiere mich eben für das Schicksal meiner Mitmenschen«, sagte Katie todernst. »Aber das mit Gordon und Teresa ist nichts Ernstes.«

»Warum? Weil sie eine Schwarze ist?«

»Nein, weil er ein typischer WASP ist. Und sie ist gerade voll auf ihrem Black-is-beautiful-Trip.«

Wenn sie nicht gerade eine blonde Schwedin mimt, flocht Anne in Gedanken ein.

»Sie sucht noch nach ihrem schwarzen Traummann.«

»Und Gordon? Was sucht der?« fragte Anne betont beiläufig.

»Woher soll ich das wissen? Ich kann wirklich in zwei Tagen nicht *alles* rauskriegen. Aber wenn du spitz auf ihn bist, werde ich natürlich weiter dranbleiben!«

»Blödsinn! Es war nur höfliches Interesse.«

»Ich finde ihn ganz schnuckelig. Seine Familie ist ziemlich alteingesessen, war praktisch noch vor den Indianern da. Die haben mordsviel Kohle, oder hatten sie zumindest, bis zum Börsenkrach von '87. Aber er hat mit der Sippschaft nicht mehr viel am Hut, ist eher ein Einzelgänger. Sein Traum ist dieser eigene Radiosender.«

Katie fing an, sich ihre unglaublich vielen, unglaublich roten Haare mit Annes Haarbürste zu kämmen, die auf wundersame Weise in ihren Besitz gelangt war.

»Du hast tolle Haare«, preßte Anne hervor, da sie fand, sie schulde Katie etwas Freundlichkeit. Sarkasmen wurde sie für gewöhnlich leichter los.

»Ist mein irisches Erbe«, antwortete Katie und wuchs volle fünf Zentimeter. »Aber deine sind auch nicht schlecht.«

»Sie sind dünn und mausbraun.«

Katie, die trotz ihrem Hang zur Kleinkriminalität ein sensibles Gemüt besaß, spürte, daß Anne etwas Aufmunterung vertragen konnte, und strengte ihr Hirn an.

»Sie sind nicht mausbraun, sie haben eine Farbe wie... wie ein schöner alter Malt Whisky.« Katie klopfte sich in Gedanken auf die Schulter.

Annes Mundwinkel suchten Bodenberührung. Alter Malt Whisky! Das traf vielleicht auf Lis zu, aber sicher nicht auf sie. Ihre Haarfarbe erinnerte eher an ein dreimal aufgewärmtes Linsengericht. »Danke, das war nett gesagt, aber ich bin Realistin.«

»Sie sind auch nicht dünn, nur der Schnitt ist zu bieder. Aus deinem Typ läßt sich garantiert was machen.«

»Meinst du?« Womöglich hatte Katie recht. Vielleicht war doch noch nicht Hopfen und Malz verloren, wie man in München zu sagen pflegte. München, wie weit das alles weg war, entfernungsmäßig und überhaupt...

»...jetzt hau' ich mich noch ein bißchen hin«, tönte Katies Stimme durch ihre Überlegungen. »Gegen Abend will Gordon mir ein paar Zaubertricks beibringen. Mach doch auch mit!«

»Mal sehen. Ich bin auch ganz erledigt. Das war ein verrückter Abend, gestern. Und sehr, sehr lang.«

»Findest du?« Katie hob ehrlich verwundert die Brauen.

»O ja.«

»Du mußt es gleichmäßig heraussprühen. Sprühen! Nicht spucken!«

Anne nahm noch einen Schluck Wasser und prustete wie ein Walroß.

»Mehr Druck dahinter!« kommandierte Gordon. »Es darf dir nicht das Kinn runterlaufen, bloß nicht. Üb das noch eine Weile. Wenn du es wirklich intus hast, dann machen wir's mit Petroleum. Katie, probier den Trick zuerst mit dem Fingerhut, und erst wenn es damit hundertprozentig klappt, nimm die Spielkarte!«

Sie standen im Hinterhof, an derselben Stelle wie schon die letzten zwei Tage, ein paar Kinder lungerten um sie herum. Gordon machte ihnen eine Freude in Form eines gewaltigen Feuerpilzes, den er spuckenderweise von sich gab. Dabei balancierte er auf einem Einrad. Im ganzen Hof herum lagen Bälle und Keulen, ein schwarzer Junge begann, mit drei sandgefüllten Stoffbällen zu jonglieren.

Das Jonglieren hatte Anne erst gar nicht versucht, die Zaubertricks überließ sie Katie, aber das Feuerspucken faszinierte sie. Gordon versicherte ihr glaubhaft, daß es im Grunde recht einfach und lediglich eine Sache der Überwindung sei. Zwei Tage hatte sie unschlüssig zugesehen, aber nun spuckte sie wie ein Lama im Hinterhof herum.

»Ja, schon besser! Sprühen muß es, möglichst fein.«

»Noch etwas Übung, und ihr könnt mich als Rasensprenger im Central Park einsetzen.«

Katie probierte vor den Kindern ihren Seiltrick. Eine gewisse Fingerfertigkeit, gezielte Ablenkung im entscheidenden Moment, die Sache war im Prinzip ganz simpel. Sie ging gründlich in die Hose, die Rotzlöffel quietschten.

Gordon benutzte diese Anfängertricks längst nicht mehr, weshalb er sie ausnahmsweise weitergab, natürlich nur jene, die man in jedem besseren Zauberhandbuch ohnehin nachschlagen konnte. Niemals hätte er auch nur das Geringste aus seinem momentanen Programm verraten, das tat kein Magier, der auch nur einen Funken Verstand und Berufsehre besaß.

Katie bemühte sich jetzt lieber, eine Spielkarte aus ihrer Hand verschwinden zu lassen. Die Karte hatte während einer schnellen, grazilen Bewegung aus dem Handteller auf den Handrücken zu wandern, wo sie von den Hautfalten zwischen Daumen und Zeigefinger gehalten wurde. Dabei bewies Katie entschieden mehr Geschick, und Gordon spornte sie an mit der Aussage, sie hätte Talent.

Zu Anne meinte er nur, daß Feuerspucken durchaus zu ihrer Persönlichkeit passen würde, dazu grinste er unverschämt.

»Und jetzt noch eine wichtige, nein, *die* wichtigste Regel beim Feuerspucken!«

»Ja?«

»Es mag zwar lächerlich und selbstverständlich klingen, aber ist ungeheuer wichtig.« Er machte eine Kunstpause und verkündete dann: »Niemals gegen den Wind spucken! Niemals!«

Katie, Anne und die Gören lachten.

»Aber das ist doch wohl selbstverständlich«, meinte Anne.

»Hoffentlich«, sagte Gordon trocken und reichte Anne eine seiner selbstgebauten Fackeln, einen Holzstab, am Ende mit Mullbinde umwickelt und mit Lampenpetroleum getränkt. »So jetzt bist du dran. Nimm am Anfang nicht zuviel.«

Annes Herz hämmerte. Im Grunde hatte sie eine Höllenangst vor Feuer, gerade deshalb bedeutete diese Feuerspuckerei eine Herausforderung für sie. Sie wollte sich und der Welt etwas beweisen, hatte ein Erfolgserlebnis, und sei es noch so banal, dringend nötig.

Sie nahm einen Schluck aus der Flasche mit der blaßrosa Flüssigkeit. Es schmeckte ölig, ekelhaft.

Gordon hielt ihr die brennende Fackel hin, sie nahm sie, drehte sich mit dem Rücken zur Windrichtung, es regte sich sowieso kaum ein Blatt, und prustete drauflos wie ein Jazztrompeter. Unter dem geballten Strahl erlosch die Fackel mit einem kläglichen Brutzeln.

»Du hast sie ausgespuckt«, stellte Gordon fest.

»Nochmal«, gab Anne knapp zurück. Der Ehrgeiz hatte sie gepackt.

»Okay.« Gordon zündete eine Fackel an. »Es war mein Fehler, ich habe vergessen dir zu sagen, daß du nicht auf, sondern knapp über die Flamme spucken mußt. Alles klar?«

Sie hielt die Fackel umklammert und sprühte das widerliche Zeug kraftvoll aber gezielt von sich.

Die Flammen fauchten, Anne trat erschrocken einen Schritt zurück. Vor ihr wirbelte ein blauroter Feuerschweif, nicht so groß wie der von Gordon, und außerdem hatte sie versäumt, die Flamme wirkungsvoll in die Höhe zu blasen, aber es klappte. Sie spie Feuer! Gordon nickte anerkennend.

»Nicht schlecht.«

Nicht schlecht? Sensationell war das! Sie ignorierte den seifigen Geschmack im Mund, nahm eine neue Fackel, einen weiteren Schluck, diesmal etwas größer, stellte sich breitbeinig hin, warf den Kopf in den Nacken und spuckte drauflos. Diesmal war es ein recht ordentlicher Feuerball der mit einem »ffftt« über ihre Köpfe sauste, um sich dann in zwei, drei Meter Höhe im blauen Nichts aufzulösen. Katie schrie begeistert auf. Auch Gordon ließ ein »Bravo« verlauten, und die Kids johlten.

»Genug für heute«, befahl der große Meister. »Räumen wir auf, und dann spülen wir den üblen Geschmack mit ein paar Margheritas runter.«

»Warum nimmt man Petroleum, und nicht Benzin?« fragte Anne auf dem Rückweg.

»Benzin? Bloß nicht! Viel zu explosiv.«

Katie behielt den Fingerhut in der Tasche. Sie würde von nun an Tag und Nacht üben, vielleicht würde noch mal eine große Zauberkünstlerin aus ihr.

Bonnie hatte schon Feierabend, und so mixte Gordon die Drinks. Teresa schlief oder telefonierte, Lis war nicht im Haus.

Anfangs hatte sich Anne in Lis' Gegenwart unbehaglich gefühlt. Manchmal glaubte sie, kleine zynische Spitzen herauszuhören, wenn Lis sich mit ihr unterhielt. Aber beschwören konnte sie das nicht. Obwohl Anne souverän Englisch sprach, war sie sich im unklaren, ob sie die feinen Nuancen immer mitbekam. Wer weiß, vielleicht hegte Lis auch gewisse Ressentiments gegen sie als Deutsche. Andererseits, Lis hatte für diesen ganzen Religionskram, wie sie es selber nannte, nicht viel übrig, und wenn man ihre Namensänderung in Betracht zog – sie schien nicht gerade vor Nationalgefühl überzuquellen. Doch wer konnte das schon genau wissen? Womöglich war Lis auch nur eifersüchtig. Die alte Freundin Katies auf die neue, das schien Anne eher plausibel. Ja, bestimmt war es das, mochte ihr Katie auch noch so oft versichern, daß Lis' Gastfreundschaft unerschöpflich und eine Selbstverständlichkeit wäre.

Um sich erkenntlich zu zeigen, hatte Anne am zweiten Abend die ganze Bande, außer Bonnie, Personal bleibt Personal, in die erste Etage des Palio zu einem italienischen Dinner der Extraklasse eingeladen. Danach nahmen sie noch ein paar Drinks unten in der Bar. Von den Wänden leuchtete, in schreienden Farbtönen, Sandro Chias ebenso großräumige wie eigenwillige Darstellung der Reiterspiele in Siena, darunter posierten lauter schöne Menschen im Calvin-Klein-Outfit. Die Szenerie unterschied sich nur durch unbedeutende Details von einschlägigen Münchner Schickeria-Bars. Entsprechend langweilte Anne sich ein wenig.

Lis kannte die Bar natürlich, und als die kleine oder mittlere Berühmtheit, die sie nun war, wurde sie vom Barkeeper überschwenglich begrüßt, hinter ihrem Rücken tuschelte es. Noch war ihr Ruhm zu frisch, als daß Lis ihren Auftritt nicht in vollen Zügen genossen hätte.

Katie fand das alles irre schick, trank zuviel und starrte die Leute wie Ausstellungsstücke an, Teresa saß still, in ihren Freak-Klamotten einigermaßen deplaziert, auf ihrem Barhocker am marmornen Tresen, und Gordon erging es ein wenig wie Anne, er hatte schon seit langer Zeit die Nase voll von der Szene mitsamt ihren abgehobenen Gestalten, aber er ließ sich nichts anmerken. Später stieß Lis' Freund und Schönheitsexperte Paul Dixon zu ihnen. Er sprach nicht viel und kippte ziemlich schnell hintereinander zwei Remmis, wonach er ein wenig auftaute. Paul war ein eher schmächtiger Typ. Sein Doppelkinn und die hängenden Augenlider, die ihm das vergrämte Aussehen eines alten Boxerhundes gaben, waren nicht gerade ein Aushängeschild für seine Praxis.

Eine neue Gruppe illustrer Gäste betrat das Lokal gegen Mitternacht, und ein Raunen schwappte wie eine Welle durch den dichtbevölkerten Raum. Auch Lis drehte sich um und bekam beinahe Zustände. Sandra Krekel. Diese Kuh! Im letzten Jahr für den Oskar nominiert, zum Glück hatte sie ihn wenigstens nicht gewonnen, aber allein die Nominierung war schon ärgerlich genug. Ihr Name wurde in den einschlägigen Magazinen in einem Atemzug mit Jodie Foster und Michelle Pfeiffer genannt. Zweifellos ein Star. Ein echter, kein Seriensternchen. Lis kannte Sandra persönlich, sie hatte einmal ein winziges Nebenröllchen in einem ihrer Filme, was hieß überhaupt »ihrer Filme«, gespielt, und Sandra, diese zickige Hysterikerin, hatte sie bis aufs Blut gepiesakt.

Jetzt ließ sie sich auch noch mit ihrem Hofstaat direkt vor ihnen nieder.

»Ist das Sandra Krekel?« wisperte Katie mit feuchten Augen.

»In der Tat.« Lis schleuderte vernichtende Blicke. »Wenn man sie in natura sieht, erkennt man sie kaum wieder, was? Sie läßt überall verbreiten, sie wäre achtundzwanzig, dabei geht sie stramm auf die vierzig zu.« Sie blickte sich nach Paul um, damit er dies bestätigte. Der schüttelte bloß den Kopf mit der scharf abgegrenzten Halbglatze, die an ein ausgestochenes Weihnachtsplätzchen erinnerte.

»Sei nicht so boshaft«, beschwichtigte er. Doch ebenso hätte er versuchen können, einen Tornado mit der Hand aufzuhalten.

Lis beschloß, die Person einfach zu ignorieren. Aber das war schwierig. Alles im Lokal drehte sich nur noch um sie. Auch der Barkeeper, dieser Kretin, überschlug sich beinahe vor Jovialität. Keiner achtete mehr auf sie, Li Fleury. Dieses Geflüster, dieses Geglotze!

Widerlich, wie sie sich darin aalte. Und dieses ausgeschnittene Kleid, in ihrem Alter. Billig, einfach billig! Jetzt erhob sich die Diva, tänzelte und schwänzelte, das durfte doch nicht wahr sein, direkt auf ihre Gruppe zu. Katie hielt die Luft an, Teresa grinste. Lis' Puls beschleunigte wie ein Rennwagen. Offenbar kannten sich Sandra und Paul, woher, das war nicht schwer zu erraten. Fieberhaft begann Lis, an einer abgrundbösen Bemerkung zu feilen, andererseits, wer im Glashaus sitzt ...

Schließlich entschloß sie sich, den Stier, vielmehr diese Krekel-Kuh, bei den Hörnern zu packen. Sie würde Sandra ganz herzlich begrüßen, quasi von Kollegin zu Kollegin, genau. Sie hatte es doch gar nicht nötig, neidisch zu sein. Sandra und Paul tauschten jetzt die üblichen Oberflächlichkeiten. Sandra beachtete Lis nicht im mindesten, ob absichtlich oder nicht, das ließ sich schwer sagen. Lis dagegen winkte ihr charmant zu und flötete: »Hallo Sandra. Wie schön, dich mal außerhalb der Arbeit zu treffen.«

Sandra musterte Lis für die Dauer eines Wimpernschlages, als wäre sie ein besonders ekelerregendes Insekt. »Paul«, sagte sie dann, mit dem falschesten Lächeln der Welt, »willst du mir deine Begleiterin nicht vorstellen? Ich habe sie wirklich noch *nie* gesehen.«

Lis fühlte sich wie von einem Baseballschläger getroffen. Sie kochte. Paul war jetzt wirklich nicht zu beneiden. Neben ihm seine junge Freundin, die nun ganz sicher so eine Art Heldentat von ihm erwartete, vor ihm Sandra Krekel. Der Star. Die prominente, zahlende Dauerklientin.

Es folgte ein zäher Moment allgemeiner Verlegenheit. Da sah Anne ihre Chance gekommen: Mitten in das zusehends peinlicher werdende Schweigen hinein zwitscherte sie: »Was denn, *Sie* sind Sandra Krekel? Wissen Sie, ich gehöre schon sooo lange zu Ihren Bewunderern, sogar schon als Kind habe ich Sie im Kino gesehen. Mein Gott, das muß jetzt schon *ewig* her sein.« Sie hielt sich grübelnd den Finger an die Lippen, während Sandras Lächeln versteinerte, und setzte noch einen drauf: »Wie hieß doch der Film ... irgendwas mit ›Leidenschaft und Tod‹, oder so ähnlich. Sagen Sie, war der überhaupt schon in Farbe?«

Nach diesem Abend hätte Lisbeth Ziegenbalg für Anne Schwartz die rechte Brust geopfert.

»Was liegt denn heute abend so an?« Gordon musterte seine Zauberlehrlinge mit gönnerhafter Miene.

»Nichts Besonderes«, knödelte Anne, es klang, als hätte sie ihre Socken im Mund.

»Also ich muß heute nochmals dringend ins Crazy Cactus, wegen meinem Bruder«, verkündete Katie. »Der Wirt hat endlich den Typen aufgabelt, der Jeffs genaue Adresse weiß, hoffe ich wenigstens. Es sieht nämlich ganz danach aus, als sei er umgezogen, nach L. A.«

Die anderen beiden schwiegen dazu. Anne, weil sie das Lokal sowieso nicht kannte, Gordon, weil er es kannte.

»Und«, fuhr Katie mit einem spitzbübischen Zwinkern in Richtung Gordon fort, »da du und Anne euch, wie ich bemerkt zu haben glaube, ganz gut vertragt, überlasse ich sie deiner fürsorglichen Obhut.«

»Red nicht so geschraubt daher. Außerdem brauche ich keinen Aufpasser«, knurrte Anne. Insgeheim war sie jedoch gar nicht so abgeneigt. Dieser Gordon hofierte sie wie ein Gentleman alter Schule, sei es aus einer Laune, oder waren dies die Reste seiner WASP-Erziehung, egal, es half Anne, von Tag zu Tag eine Prise weniger an Stefan zu denken. Er hatte sich stundenlang durch das Metropolitan Museum of Modern Art schleppen lassen, ebenso stand er klaglos die unvermeidliche Bootsfahrt rund um Manhattan durch. Daneben zeigte er ihr noch einiges mehr von seiner Stadt.

Zuerst hatte Anne befürchtet, sich dadurch mit Teresa anzulegen, aber Teresa behielt ihre burschikose Freundlichkeit unbeirrt bei, falls sie nicht im geheimen irgendeinen Voodoo-Zauber laufen hatte. Lis war Anne seit der Sandra-Krekel-Affäre auf Gedeih und Verderb zugetan, Bonnie war grundsätzlich zu jedem unfreundlich, und so fand »Anne aus Germany« rasch Aufnahme in dieser Clique. Ihre Herkunft schien dabei niemanden groß zu interessieren. Ganz anders als zu Hause, wo man ihr, der Tochter des großen alten Eduard Schwartz, stets und überall mit ausgesuchter Liebenswürdigkeit begegnete, wodurch echte Freunde nur sehr schwer von Feinden und Speichelleckern zu unterscheiden waren.

Anne hatte es sogar geschafft, zu Hause anzurufen und so zu tun, als sei mit Stefan und ihr alles in bester Ordnung: »Nein, versucht erst gar nicht, uns telefonisch zu erreichen, wir sind sehr viel unterwegs…«

Gordon mußte jetzt für ein paar Stunden zum Sender, wollte sie aber so gegen elf Uhr abholen. Das war eine günstige Zeit, die meisten Bars und Clubs waren vor ein, zwei Uhr nachts ohnehin gähnend leer.

Inzwischen könne sie ja seine Stimme per Radio hören, meinte er mit seinem typischen schiefen Grinsen.

Anne war alles recht. Wenn sie so darüber nachdachte, verdankte sie Katie wirklich ein paar angenehme Tage. Wäre doch schade gewesen, gleich nach »der Katastrophe«, wie sie das niederschmetternde Ereignis jenes Morgens insgeheim nannte, nach Hause zu fliegen. Zumindest hätte sie dann niemals Feuerspucken gelernt.

Während Katie im Crazy Cactus, einer heruntergekommenen Unterwelt-Spelunke, ihren dubiosen Geschäften und Recherchen nachging, saßen Anne und Gordon in einem dieser schäbigen Nachtcafés unter der taghellen Neonlampe und schlürften Cappuchino. Gordon hatte sich an seinem Lieblingsthema festgebissen: »Du mußt nicht glauben, daß du diese vielfältige, innovative Musik, die wir heute in der Knitting Factory und im Wetlands gehört haben, auch im Radio läuft. Zumindest nicht auf den FM-Stationen. Die bringen nur Kommerz. Die Charts rauf und runter, immer wieder, leichtverdaulichen Einheitsbrei, bis zum Erbrechen. Und die Rock-Oldies, als ob es nichts anderes gäbe! Langsam kann ich nicht mal mehr die Stones hören, so hängt mir das zum Hals raus. Die Werbeleute bestimmen, was gespielt wird, und alles kuscht.«

»Das ist bei uns genauso«, tröstete Anne.

»Mag sein. Aber von einer Stadt wie New York könnte man doch was anderes erwarten, meine ich.«

»Aber die Zielgruppe der Werbung, das ist nun mal der Durchschnitt. Die wollen wahrscheinlich genau so was hören.«

»Genau das glaube ich nicht. Es gibt auch Leute, die ein normales Vorstadtleben führen, morgens ihre Cornflakes essen, Deo und Rasierschaum benutzen, und trotzdem gerne schwarze Musik und neue, noch unverbrauchte Bands hören wollen.« Er nahm einen Schluck Cappuchino und fuhr sich aufgebracht durch seine schütteren Strähnen.

»Aber ihr, in eurem Sender, ihr spielt doch diese Underground Bands?«

»Wir senden auf Mittelwelle, das ist was anderes. Aber selbst wir bringen im Moment viel zu wenig, was Qualität hat. Deshalb liegen Harvey und ich ja dauernd im Clinch. Er will unsere wenigen Werbeleute nicht auch noch vergraulen. Momentan laufen bei uns die guten

Sachen nur bei Nacht, oder wenn ich mal unbeaufsichtigt ans Mikro gelassen werde. Ansonsten spielen er und Sandy, das ist seine Freundin, ihre abgefuckte Discoscheiße, Verzeihung, aber da könnte ich jedesmal platzen! Die Mittelwelle ist die einzige Chance, noch *lebendige* Musik zu spielen, und er macht so ein seichtes Kommerzsüppchen daraus.«

»Kannst du nicht abspringen, deinen Anteil verkaufen und bei einem anderen Sender einsteigen?«

»Hm«, knurrte er, »könnte ich schon. Andererseits ist dieser Sender mein Baby. Ich konnte wirklich nicht ahnen, daß sich Harvey so zum Spießer mausert, aber damals brauchte ich ihn als Geldgeber. Aber irgendwann kaufe ich ihn raus, garantiert.«

»Ist nicht Teresa auch mit von der Partie?« fragte Anne mit kalkulierter Hinterlist.

»Teresa? Ja, ja. Als freie Mitarbeiterin. Sie macht einmal die Woche Horoskope und moderiert so eine esoterische Ratgeber-Sendung.« Seine Stimme verengte sich zu einem aufgeregten Quieken: »Hier spricht Sonja, ich bin Steinbock in der zweiten Dekade. Mein Lover ist schon seit drei Tagen nicht mehr bei mir aufgetaucht, und er hat meinen Wagen mitgenommen – ob wohl eine andere Frau dahintersteckt?«

Er imitierte brummig den Baß von Teresa: »So, also Steinbock. Farbig?«

»Grünmetallic«, quiekte Sonja.

»Wie? Ey, Schwester…«

»Äh… 'tschuldige. Weiß.«

»Gut, dafür kannst du nichts. Jetzt bleib erst mal ganz cool. Scheiß auf den Wagen, der macht nur Umweltprobleme. Und dieser Scheißtyp, den kannst du getrost vergessen, konzentriere dich lieber auf deine positiven Vibrationen. Polier dein Karma auf! Komm zu mir in die Sprechstunde, dann checken wir das mit deinem Aszendenten. Ruf mich nach der Sendung an, dann machen wir ein Date, okay?«

Anne lachte. »Als Wahrsagerin muß man schließlich sehen, wo man bleibt.«

Sie hatten ausgetrunken. Gordon nahm Annes Hand und sah ihr eine Spur zu lange in die Augen. Dann sagte er watteweich: »Komm, laß uns gehen.«

Wenn Gordon es drauf anlegte, und in diesem Moment legte er es sogar sehr drauf an, konnte einem seine Stimme kleine Elektroschocks den Rücken hinunterjagen.

Anne erwiderte den Druck seiner Hand.

Im schalen Morgengrauen schleppte sich Katie die Stufen hoch. Sie hatte Jeffs Adresse bekommen, er war tatsächlich in Kalifornien, und hundert Dollar beim Billard gewonnen. Ansonsten war der Abend nicht so ganz wunschgemäß verlaufen. Sie brühte sich einen extrastarken Kaffee auf, rauchte zwei Zigaretten und dachte angestrengt nach, während sie die aufgeplatzte Stelle über dem linken Auge mit ein paar Eiswürfeln kühlte. Es schien dringend angeraten, aus New York zu verschwinden, und zwar sofort. Was lag näher, als jetzt gleich nach L. A. zu fahren?

Apropos fahren. Sie sah auf die Uhr. Halb sechs. Dieses Problem erledigte man wohl am besten sofort, so lange es auf den Straßen noch einigermaßen ruhig war. Sie stürzte ihren Kaffee hinunter und tapste leise aus dem Haus, während alle noch schliefen.

Katie hatte sich getäuscht, es schliefen nicht alle. Anne beispielsweise war wach. Aber sie hörte Katie weder kommen noch gehen, weil sie gerade mit Gordon bumste, als ob es einen Rekord zu brechen gälte.

Es hatte sich einfach so ergeben. Gordon war überaus sympathisch und nicht langweilig. Was soll's, sagte sich Anne mit einem Anflug von Fatalismus, was will man heutzutage mehr von einem Mann? Der gemeinsame Abend war in gelöster Atmosphäre verlaufen, und als Finale glitten sie, händchenhaltend wie Teenager, im Taxi durch das morgengraue Manhattan – das hatte schon was. Dazu kam der noch immer ganz leise nagende Frust über Stefan, möglicherweise übernahmen ein paar aufgestaute Hormone die Rolle des Katalysators, jedenfalls führte das alles dazu, daß Gordon nun sein knallblaues Wunder erlebte. Er war von seiner Gelegenheitsaffäre mit Teresa durchaus einiges gewohnt, aber die hier, die schien ihn glatt umbringen zu wollen.

Es dauerte keine halbe Stunde, da kam Katie wieder zurückgeschlichen. Sie ging daran, Lis einen erklärenden Zettel zu schreiben und ihre Sachen zu packen. Als sie beinahe fertig war, zuckte sie zusammen. In der Tür stand regungslos die exakte Kopie einer antiken Statue.

»Verdammt, kannst du nicht anklopfen?«

»Was tust du da?« erkundigte sich Anne lauernd.

»Ich packe.« Katie stopfte weiter Sachen in ihre Tasche.

»Das sehe ich. Und wieso?«

»Weil ich jetzt nach L. A., zu meinem Bruder, fahre.«

»Ein bißchen plötzlich, findest du nicht? Du hast ja gar nicht geschlafen.« Sie wies auf das unbenutzte Bett.

»Macht nichts.« Sie führt sich auf, als sei sie mein Bewährungshelfer, dachte Katie, und drehte sich wütend um.

»Katie! Was ist mit deinem Auge passiert?«

»Bin in 'ne Schlägerei geraten.« Das entsprach zumindest ansatzweise den Tatsachen.

»Das ist doch kein Grund, klammheimlich zu verschwinden, oder?«

Katie stemmte die Arme in die Seiten und blickte Anne aus ihrem unversehrten Auge wild entschlossen an, was einigermaßen grotesk aussah. »Frag nicht so viel. Ich kann dir nicht alles erklären. Tatsache ist, daß ich sofort aus New York raus muß. Und da ich jetzt Jeffs Adresse in L. A. habe…«

»Und wie willst du da hinkommen?«

»Mit 'nem Auto.«

»Was für ein Auto?«

»Na, ein Auto eben. Von einem Freund geliehen.« Sie zog den Reißverschluß ihrer Sporttasche mit einem energischen Ruck zu.

»Wolltest du etwa gehen, ohne irgend jemandem Bescheid zu sagen, ohne dich von uns zu verabschieden?« Anne baute sich in voller Größe im Türrahmen auf, die leibhaftige Inquisition.

Katie stutzte einen Moment, notierte im Geiste Annes absonderliches Outfit, das aus einem lässig um sich drapierten Bettlaken bestand, und gab einen Schuß ins Blaue ab: »Du warst ja nicht ansprechbar.«

Befriedigt sah sie, daß Anne postwendend rot anlief, wie ein Stichling. »Und was ist mit Lis? So einen Abgang hat sie nicht verdient.«

Als hätte sie nur auf ihr Stichwort gewartet, tauchte Lis gähnend und augenreibend neben Anne auf. »Was ist denn los? Könnt ihr euer Spektakel nicht um eine zivile Uhrzeit veranstalten?«

»Katie will abreisen«, erklärte Anne.

Es folgte ein ähnliches Palaver wie vorhin, was zur Folge hatte, daß Teresa, maulend und völlig unbekleidet, die Szene betrat und schließlich auch Gordon herbeigewankt kam. Wie die Teppichhändler redeten sie auf Katie ein, wenigstens noch auf einen Kaffee und einen Eisbeutel fürs Auge in die Küche zu kommen. Während Teresa in einen orientalischen Fetzen schlüpfte und sich an die Zubereitung dieser pappsüßen, lummeligen, aber von allen heißgeliebten Frenchtoasts machte, und Gordon mit dem Ausruf: »Verdammt, ich muß ja weg, ich habe heute die Morgensendung!« in die Klamotten fuhr, reifte in Anne allmählich ein kühner Plan.

Sie verzichtete auf den Toast, verschwand im Bad, duschte erst heiß, dann kalt, zog sich mit Lichtgeschwindigkeit an, verabschiedete den davonstürmenden Gordon mit einem verstohlenen Kuß und kam gerade in die Küche, als Lis Katie das Versprechen abrang, auf jeden Fall ihre Route über Washington zu wählen, denn da lebte ein Cousin von Lis, den Katie unbedingt besuchen sollte.

»Er paßt zu dir, er ist das schwarze Schaf der Familie Ziegenbalg.«

»Ich denke, das bist du.«

»Quatsch, ich bin's nur bei Oma Kirsch, der andere Teil der Mischpoke vergöttert mich.«

»Was ist dann mit…«, Katie hielt sich den Zettel mit der Adresse vors heile Auge, »…Samuel?«

»Du wirst es rausfinden. Keine Sorge, er ist echt okay, du mußt ihm ganz liebe Grüße von mir bestellen.«

»Katie?« unterbrach Anne das Gespräch.

»Hm?«

»Wie lange fährt man nach Los Angeles?«

»Weiß nicht. Hab's noch nie ausprobiert. Warum?«

»Ich komme mit!«

»Das ist Unsinn. Du kannst ruhig hierbleiben, bis du abfliegst, nicht wahr Lis?« Das hätte noch gefehlt.

»Aber selbstverständlich. Mach dir da bloß keine Gedanken.«

»Danke, das ist sehr lieb von dir, Lis, ehrlich, aber ich komme trotzdem mit.«

»Verdammt, Anne!« Katie schlug mit der Faust auf die Tischplatte. »Ich kann es dir nicht erklären, aber es geht nicht. Das wird keine Kaffeefahrt.«

»Katie, warum läßt du Anne nicht mitkommen?« schaltete sich Lis nun wieder ein. Eigenartig, notierte Anne verwundert, offenbar sagt sie nicht einmal Lis, ihrer ältesten und besten Freundin, warum sie so überstürzt abreisen will.

»Das sagte ich schon«, brummte Katie unfreundlich.

»Ehrlich gesagt«, fuhr Lis fort, und es hörte sich ein wenig gluckenhaft an, »mir wäre wohler, wenn ich Anne bei dir wüßte. Das heißt nicht, daß ich dich los sein will Anne, aber du weißt, wie unsere Katie ist...«

»Unsere Katie kann sehr gut für sich selber sorgen«, protestierte es hinter dem Eisbeutel hervor.

Anne zog gnadenlos ihr As aus dem Ärmel: »Das habe ich in München gesehen.«

Sie und Katie wechselten daraufhin ein paar bedeutungsschwangere Blicke unter drei Augen. Lis sah verwirrt von einer zur anderen, Teresa hielt sich erhaben im Hintergrund.

Katie klimperte wild in ihrer Tasse herum und fluchte innerlich. »Also gut«, sagte sie schließlich, und ihr Löffel knallte scheppernd auf die Untertasse, »wenn es unbedingt sein muß. Aber ich warne dich jetzt schon...«

»Okay«, wischte Anne sämtliche Einwände wie Krümel vom Tisch, »gib mir zehn Minuten. Ich packe!«

»Entschuldige, wenn ich schon wieder eine dumme Frage stelle...«

»Was denn?«, erwiderte Katie ungnädig.

»Washington liegt doch südlich von New York, oder?«

»Allerdings.«

»Wieso fahren wir dann nach Osten?«

»Das waren zwei Fragen.«

»Ich gebe es zu.«

»Ich muß nochmal zurück zum Flughafen. Da sind ein paar von meinen Sachen im Schließfach.« Die Antwort schien Anne zu genügen. Wenn nicht, hätte ihr das auch nicht viel genützt. Katie wurde ganz langsam klar, daß sie einer ganz subtilen Erpressung aufgesessen war. Das Schickeria-Dämchen auf Abenteuer-Trip! So eine hatte ihr gerade noch gefehlt.

Verdammt, ich bin selber schuld, ärgerte sich Katie. Aus purem Übermut war sie ihr ins Plaza gefolgt. Zugegeben, sie wollte schon immer mal in so einen Laden reinschnuppern. Und dann, statt eines gepflegten Drinks an der Bar, kriegte man eine mordsmäßige Heulerei geboten, wegen einem Typen! Wie soll man es da fertigbringen, gleich wieder abzuhauen?

Daß Katie ihre neue Bekanntschaft auch noch mit zu Lis geschleppt hatte, hatte einen anderen Grund. Angeben wollte sie vor Lis, wenn sie mal ehrlich war. Lisbeth Ziegenbalg aus der Ludlow Street, die auf einmal mit klangvollen Namen um sich warf, als sei sie seit Jahren der Fixstern von New Yorks Prominentenszene!

Nachdem Katie erfahren hatte, wer Anne wirklich war, konnte sie nicht widerstehen, Lis und ihrem Anhang eine halbwegs ebenbürtige Eroberung zu präsentieren. Was dann komischerweise niemanden sonderlich beeindruckt hatte. Na ja, Künstler, ein Völkchen für sich, die hatten wenig Sinn für die *facts of life.*

Trotzdem, Anne harmonierte ganz gut mit diesem Haufen, bestimmt verkehrte sie daheim auch in einschlägigen Kreisen. War es nicht die Symbiose aus Geld und Kunst, die die jeweilige »Szene« einer Stadt ausmachte?

Aber jetzt bekam der Spaß allmählich Löcher. Was Katie vorhatte, dafür konnte sie eine wie Anne am allerwenigsten gebrauchen. Sie mußte sie vielmehr schleunigst loswerden.

Na warte, Anne, grollte Katie, dein unvergeßliches New-York-Erlebnis, das kannst du jetzt gleich haben. Ich wette, am Flughafen wankst du mit schlotternden Knien zum nächsten Taxi und fährst dahin zurück, wo du hingehörst.

Katie verließ den Expressway in Brooklyn. Schließlich hat man einem Besucher etwas zu bieten, dachte sie boshaft. Den Anfang machten zivilisierte Wohnsiedlungen, sattes Vorgartengrün vor weißen Veranden und ordentlich geparkten Mittelklassewagen. Doch dann ließ die Gegend mehr und mehr nach. Sie passierten Bedford-Stuyvesant. Die Gegend erinnerte an Fernsehbilder von irgendwelchen Kriegsschauplätzen. Zerstörte Häuser, Bauruinen, Autowracks, Gitterzäune, wo es absolut nichts zu schützen gab. Verdreckte schwarze Kinder hockten auf alten Autoreifen zwischen Flaschenscherben und Schutt, den kein Mensch jemals wegräumte. Katie betrachtete die Details der Apokalypse mit kühlem Interesse. Ein kaputter Fernseher, ein ausgewaideter Autositz, räudige Katzen und menschliche Gestalten, die im Müll stöberten und nach Blechdosen oder sonstwas suchten. Armselige Dealer versuchten an jeder zweiten Ecke ihren Dreck loszuwerden. Zwei blutjunge Latino-Prostituierte stritten sich in einem Hauseingang, mit den Fingernägeln zerhackten sie sich die crackzerfressenen Gesichter und rissen sich an den Haaren.

Die Straßen waren in einem miesen Zustand, der Toyota holperte von Loch zu Loch, grellbunte Hip-Hop-Chiffren in unleserlichem Punk-Layout hielten die kariösen Häuserwände zusammen.

Auf dem Flachdach eines verfallenen Lagerhauses in East New York übten sich vier Halbwüchsige im Schießen mit großkalibrigem Gerät. Dies war keine Stadt mehr, dies war nur noch der Kadaver einer Stadt.

Es hat sich kaum etwas verändert, realisierte Katie. Sie hatte das auch nicht im Ernst erwartet. Harmlos grinste sie zu Anne hinüber, während sie einem ausgebrannten Auto auswich, das wie ein umgekippter Käfer mitten auf der Fahrbahn lag.

Anne klemmte stumm auf ihrem Sitz und kontrollierte zum dritten Mal die Sicherheitsknöpfe an den Türen. Sie starrte aus dem Fenster, die Augen groß wie Spiegeleier.

»Ist es nicht riskant, hier herumzufahren?«

»Schon möglich«, meinte Katie launig. Genaugenommen war es schon ein bißchen irrsinnig. Anhalten war hier jedenfalls nicht angeraten. »Was soll's, das ganze Leben ist ein Risiko.«

Anne ließ diese philosophische Erkenntnis unwidersprochen. Schließlich hatte sie niemand gezwungen, mitzukommen.

Endlich beendete Katie ihre Stadtrundfahrt, bog wieder auf den Expressway ein, und kurze Zeit später erreichten sie den Flughafen. Katie bat Anne, im Auto zu warten und spurtete davon, sie wäre glatt jede Wette eingegangen, bei der Rückkehr einen leeren Wagen anzutreffen.

»Was siehst du mich so komisch an?« fragte Anne, als Katie wieder erschien.

»Ach, nichts.« Katie verstaute einen Sixpack Heineken und reichte Anne die Straßenkarte. Verdammt, die war zäher, als sie gedacht hatte.

»Geht's mit deinem Auge?« fragte Anne teilnahmsvoll. »Soll ich lieber fahren?«

»Nein, was ich sehe, reicht mir. Aber du könntest mal Gordons Sender suchen.« Sie feixte. »Damit du ein letztes Mal seine sexy Stimme hörst.« Katie schaffte es selten, über längere Zeit schlecht gelaunt zu sein, und dank des bewährten Mittels fühlte sie sich wieder fit wie ein Turnschuh.

»So wichtig ist das auch wieder nicht«, brummte Anne und fingerte an der lausigen Stereoanlage herum, während Katie den Wagen diskret mit zwei Kabeln startete, die irgendwo herumhingen.

»Da! Das ist er«, rief Katie. Tatsächlich hörte man Gordon, der gerade ein Interview mit einem Musiker führte, den vermutlich ganze fünfzig Menschen in New York kannten. »Er ist gut, nicht? Whow, diese Stimme, die ist total *gothic*!«

Gordon legte ein Punk-Stück auf, das an den Nerven sägte.

»...soeben erfahre ich aus zuverlässiger Quelle, daß zwei Leute, auf dem Weg nach L. A. sind, die mir nicht auf Wiedersehen gesagt haben. He, Katie, hast du auch Spielkarten dabei? Immer in Übung bleiben! He, Anne! Wie konntest du mir das antun, einfach so zu verduften?«

Sie starrten sich dumpf wie zwei Autos an.

»Das ist für uns!« kreischte Katie.

»Pscht!«

»...wünsche euch trotzdem viel Spaß bei eurem Trip, grüßt mir den wilden Westen und – Anne – ich warte auf dich!«

Es folgte ein schräges Saxophonstück.

»So ein Spinner«, murmelte Anne.

»Das waren wir, stell dir vor, wir im Radio, ist das nicht klasse!« Katie war hin und weg. »Den mußt du ganz schön beeindruckt haben. War es denn gut mit ihm? Hörte sich fast so an, als sei er in dich verknallt.«

»Ach was.«

»Ein echt cooler Typ. Und was für süße Ohren er hat! Man möchte seine Zunge am liebsten gar nicht wieder rausnehmen.«

»Sag mal, bist du denn nicht müde?« lenkte Anne ab. »Du hast doch gar nicht geschlafen?«

»Noch geht's prima. Aber du kannst ruhig etwas pennen, hast es sicher nötig, ich finde den Weg auch alleine.«

Anne traute dem nicht, sie versuchte wach zu bleiben, wenigstens bis sie New York City verlassen hatten, aber ihr Kopf sackte ganz von selber herunter, die Karte glitt von ihrem Schoß und sie sank in den längst fälligen Schlaf.

Katie lächelte. Ihre Schlafgewohnheiten waren so durcheinander wie ihr ganzes Leben, eine Nacht auf der Piste konnte ihr nicht viel anhaben. Anne war offensichtlich keine Nachteule. Katie war das im Moment ganz recht. So könnte sie wenigstens in Ruhe darüber nachdenken, wie Anne am besten abzuschütteln wäre. Nicht, daß ihr Annes Begleitung zuwider war. Sie wirkte zwar hin und wieder etwas weltfremd, aber davon abgesehen kam man mit ihr ganz gut klar. Katie bewunderte im geheimen Annes dezent eleganten Stil. Ganz anders als Lis, die ihre Haut schreiend zu Markte trug, aufgebläht wie ein balzender Gockel. Es war wohl ein Unterschied, ob man von Geburt an reich war oder es durch Zufall wurde. Reich! Katie seufzte tief und bohrte versonnen in der Nase, oder umgekehrt. Sie zündete sich eine Zigarette an, öffnete eine Bierdose und dachte dabei an Jeff. Hoffentlich stimmte die Adresse. Wenn sie ihn fand und alles glatt ging, wäre sie vielleicht in ein paar Tagen auch aus dem Gröbsten raus.

›Washington D.C. 160 miles‹ las sie flüchtig auf einem Verkehrsschild. Washington! Das war die Lösung. Sie würde Anne einfach bei diesem Samuel lassen, und morgen in aller Frühe verduften. Auf diese brillante Idee hin leerte Katie die Dose in einem Zug.

Als Anne steifnackig erwachte, befanden sie sich kurz vor oder hinter Philadelphia. Den Reklameschildern nach, jedenfalls.

»Guten Morgen, Prinzessin.«

»Du lieber Himmel! Ich wollte doch fahren. Tut mir leid.«

»Braucht es nicht. Ich bin fit.«

»Wie machst du das bloß?«

»Autogenes Training.«

Anne studierte die Landkarte, auf der Katie eine grobe Route eingezeichnet hatte. Gemessen an deutschen Autobahnen krochen sie auf dem Highway gemütlich dahin. Es herrschte dichter Verkehr, aber er floß gleichmäßig.

»Warum fahren wir so weit nach Süden? Das sieht nicht wie die kürzeste Strecke aus.«

»Ist es auch nicht«, erklärte Katie. »Aber ich weiß nicht, ob die Gegend um St. Louis schon wieder passierbar ist. Wegen der Überschwemmungen. Und selbst wenn, ich möchte nicht mit den widerlichen Katastrophentouristen verwechselt werden.«

»Ach so. Daran habe ich gar nicht mehr gedacht.« Anne verstaute die Karte im Handschuhfach und fuhrwerkte darin herum. Katie beobachtete sie. Was suchte sie denn?

»Ka-tie?« Manchmal hörte sich Anne wie eine Sonntagsschullehrerin an.

»Hm?«

»Von wem hast du eigentlich das Auto?« Jetzt fing die Fragerei schon wieder an. Wie das nervte!

»Von einem Freund, sagte ich doch schon. Wieso willst du das wissen?«

»Weil hier eine Zeitschrift von ihm liegt. Genauer gesagt, ein Pornoheft. Wußte gar nicht, daß du auch Schmutzfinken kennst.«

Das kommt davon, wenn man in fremder Leute Handschuhfach wühlt.

»Tja, man sieht eben nicht hinein in die Leute…«

»Heißt dein Freund…«, Anne tat, als entziffere sie den Adressaufkleber, »John Hill?«

»Jaja, der gute Johnny, das alte Ferkel.«

»KATIE!« Anne brüllte, daß Katie wie ein angestochener Luftballon zusammenfuhr.

»He, was ist denn los? Fahre ich dir nicht gut genug?«

»Katie, du hast den Wagen gestohlen!«

»Was ich? Wie kommst du darauf? Das ist aber eine grobe Unterstellung, wie kannst du mir *das* zutrauen?« Anne hielt ihr den Aufkleber unter die Nase: Mr. Robert Ferraro.

»Okay, okay, Sherlock Holmes. Ich gestehe. Ich brauchte es dringend, und es war nicht mal abgeschlossen. Wer das macht, der *will*, daß die Karre geklaut wird. Wahrscheinlich freut sich der Kerl jetzt tierisch über das Geld von der Versicherung.«

»Also, das ist doch wirklich das letzte…«

»Zugegeben«, seufzte Katie, »ich hätte auch nie gedacht, daß ich mal 'nen klapprigen Toyota klaue. Aber so auf die Schnelle war nichts Besseres aufzutreiben, tut mir leid.«

»Davon rede ich nicht. Ich rede von Diebstahl. Dafür kannst du ins Gefängnis kommen. Und ich mit dazu!«

»Nun hab dich nicht so. Was denkst du, wieviel Autos jeden Tag in New York, in den Staaten, auf der ganzen Welt geklaut werden? Ganze Berge kommen da zusammen! Da kommt's doch auf diesen einen nicht an. Noch dazu, wo es ein Japaner ist.«

»Warum hast du denn nichts gesagt? Wir hätten einen Mietwagen nehmen können. Ich hätte ihn doch bezahlt, wenn du kein Geld hast.« Anne schnaubte wie ein Roß vor der Schlacht.

Katie holte tief Luft. Wie konnte jemand nur wegen so einer Lappalie ein solches Theater machen. Dann erklärte sie geduldig: »Ich brauchte *schnell* ein Auto. Jetzt reg dich bloß wieder ab. Der Typ ist doch versichert.«

»Halt an!«

»Was, hier? Auf dem Highway?«

»Ich will aussteigen.«

»Spiel jetzt nicht verrückt.«

»Halt an, sage ich!«

»Was willst du machen?«

»Ist mir egal, aber ich fahre nicht in einem geklauten Auto.«

Katie atmete erneut durch. »Hör zu, wir können ihn in der nächsten Stadt stehen lassen und einen Mietwagen nehmen, wenn dir dann wohler ist.« Von wegen, dachte sie im geheimen, *du* nimmst einen Mietwagen oder meinetwegen einen Hubschrauber, und zwar zurück nach New York. Ich organisiere mir höchstens eine flottere Karre.

Aber Anne schaltete auf stur. »Nein, wir lassen ihn sofort stehen, hier, auf der Stelle!« Es klang ein bißchen hysterisch.

»Dann kommen die Bullen, und wir sitzen neben einem geklauten Auto am Straßenrand.« Na bitte, das sah sogar sie ein.

»Dann am nächsten Parkplatz. Da vorne, bieg da ab.«

»Meinetwegen.« Katie setzte den Blinker, steuerte einen kleinen

Parkplatz mit Bänken und Papierkörben an und würgte den Motor ab. Sollte Anne doch sehen, wie sie von hier aus alleine weiter kam.

Erst jetzt bemerkte Anne den fehlenden Zündschlüssel. »Wie hast du den angekriegt?«

»Hypnose.«

»Das ist nicht dein erstes geklautes Auto, stimmt's?«

»*No comment.* Aber erzähl du mir lieber, was du jetzt zu tun gedenkst.«

Anne überlegte. »Das Auto lassen wir stehen.«

Wir? Ich höre immer wir, grollte Katie.

»Die Polizei wird es finden und den Besitzer benachrichtigen.«

Oh, heilige Einfalt! Eher klauen es die nächstbesten Typen, dachte Katie, hütete sich aber, dies laut zu sagen. Die Versuchung war groß, Anne an Ort und Stelle rauszuschmeißen. Aber etwas in Katie sträubte sich dagegen. Nein, das konnte man nicht machen. Mit ihren schrulligen Klamotten, den Pumps und dem Etienne-Aigner-Täschchen würde sie gewisse Elemente anziehen wie ein Magnet, ja, ihre ganze Erscheinung schrie förmlich danach, ausgeraubt zu werden, und das wäre noch das Harmloseste. Es half nichts, sie mußte sehen, daß sie Anne bis nach Washington, zu diesem Samuel, schaffte. Leise fluchend suchte Katie ihre Sachen zusammen und stieg aus.

Anne stand bereits da, als warte sie nur noch auf James, damit er mit dem Rolls Royce vorzog.

»Und nun?«, fragte Katie, »werden wir jetzt auf einen Güterzug aufspringen, oder was?«

»Na ja... wie wär's mit einem Taxi?« Das klang immerhin eine winzige Spur kleinlaut.

»Ein Taxi. Mitten auf dem Highway. Natürlich.«

»Was dann?«

»Wir halten ein Auto an, was denn sonst.«

»Trampen?« Anne runzelte die Stirn. »Ist das nicht gefährlich?«

Jetzt reichte es Katie. »Wenn dir das nicht gefällt, dann fahre ich mit dieser Karre alleine weiter, und du kannst sehen, wie du hier wegkommst. Jedenfalls habe ich keine Lust, noch lange in dieser Scheißhitze rumzustehen. Also, schnapp dir deinen Krempel, schraub dir den Rock etwas höher und stell dich an die Straße!«

»Es wird uns wohl nichts anderes übrigbleiben«, schlußfolgerte Anne messerscharf. Sie folgte Katie ans Ende der Ausfahrt. Die Luft tanzte über dem Asphalt. Anne litt stumm.

»Hier«, Katie reichte ihr eine Bierdose, »ist die letzte.«

»Soll das heißen, du hast während der Fahrt *fünf* Bier getrunken?«

»Wenn du es nicht warst...« Katie hielt den Daumen über die Fahrbahn. »Arschloch!« Sie reckte ihren Mittelfinger in Richtung eines vorbeirauschenden Wagens.

Ein chromblitzender alter T-Bird hielt, der Fahrer, ein junger Kerl mit schwarzer Sonnenbrille, drehte die Scheibe herunter.

»Na, ihr zwei Mäuschen, wohin mit euch?« Sein strähnig gegeltes Haar hätte mal wieder einen Ölwechsel vertragen.

»Washington«, rief Katie und hob freudig ihre Tasche auf.

»Ist genau unsere Richtung«, grinste der Typ.

»Aber nicht unsere!« hörte Katie jemanden sagen und fühlte einen Schraubstock am Arm.

»Laß mich los«, fauchte sie, »die wollen uns mitnehmen.«

»Mit denen? Das kommt überhaupt nicht in Frage.«

»He, was ist jetzt?« rief der Pomadenheini ungeduldig.

»Nein, wir fahren nicht mit«, sagte Anne mit absoluter Bestimmtheit. Der Typ murmelte etwas, was sicher keine Schmeichelei war, und trat aufs Gas.

»Sag mal, spinnst du total?« schrie Katie wütend. »Was soll denn das? Willst du hier vertrocknen, wie eine Mumie?«

»Wir fahren nicht bei zwei Männern mit. Höchstens bei einem.«

»Das ist doch lächerlich.«

»Ist es nicht. Außerdem sahen die so finster aus. Wie... wie Mafiakiller!«

»Mafiakiller«, höhnte Katie. Was wußte die schon von Mafiakillern! »Quatsch! Die sahen ganz normal aus. Verdammt, was für eine Scheiße! Sollen wir hier auf den Nikolaus warten?« Anne antwortete nicht, und auch Katie schwieg verstockt.

Die Minuten schlichen dahin. Sehr belebt war dieser Parkplatz nicht.

»Mensch, ist mir heiß.« Anne wischte sich über die Stirn. Autos zischten vorüber, die Sonne weichte den Teer auf.

»Wir könnten schon in Baltimore sein«, maulte Katie.

»Wir könnten schon ermordet in einem Wäldchen liegen.«

Endlich hielt ein nagelneuer, roter Cadillac mit getönten Scheiben. Es saß nur ein einzelner Fahrer darin.

»Den nehmen wir«, zischte Katie, das Gesicht zur Faust geballt, »du sollst ihn ja nicht heiraten, nur ein Stück mit ihm fahren.«

Der Typ ließ die Scheibe herab. »Kann ich euch helfen?«

»Der sieht okay aus«, flüsterte Anne. Er hätte ein jüngerer College-professor oder ein Regierungsbeamter in Freizeitkleidung sein können, fand sie.

»Was für ein Glück«, seufzte Katie. Ihr war so heiß, sie wäre auch bei Jack the Ripper eingestiegen.

»Nach Washington?«

»Nach Atlanta, wenn ihr wollt. Steigt ein.«

Anne kletterte nach hinten, Katie pflanzte sich frech neben den Fahrer. »Echt cool, die Karre.«

»Finde ich auch.« Besitzerstolz schwang in seiner Stimme. »Übrigens, ich bin Pete.«

»Katie. Das ist Anne.«

»Hallo.« Schon waren sie wieder unterwegs.

»Wie schnell läuft die Kiste?« fragte Katie fachmännisch.

»Schnell genug.«

»Willst du's nicht mal ausprobieren?« Immerhin hatten sie schon eine Menge Zeit auf diesem öden Parkplatz vertrödelt.

Pete schüttelte den Kopf. »Noch nie was vom Tempolimit gehört?«

»Oh, Mann...«, knurrte Katie, während sich Anne heimlich zu diesem vernünftigen Fahrer beglückwünschte. Sie war bald wieder am Eindösen, so eine Nacht hinterließ ihre Spuren, sie war immerhin keine zwanzig mehr.

Katie ließ die gigantischen Reklameschilder neben dem Highway wie einen Film an sich vorbeiziehen und versuchte, sich ein Drehbuch dazu auszudenken. Der Film beschleunigte, wurde schneller, immer schneller, das war schon eher der Bildsuchlauf. Sie hörte den Motor aufheulen und der Wagen vibrierte. Offensichtlich wollte ihr Musterfahrer nun doch wissen, was Sache war. Meinetwegen, ihr konnte das nur recht sein.

Pete überholte eine Kolonne und klebte einem alten Chevy so lange am Heck, bis dieser freiwillig die Spur räumte. Jetzt rappelte sich die verschlafene Anne hinten im Wagen auf und bekam große Augen. Katie erkundigte sich der Form halber: »He, Pete, wieso haben wir's denn so eilig?«

»Weil da hinten die Bullen sind.«

Pete sagte die Wahrheit, ein Polizeiauto folgte ihnen. Gerade schalteten sich die Sirene und das Blaulicht ein. Anne klammerte sich an den vorderen Sitz, denn eben überholte dieser Wahnsinnige einen sturen Vordermann auf dem Grünstreifen.

»Mann, was soll das?« raunzte Katie, »willst du uns unbedingt die Bullen auf den Hals hetzen?« Pete zog den schlingernden Wagen wieder auf die Fahrbahn. Miserable Straßenlage, dieses Schlachtschiff.

»Sorry Ladies, aber für Diskussionen ist jetzt nicht der richtige Zeitpunkt.« Wieder ein gewagtes Überholmanöver, Anne hielt die Hand vor die Augen, Katie riß sie fasziniert auf.

»Tut mir leid«, meinte Pete zu Katie, »aber ich muß ein bißchen Gas geben, die Kiste gehört mir nämlich nicht, ihr versteht?«

Katie und Anne sahen sich eine Sekunde lang entgeistert an. Dann begann Katie zu lachen. Sie schüttelte sich und quietschte, sie wollte überhaupt nicht mehr aufhören.

»Tickt die nicht ganz richtig?« schrie Pete in Annes Richtung. Aber die hielt sich bloß krampfhaft irgendwo fest und wollte nicht glauben, was sie da eben gehört hatte. War Autoklau hierzulande ein Breitensport?

Als sich Katie erholt hatte, machte sie sich schlagartig klar, daß ihr eine Begegnung mit der Polizei momentan denkbar ungelegen kam. Inbrünstig feuerte sie Pete an: »Los, jag ihn! Zur Seite, du Wichser!« Das galt einem Lincoln vor ihnen. »Hier, zwischen den Trucks durch, die lassen dich durch, los, mach schon. Jaaah! Verdammt, die Scheißbullen sind immer noch an uns dran. Wir müssen sie loswerden, hörst du! Gib Stoff, gib schon Stoff!«

Dann kam diese idiotische Baustelle. Der Verkehr verengte sich auf eine Spur, die linke, da war kein schnelles Durchkommen mehr drin. Pete ignorierte alles, was da so an Schildern herumstand, und donnerte weiter auf der frisch geteerten rechten Fahrbahn. Ein paar Absperrbalken schlugen dumpf gegen das Blech und wirbelten durch die Luft wie Streichhölzer. Es ging flott voran, bis dieses Loch auftauchte. Badewannengroß, lag es mitten in der Fahrbahn, jedoch dermaßen heimtückisch hinter einer Bodenwelle, daß man es erst im letzten Moment sehen konnte. Pete sah es zu spät. Sie krachten mit beiden rechten Reifen hinein. Es schepperte gräßlich, der schwerfällige Wagen drohte zu kippen, kam jedoch wieder auf die Räder. Pete drückte das Gaspedal durch, sie schossen davon. Doch das Schiff hatte Schlagseite, irgendwas stimmte mit der Lenkung nicht mehr.

Die Straße machte einen Knick. Der Cadillac nicht. Sie brachen durch die dichte Vegetation am abschüssigen Straßenrand, dann tauschten Himmel und Erde die Plätze.

Katie hatte sich rechtzeitig wie ein Igel zusammengerollt, deshalb passierte ihr nicht viel, Anne knallte mit dem Kopf an die Decke, doch der Schlag war nicht von nachhaltiger Wirkung. Pete jedoch hing benommen hinter dem Lenkrad, er blutete aus einer Wunde am Kinn.

Das Polizeifahrzeug stoppte gleichdrauf mit wimmernder Sirene und nervös kreiselndem Blau-Rot-Blau-Rot neben ihnen. Zwei Uniformen stürzten mit schußbereiten Waffen heraus, es erhob sich ein paramilitärisches Geschrei, und ehe Katie und Anne irgend etwas begriffen, wurden sie aus dem Auto gezerrt, nach Waffen begrapscht, und »klack« bekamen sie ein Paar original amerikanische Polizeihandschellen verpaßt. Ebenso erging es diesem Pete, der ziemlich belämmert wirkte. Genaugenommen sah er immer noch nicht wie ein Verbrecher aus.

Die Mädchen wurden ins Auto verfrachtet, für Pete forderte man über Funk einen zweiten Wagen an. Katie fluchte in einer Tour leise vor sich hin, Anne beteuerte ununterbrochen ihrer beider Unschuld. Jedoch schienen die zwei Polizisten, ein älterer, magerer mit Habichtgesicht und ein ziemlich junger, an einer Insuffizienz des Gehörs zu leiden, denn das einzige, was sie immer wieder antworteten, war der ebenso stereotype wie furchteinflößende Satz: »Das könnt ihr alles dem Sheriff erzählen.« Genaugenommen sagten sie nicht »Sheriff«, sondern »Shurf«.

Sie fuhren den Highway ein Stück zurück und bogen ab in ein ziemlich kleines Nest, doch immerhin gab es dort eine Polizeistation, ein geducktes Backsteingebäude, kaum größer als eine Hutschachtel. Katie beobachtete mit maßlosem Schrecken, wie der junge Beamte ihr Gepäck auslud und irgendwohin brachte. Dann wurden sie durch einen schmalen Raum mit zwei Schreibtischen eskortiert, ein weiterer Polizist und eine mittelalterliche Tippse begafften sie neugierig. Am Ende des Raumes befand sich eine Glastür mit der unmißverständlichen Aufschrift »Sheriff«. In Goldbuchstaben.

Doch der schien nicht drin zu sein. Der alte Habicht bugsierte sie durch eine andere Tür, und was sie dann sahen, ließ ihre Knie weich werden.

»Aber Sie können doch nicht...«, flehte Anne. Er konnte. Vor ihnen lag ein Gang mit vier engen Zellen. Richtige Gefängniszellen.

»Vorwärts, wenn ich bitten darf! Der Sheriff wird euch zu gegebener Zeit rufen lassen.«

»Ich möchte sofort mit ihm sprechen.« Anne bemühte sich um einen höflichen, bestimmten Ton, was ihr aber erstens nicht ganz gelang und zweitens niemanden juckte.

»Er ist gar nicht da«, bekam sie zur Antwort. Katie sagte nichts mehr. Immerhin nahm man ihnen die Handschellen wieder ab.

Dann waren sie allein. Anne schloß die Augen. Eine penetrante Geruchsmischung aus Fusel, Angstschweiß und Bohnerwachs kroch ihr in die Nase und setzte sich dort fest. Sekundenlang glaubte sie an einen bösen Traum, der bestimmt vorbei sein würde, wenn es ihr nur endlich gelänge, aufzuwachen.

Katies Gedanken kreisten nur um einen Gegenstand. Ihre Tasche. Wenn die Polizei auf die Idee käme, da hineinzusehen, dann stünde Pete mit seiner geklauten Karre vergleichsweise so rein und unschuldig wie ein Osterlämmchen da. Ihr Fall dürfte die Sensation des Jahrhunderts auf dieser Provinzstation werden.

Zehn Jahre, dachte Katie, zehn Jahre kriege ich dafür, mindestens. Dann bin ich zweiunddreißig. Bei guter Führung vielleicht dreißig. Ein ausgemergeltes Wrack, das Leben so gut wie vorbei...

Anscheinend verhörten sie diesen Pete zuerst, denn es vergingen, eine, zwei, drei Stunden und nichts geschah. Wortkarg saßen sie nebeneinander auf einer Pritsche aus Draht, ohne Matratzen, über ihnen eine weitere, und starrten auf die bekritzelten Wände. Hoch über ihren Köpfen drang ein schmaler Streifen Sonnenlicht durch ein flaches Fenster, so flach, daß nicht einmal ein Kind hindurchschlüpfen konnte, aber das hätte ihm auch nichts genützt, denn die staubigen Sonnenstrahlen warfen ein unverkennbares Gittermuster an die schmutziggelbe Decke.

Endlich betrat der junge Polizist, er hieß Donnell, den Gang, und reichte ihnen zwei Kaffeebecher durch die Gitterstäbe.

»Was meinen Sie, Sir, wann können wir mit unserer Vernehmung rechnen?« Anne versuchte es mit ihrem zuckersüßesten Lächeln.

»Wenn ihr Glück habt, heute abend noch.« Donnell lächelte zurück und entblößte dabei ein Paar schaufelartig schrägstehende Vorderzähne, die an den Kuhfänger einer Union Pacific Lokomotive erinnerten.

»Wie bitte?!« brauste Anne auf, »hören Sie, ich bin Touristin, aus Deutschland, das können Sie mit mir nicht machen. Und mit meiner… mit ihr auch nicht. Ich werde mich beim Konsulat beschweren.«

Falls diese Worte Donnell irgendwie beeindruckten, so konnte er das prima verbergen. »Euer Freund wird jetzt zuerst vernommen. Ist ein harter Brocken.«

»Er ist nicht unser Freund. Wir kennen ihn doch gar nicht! Was hat er überhaupt ausgefressen?«

»Mehrere Autodiebstähle, räuberischer Überfall auf zwei Supermärkte und eine Bankfiliale in Philadelphia. Möglich, daß noch einiges dazukommt. Vielleicht fällt den Ladies ja noch etwas dazu ein.« Er grinste jovial, und Anne wünschte ihn und sein Gebiß zum Teufel.

»Wirklich, wir sind doch nur mit ihm mitgefahren. Unser Wagen… äh, hatte eine Panne. Warum nehmen Sie uns nicht zuerst dran? Dann wird sich alles aufklären.«

»Wir werden sehen.« Sprach's und verschwand.

Sie hatten kein Glück. Das wurde spätestens klar, als ihnen von der Tippse Bettzeug und ein Abendessen in einer Aluschale gebracht wurde. Unter Flüchen und Verwünschungen breiteten sie die papierdünnen Matratzen aus und drapierten die geflickten Laken darüber. Zumindest schien das Leinenzeug frisch gewaschen zu sein. Es müffelte nach Kernseife. Nicht so die Wolldecke. Sie stank nach altem Fußschweiß und vergleichbaren Körpersekreten unzähliger Delinquenten vor ihnen. Nur wenig anders roch ihr Abendessen, eine Art Eintopf, ganz in NATO-Oliv gehalten, die Zutaten hatten sich dem Tarnlook angepaßt, sie waren bis zur Unkenntlichkeit verkocht.

Der Sheriff sei bereits nach Hause gegangen, sagte man ihnen, aber sie beide werden gleich morgen früh an der Reihe sein. Sie käuten gerade so viel von der zähen Masse, um ihre knurrenden Mägen einigermaßen zu beschwichtigen, danach wurden sie von Judy, wie sich die Sekretärin vorstellte, einzeln zur Toilette begleitet, womit der Höhepunkt des Abends gelaufen war. Schweigend sahen sie zu, wie der Lichtfleck an der Decke immer mehr verblaßte und der Dunkelheit Platz machte. Nur den Flur erhellte eine schwache Birne.

Anne schwankte von einer Minute zur anderen zwischen schäumender Wut, stumpfer Resignation und Galgenhumor. Katie verhielt sich ungewöhnlich ruhig.

»Im Plaza war die Aussicht etwas besser«, versuchte es Anne. Katie lächelte schwach. »Willst du oben oder unten liegen?«

»Ist mir egal.«

»Was ist los mit dir?«

»Nichts.«

»Morgen wird sich alles aufklären«, tröstete Anne zuversichtlich, und erklomm das obere Bett. »Daß ich mal eine Nacht im Gefängnis zubringen werde, das hätte ich mir niemals träumen lassen.«

»Tut mir leid, es ist alles meine Schuld.« Katie wirkte zerknirscht, nein, nicht nur das, geradezu am Boden zerstört, ihr Humor und ihre Kaltschnäuzigkeit waren völlig verschwunden.

»Nein«, widersprach Anne, »es ist nicht deine Schuld. Wären wir mit den ersten beiden mitgefahren…«

»Wären wir jetzt schon verstümmelte Leichen.« Na endlich, wieder die alte Katie. »Anne, es ist besser, wenn du morgen wieder zurückfährst, nach New York.«

»Wieso?«

»Ich bringe dich bloß in Schwierigkeiten.«

»Das ist Unsinn. Was soll uns denn noch Schlimmeres passieren als dieses Abendessen hier? Morgen reden wir vernünftig mit diesem Sheriff, dann fahren wir mit dem Bus nach Washington und dort mieten wir uns ein Auto, okay?«

»Okay«, antwortete Katie und versuchte, daran zu glauben.

Es herrschte eine Weile Stille. Sie hatten sich hingelegt. Vor dem Fenster rauschte ab und zu leise ein Wagen vorbei. Grillen begannen zu zirpen. In der Nachbarzelle schnarchte der Betrunkene, den sie vor einer Stunde den Gang entlang geschleift hatten. Katie hätte gute Gründe gehabt, wütend auf Anne zu sein. Ohne deren Zickigkeit läge sie jetzt garantiert nicht hier. Andererseits – ohne Anne lagerte sie jetzt mit ziemlicher Sicherheit im Kühlfach des Gerichtsmedizinischen Instituts, mit einem Zettel um den großen Zeh, wie ein Schweinekotelett aus dem Sonderangebot. Doch wenn sie an morgen dachte, fühlte sie sich hundeelend, wie vor einer Hinrichtung. Dem Anlaß entsprechend überkam sie das Bedürfnis, zu beichten.

»Anne?« fragte sie in die Dunkelheit. »Bist du wach?«

»Ja. Was ist?«

»Ich hab dich angelogen, wegen dem Typen am Flughafen.«

»Das dachte ich mir schon.«

»So? Na, dann sind wir ja quitt.«

»Wieso quitt?«

»Ich sage nur: Schuhverkäuferin.«

»Ach das. Das zählt doch nicht.«

»Du machst wohl nie einen Fehler, hm?«

»Doch, schon... Aber ich lüge eigentlich selten. Willst du es mir nicht erzählen?«

»Was?«

»Von dem Kerl am Flughafen.«

»Ist 'ne längere Geschichte.«

»Macht nichts. Ich habe gerade etwas Zeit.« Anne hörte Katie leise lachen, dann, als könnte sie es keine Sekunde länger bei sich behalten, fing sie an: »Damals, als mein Vater verunglückt ist, da mußte ich zurück nach Fürstenfeldbruck, zu meiner Mutter. Ich wollte das nicht, aber mir blieb keine Wahl, höchstens ein Heim, weil ich erst siebzehn war. Meine Mutter und ich, wir haben uns noch nie sonderlich gut vertragen. Sie hatte inzwischen wieder geheiratet. Einen Versicherungsagenten. Es dauerte keine drei Monate, da bin ich von dort abgehauen, weil... na ja, ich konnte es in ihrem Kleinbürgermief einfach nicht aushalten. Am liebsten wollte ich sofort wieder nach New York zurück, aber dazu brauchte ich erst mal Geld. Es war nicht einfach, einen Job zu finden. Ich habe keinen gültigen Schulabschluß, mir fehlt noch ein halbes Jahr auf der Highschool. Ich jobbte so herum, mal hier, mal da. Dann lernte ich Manne kennen, mein früherer Freund.«

»Der, der jetzt auch im Gefängnis sitzt?« unterbrach Anne.

»Hab' ich dir davon erzählt?«

»Ja, im Flugzeug.«

»Genau der. Er war ganz okay, aber er lebte auch nur von Gelegenheitsjobs. Wir nahmen uns eine Bude, am Ostbahnhof, zwei Zimmer, Außentoilette.«

»Außentoilette? Wo außen?«

»Na, im Hausflur, was dachtest du denn?«

»Im Hof.«

»Oh, Mann! Also, wir wurstelten uns so durch. Eines Tages tauchte Rudi auf, der Kerl vom Flughafen. Er verschaffte Manne diverse Jobs, und es ging uns auf einmal viel besser, finanziell. Rudi ist ein Loddel, aber daneben ist er Dealer. Ziemlich dick im Geschäft. Er benutzte Manne als Laufburschen. Aber plötzlich, warum weiß ich nicht, vielleicht wollte Manne aussteigen oder mehr Geld, ließ Rudi ihn bei einem Deal ins offene Messer der Bullen laufen. Dummerweise war's 'ne größere Ladung Koks. Das passierte vor ungefähr vier Monaten. Manne wurde eingeknastet. Da dachte Rudi wohl, er könnte mich seiner Häschenriege einverleiben. Aber ich gehe doch nicht für so einen Typen auf den Strich! Ich bin höchstens mal für mich selber anschaffen gegangen, damit ich mir 'ne Platte oder 'nen neuen Fummel kaufen konnte oder so, aber doch nicht für so ein Arschloch. Das hab ich ihm dann unmißverständlich klargemacht.«

Katie verstummte kurzzeitig, aber Anne wußte beim besten Willen nichts darauf zu sagen.

»Weißt du«, fuhr Katie erbarmungslos fort, »Rudi ist ein echter Brutalo, und fies dazu. Der läßt sich nicht so leicht abwimmeln. Zuerst sorgte er dafür, daß ich meinen Aushilfsjob im Plattenladen loswurde. Ich konnte auch in keiner Kneipe mehr bedienen, alle lehnten mich plötzlich ab. Als ich die Miete nicht mehr zahlen konnte, bin ich zum Schein auf sein Angebot eingegangen, hab' dem Erstbesten die Kohle gemopst und bin abgehauen. Bis Frankfurt bin ich gekommen, dann haben mich irgendwelche Freunde von Rudi geschnappt und zurückgebracht. Ich bezog jämmerliche Prügel, eine von Rudis Nutten hat mich halbtot ins Krankenhaus geschafft. Rudi meinte, das nächste Mal würde er mich so zurichten, daß mich nie mehr einer anschaut.«

»Katie, ist das alles wirklich wahr?« Anne sträubten sich nachträglich die Haare, wenn sie daran dachte, wem sie da so nichtsahnend eine Flasche über den Kopf gezogen hatte.

»Was denkst du? So was würde nicht mal ich erfinden, das kannst du mir glauben.«

Anne glaubte ihr. Schon allein deshalb, weil Katie diese Geschichte in einem so flapsigen Ton vortrug, als berichte sie von einem verregneten Schulausflug.

»Ich bin also eine Weile für ihn gelaufen und plante nebenbei die Flucht, diesmal aber sorgfältiger. Als ich zufällig mitkriegte, daß er zwei Tage verreisen wollte, besorgte ich mir das Ticket. Dann bin ich in seine Wohnung eingebrochen, hab alles durchwühlt, bis ich meine Papiere, Paß und so, gefunden hatte. Die hat er mir nämlich weggenommen. Dann bin ich ab zum Flughafen. Das Ende kennst du ja. Rudi muß doch etwas früher als geplant zurückgekommen sein, und ohne deine Hilfe...«

»Woher hattest du das Geld für den Flug?«

»Hin und wieder ein Freier, von dem Rudi nichts wußte, den Rest hab' ich geklaut. Ich habe geschickte Finger, das hat mir die Kundschaft schon häufiger bestätigt.« Damit schloß Katie ihre Erzählung.

Es erschien ihr für die unbedarfte Anne genug, so für den Anfang. Den Rest würde sie morgen sowieso erfahren.

Anne sagte noch immer nichts. In die gespannte Stille hinein fragte Katie nach ein paar Minuten: »Wieso sprichst du eigentlich so gut Englisch?«

»Ich hatte ein englisches Kindermädchen.« Anne hörte Katie künstlich lachen. Sie konnte ihre hämische Miene in der Dunkelheit erahnen, als Katie mit geschraubter Stimme wiederholte: »Aber natürlich, das englische Kindermädchen! Daß ich darauf nicht gekommen bin!« Gab es noch irgend etwas, wofür diese Geldsäcke kein Personal hatten?

»Ich kann auch nichts dafür«, verteidigte sich Anne. Immerhin gab es Gründe, weshalb sie größtenteils von Kinderfrauen und weniger von ihrer Mutter erzogen worden war. Aber das ging Katie nichts an. Nicht nur die hatte ihre kleinen Geheimnisse.

»Tut mir leid«, lenkte Katie ein, »aber es klang so komisch.«

»Es war auch manchmal komisch.«

»Deshalb klingst du also so britisch. Wenn du dazu noch das ›R‹ rollst, hörst du dich an wie Dr. Rrruth.«

»Wie wer?«

»Ruth Westheimer. Die uralte Sextante aus dem Fernsehen.«

»Ach die. Du, das ist eine Unverschämtheit!«

»Wieso? Die Frau verdient ein Heidengeld. Aber jetzt sollten wir wohl versuchen zu schlafen.« Sie gähnte. »Träum was Hübsches.«

Das war leicht gesagt. Anne lag mit offenen Augen im Dunkeln. Unter sich hörte sie Katie im Schlaf murmeln und sich unruhig herumwälzen. Ein eigenartiges Geschöpf. Anne hatte noch nie jemanden kennengelernt, der sich mit Katie vergleichen ließ. Sie fand sie abstoßend und faszinierend zugleich. Sie trank, log, spielte, klaute und tat unappetitliche Dinge für Geld. »Abschaum« würde ihr Vater dazu sagen. Und was Anne da eben gehört hatte – von Drogen, Nutten, Zuhältern und der Mafia –, es klang nicht gerade beruhigend, selbst wenn nur die Hälfte davon stimmte. Doch obwohl dieses Mädchen ganz offensichtlich auf dem rechten Wege ein paarmal links abgebogen war, wirkte sie auf Anne so erfrischend lebendig wie kaum jemand. Sie schien dabei nicht dumm zu sein. Katie hat etwas von einer Katze, dachte Anne, sie fällt immer wieder auf die Beine. Wenn sie erst einmal aus diesem Gefängnis raus waren, würden sie bestimmt noch viel Spaß zusammen haben, bis sie in L. A. waren.

Doch im Moment hielt sich der Spaß in Grenzen. Anne fror, weil sie auf die Wolldecke angeekelt verzichtet hatte. Sie wünschte sich, nur für diese Nacht, zurück nach New York, in diese luxuriöse, warme Unterkunft, zu Lis, Teresa und Gordon, dem ganzen exaltierten Haufen von Stadtneurotikern. Ach ja, sie und Gordon könnten jetzt schön essen gehen und dann...

Moment mal. Und was ist mit Stefan? Bin ich etwa auch nicht besser als er. Überhaupt, was werde ich tun, wenn ich zurück bin? Nüchtern analysierte sie die Geschehnisse der letzten Woche mit der räumlichen und geistigen Distanz, die sie inzwischen gewonnen hatte: So eine große Sache ist es eigentlich auch nicht, wenn er mal ein Mädchen abschleppt, besonders nach so langer Zeit des Alleinseins. Ein ähnlicher Sündenfall ist immerhin sogar mir passiert, mit Gordon. Ich könnte Stefan ordentlich ins Gebet nehmen und die Sache dann vergessen. Im Grunde war Stefan doch kein Weiberheld, oder?

Schon begannen leise Zweifel zu nagen. Wie war das, vor zwei Jahren, mit diesem französischen Au-pair-Mädchen gewesen? Er hatte energisch abgestritten, daß da irgendwas war, und sie hatte ihm nur zu gerne geglaubt. Au-pair-Mädchen hatten überdies die praktische Eigenschaft, nach einer gewissen Zeit wieder in ihre Heimatländer zu verschwinden. Nicht so ihre sogenannte Freundin Babsie. Aber für diese Affäre, falls es denn eine war, gab es nicht den geringsten Beweis. Anne war nicht der Typ, der Taschen durchwühlte oder Kontrollbesuche machte. Was war schon dabei, Stefan flirtete eben recht gerne. Was zählte, war doch, daß er immer wieder zu ihr zurückkehrte. Bis jetzt jedenfalls.

Das Beste wäre, ihm großzügig die Hand zur Versöhnung zu reichen, worauf sie beide ihr gewohntes Leben wiederaufnehmen konnten, mit dem feinen Unterschied, daß sie eine gemeinsame Wohnung beziehen und einen Ring am Finger tragen würden.

Das gewohnte Leben. Der Begriff schwirrte ihr im Kopf herum wie ein Brummkreisel. Und zum ersten Mal, ausgerechnet auf einer ausgelegenen Pritsche in einer stinkenden Gefängniszelle, begann Anne, einige feste Größen in ihrem bisherigen Dasein in Frage zu stellen.

Sheriff McGuire war ein beleibter, rotgesichtiger Mann, dem schon am frühen Morgen die Schweißperlen auf der Nase glänzten. Seine Ohren standen in exaktem Neunzig-Grad-Winkel von seinem Quadratschädel ab, wie bei einer Kaffeetasse mit zwei Henkeln. Die gerunzelte Stirn lag unter einem graublonden Haarkranz, dessen Strähnen sich wie Sauerkraut um eine kahle Mitte kringelten.

Katie und Anne rutschten vor seinem Schreibtisch, wo sich noch die Reste eines schnellen Frühstücks tummelten, auf ihren harten Holzstühlen hin und her. Der Sheriff war in das Studium ihrer Pässe vertieft, die er kraft seines Amtes aus ihren beschlagnahmten Handtaschen entnommen hatte. Er räusperte sich umständlich und wandte sich dann an Anne:

»Soso, Miss Schwartz«, er sagte »Schwots«, »aus Deutschland kommen Sie. Wie lange sind Sie schon hier?«

»Eine Woche.« Das konnte dieser Trottel doch am Stempel der Einwanderungsbehörde erkennen.

»Seit wann kennen Sie Pete Zwolinsky?«

»Ich nehme an, das ist der Mann, mit dem wir irrtümlich festgenommen wurden?«

»Natürlich ist das der Mann. Versuchen Sie nicht, mich für dumm zu verkaufen«, kam es vom Sheriff unwirsch zurück. Anne schluckte. Ihre bisherigen Erfahrungen mit der Polizei beschränkten sich auf zwei Geschwindigkeitsübertretungen, die Strafen hatte sie nonchalant und bar bezahlt, und auf einen harmlosen Auffahrunfall. Dabei hatte sie stets mit höflichen bayrischen Verkehrspolizisten zu tun gehabt, die es sich und ihrer Karriere nie angetan hätten, ihr irgendwie dumm zu kommen. Wahre Gentlemen, im Vergleich zu diesem knorzigen, grantigen Walroß. Einschüchternd blitzte der goldene Stern über den Schreibtisch.

Nun wollte das Walroß haargenau wissen, wo und wie sie zu diesem Pete ins Auto gelangt waren. Anne würgte tapfer hervor: »Wir… wir hatten eine Autopanne. Der Wagen, er… wurde plötzlich heiß, ja genau. Er kochte, es war schrecklich. Deshalb steuerten wir den Parkplatz an…« Anne wußte nicht weiter. Wie zu Schulzeiten, wenn, unter dem eisigen Blick der Lehrerin, das sorgfältig auswendig gelernte Gedicht wie aus dem Gedächtnis getilgt war. Verdammt, warum erklärte das denn nicht Katie? Schließlich hatte *sie* doch das Auto geklaut.

Apropos Katie. Die klemmte wortlos auf ihrem Stuhl, mit einem Ausdruck, als säße sie vor dem Jüngsten Gericht. Sicher, ein bißchen nervös wird wohl jeder, der von einem waschechten amerikanischen Sheriff in die Mangel genommen wird, noch dazu von so einem ungehobelten Exemplar. Aber Katie war mehr als nur aufgeregt. Ihr Teint hatte die Farbe eines alten Putzlappens, und sie konnte kaum ihr Zittern verbergen. Sicher wegen des geklauten Toyotas, schlußfolgerte Anne. Geschieht ihr ja irgendwie recht, ist vielleicht sogar eine heilsame Lektion.

»Und weiter?« riß sie die rasierklingenscharfe Stimme des Sheriffs aus ihren Betrachtungen.

»Wie?«

»Sie parkten. Und dann?«

»Dann... dann haben wir ein Auto angehalten. Das mit diesem Mr. Zwolinks... Zwo...« Anne fühlte ihre Hände klebrig werden. Nimm dich zusammen, Anne, Himmelherrgott! Wer weiß, wie lange er uns sonst noch hierbehalten wird. Plötzlich waren sie da, all die Stories über die Allmacht der amerikanischen Polizei. Hatte nicht neulich ein Deutscher neun Monate im Gefängnis zugebracht, nur weil er im Flugzeug aufs Klo mußte und sich falsch ausgedrückt hatte? Und was in den hiesigen Gefängnissen so los war...

»Sie haben das Auto einfach zurückgelassen?«

Anne versetzte Katie einen heimlichen Tritt gegen das Schienbein, aber der Reaktion nach hätte sie ebensogut einen Baumstumpf treten können. Nein, mit der war heute offensichtlich nicht zu rechnen.

»Nein«, begann sie mit unsicherer Stimme, »wir haben Freunde in New York angerufen, damit sie ihn dort abholen lassen.« Bis jetzt schien er die Sache mit der Autopanne zu schlucken. Aber vielleicht war das nur eine tückische Falle? Bestimmt hütete er bereits hämisch die Diebstahlmeldung in seiner Schublade, wollte sich lediglich daran aufgeilen, wie sie sich enger und enger in ihr eigenes Lügengespinst verstrickte. Katie wußte das sicher längst, klar, die hatte Praxis im Umgang mit der Polizei, deswegen war sie so klug und sagte gar nichts. Anne spürte, wie ihre Wangen brannten. Die Äuglein des Sheriffs ruhten unerbittlich auf ihr. Vielleicht wäre dies jetzt der Zeitpunkt für den tausendmal gehörten Satz: ›Ich sage kein Wort mehr ohne meinen Anwalt‹? Aber welchen Anwalt? Sie kannte hier doch keinen. Man würde ihr den nächstbesten miserablen Pflichtverteidiger zuweisen, der sie garantiert noch tiefer in den Schlamassel hineinritt, als sie jetzt schon drinsteckte. Außerdem, kam die Forderung nach einem Anwalt nicht geradezu einem Schuldbekenntnis gleich? Anne war nahe dran, ein umfassendes Geständnis abzulegen, nur um dieser Qual ein Ende zu bereiten, da rückte der Sheriff von dem heiklen Thema ab. Er begann, ihr Verhältnis zu Pete Zwolinsky auszuloten. Und obwohl er seinen Verhörton noch um einige Grade verschärfte, wurde Anne allmählich ruhiger. Was diesen Pete anging, brauchte sie Gott sei Dank nicht zu lügen. Das brachte ihr ein wenig ihre Fassung zurück. Ihr Antworten kamen sicherer und klangen recht plausibel, wie sie fand.

Katie hörte überhaupt nicht zu, was Anne dem Sheriff erklärte. Wozu die Farce, dachte sie verächtlich. Wahrscheinlich will er nur herausfinden, ob Anne auch was damit zu tun hat. Hoffentlich bekommt sie keinen Ärger. Auf mich warten wahrscheinlich draußen schon die Jungs von der Bundesbehörde, oder dem FBI, oder dem Rauschgiftdezernat, oder wer auch immer. Dieser Fettarsch läßt sich bloß genüßlich Zeit, bis er die Katze aus dem Sack holt. Ein Sadist, dieser Kerl, wahrscheinlich ist dieser Tag der Glanzpunkt seiner Karriere. Vermutlich träumt er schon von seiner Beförderung. Wozu wird eigentlich ein Sheriff befördert? Zum Obersheriff?

»Miss... Shannahan?«

Keine Reaktion. Anne schleuderte ihr einen ärgerlichen Blick von der Seite zu. Warum antwortete sie nicht? Eben hatte Anne ihre ärgste Aufregung überwunden, ja sogar das Gefühl gehabt, diesen Sheriff einigermaßen überzeugen zu können, wo möglich verdarb Katies Bockigkeit nun alles, und sie beide würden bis in alle Ewigkeit hier sitzen.

»Miss Shannahan! Würden Sie mir bitte antworten!«

Der Sheriff beugte sich zu Katie über den Tisch. Doch die schien völlig weggetreten zu sein. Schwieg verbohrt, wie ein Maulesel. Oder doch nicht? Das, was Anne jetzt in ihrem Gesicht wahrnahm, war keine Sturheit, auch keine Abwesenheit. Es war nackte Angst. Seltsam, die war doch sonst so cool. Anne geriet erneut in Panik. War ihre Situation denn wirklich so hoffnungslos?

Egal, beschloß Anne mit dem draufgängerischen Mut einer Verzweifelten, ich muß die Situation irgendwie hinbiegen, sonst wird der gute Mann gleich wieder wütend. »Verzeihen Sie, Sir«, wandte sie sich devot an ihren Befrager, »es hat keinen Sinn, sie anzusprechen. Sie ist schwerhörig. Fast taub. Und ein bißchen geistig... na, Sie wissen schon.« Anne vollführte eine scheibenwischerartige Geste.

Katies Augen wanderten für Sekundenbruchteile zu Anne, dann senkte sie wieder den Blick. Anscheinend war sie bereit, mitzuspielen. Wenigstens würde sie dann keinen Blödsinn reden.

»Schwerhörig?« Der Sheriff sah Katie lauernd an. Die glotzte ihn an, die Augen so leer wie Glasmurmeln.

»Ja. Seit ihrem vierten Lebensjahr. Ein armes Ding. Sie ist nämlich eine... entfernte Cousine von mir. Es ist zwecklos, sie etwas zu fragen. Sie ist völlig durcheinander, seit der Festnahme.«

»Hm.« Der Sheriff rieb sich das schlechtrasierte Kinn, schien einen Moment zu überlegen und fuhr dann zu Anne gewandt fort: »Was wollten Sie denn in Washington?«

»Die Stadt anschauen. Das Weiße Haus, das Kapitol, den Supreme Court... Stellen Sie sich vor, Sir, dieses Kind«, sie sagte wahrhaftig »Kind«, Katie konnte nur mühsam ein Grinsen unterdrücken, »ist amerikanische Staatsbürgerin, wie Sie aus ihren Papieren entnehmen können, und sie war noch nie in der Hauptstadt ihres Landes. Sie sollte doch wenigstens einen flüchtigen Eindruck von der Bedeutung dieser Stadt, sozusagen der Wiege der Demokratie, erhalten, finden Sie nicht, Sir?« Anne achtete peinlich auf das »Sir«, denn es schien ihm zu schmeicheln.

»Hm«, brummte der Sheriff wieder. »Ich halte nicht viel von Washington. Ich bin aus Baltimore.«

Mist, Mist, Mist! Mit Washington und Baltimore mußte es sich wohl ähnlich verhalten, wie mit New York und Chicago.

»Aber wo Sie schon Washington erwähnen... Sagen Sie mal, Miss Schwots, was denken Sie denn über unseren neuen Präsidenten, Bill Clinton?« fragte der Sheriff jetzt, ebenso überraschend wie hinterhältig.

Anne begriff das Spiel sofort. Sie war bis zum Überdruß geschult in taktischer Gesprächsführung. Es ging um mehr als um Smalltalk, es ging um ihre Weltanschauung. Das reinste Roulettespiel. Wenn Sie jetzt bloß nicht auf die falsche Farbe setzte.

Anne lächelte den Sheriff an und taxierte ihn dabei mit Röntgenblicken. Nun war ihre Menschenkenntnis gefragt. Gemessen am jüngsten Reinfall mit diesem Pete Zwoli-Dingsda, stand es damit im Augenblick wohl nicht gerade zum besten. Doch andererseits hatte sie die Erfahrung von fünf Jahren Personalabteilung auf dem Buckel. Jetzt würde man sehen, wozu dieser Psycho-Ringelpietz taugte, welcher sich in sündteuren Kursen wie »Menschenführung für Manager« oder »Schlüsselstrategien erfolgreichen Führens« so großer Beliebtheit erfreute.

Hinter ihrem Lächeln kombinierte Anne angestrengt: Des Sheriffs listiges Grinsen, das seine kreisrunde Gesichtsfläche überzog, das John-Wayne-Poster an der Wand, und was sie bisher von ihm gehört hatte. Sie traf einen Entschluß.

»Ich finde«, begann sie, blickte sich verstohlen im Raum um, als könnte irgendwo ein ungebetener Horcher lauern, und senkte dann verschwörerisch die Stimme, »ich finde, Clinton ist ein verdammter Schwulenfreund, Sir.«

Einen Moment blieb es still im Büro, die Welt hielt für einige Sekunden den Atem an, man hätte eine Laus an den Zimmerpflanzen knabbern hören. ›Scotty, beam me up!‹ sandte Katie ein stummes Stoßgebet ins All.

Dann verformte sich das Gesicht des Sheriffs zur Grimasse, und er fing an, dröhnend zu lachen.

»Na, Sie sind mir aber eine!« polterte er, als er sich von seinem Anfall erholt hatte. »Aber Sie haben recht«, knurrte er halblaut, und zog die massige Stirn in geordnete Falten, »völlig recht, ja, leider. Werden schon sehen, wo wir mit dem noch enden werden.«

Anne holte tief Luft. Katie griente mit scheinbar verständnisloser Miene. Sie schien sich in der Rolle der unbedarften Idiotin schon relativ zu Hause zu fühlen.

Der Sheriff stellte noch ein paar dumme Fragen, um dem Eindruck, er wäre leicht beeinflußbar, entgegenzuwirken, aber die Schlacht war entschieden, das wußte Anne. Schließlich händigte er ihnen mit großer Geste ihre Handtaschen und ihre Papiere aus. Dabei fiel sein Polizistenscharfblick auf Annes Führerschein, neben dem, in einem bordeauxroten Lederetui mit Monogramm, ihr Fahrzeugschein steckte.

»Was ist das?« fragte er neugierig.

Was heißt Fahrzeugschein auf englisch, überlegte Anne angestrengt und erklärte dann: »Die Papiere von meinem Wagen zu Hause. Ich vergaß, sie herauszunehmen, hier brauche ich sie ja eigentlich nicht.«

»Darf ich mal sehen?«

»Aber bitte, Sir.« Er studierte den Wisch fachmännisch.

»Sie fahren einen BMW?« Er hob erstaunt die Brauen.

»Ja«, nickte Anne kleinlaut, so als würde sie sich für eine Vorstrafe entschuldigen. War das nun gut oder schlecht? Bewunderung oder Sozialneid, was löste eine derartige Enthüllung im Hirn eines Provinzsheriffs aus?

»Welchen?«

»Achtfünfzig i«, preßte Anne zähneknirschend hervor.

Ein geradezu festliches Strahlen begann daraufhin seine Iris zu erleuchten.

»Sagen Sie, junge Lady, der gehört Ihnen, ganz allein?«

»Äh, ja, Sir«, bestätigte Anne mit einem perfekt gespielten Anflug scheuer Verlegenheit und schlug bescheiden die Augen nieder. »Wissen Sie, in Deutschland sind diese Autos nicht so teuer, also... ich meine... die deutschen Autos, die amerikanischen schon.« Anne geriet absichtlich ins Stottern.

»Unter uns gesagt...«, der Sheriff zwinkerte ihr zu, als folge sogleich ein schlüpfriger Antrag, »...der fährt doch sicher glatte hundertvierzig Meilen, oder?«

Anne sah in das erwartungsvolle Gesicht eines kleinen Jungen. Sie erwiderte das Zwinkern, verlieh ihrer Stimme einen Klang, der sich verdächtig nach Teresa als Schwedin anhörte, und offenbarte dann mit sinnlichem Blick: »Er fährt locker über hundertsechzig, Sir.«

Der Sheriff pfiff anerkennend. Jetzt war er restlos umgarnt, wie eine Raupe im Kokon. Anne war sich dessen bewußt und setzte noch eins drauf: »Und Sie können mit hundert Meilen in die Kurve fahren, er liegt auf der Straße wie ein Brett.« Bei »Brett« schlug sie mit der flachen Hand auf die Schreibtischplatte, daß der Kaffeebecher wakkelte. Dem Walroß wurden Augen und Lippen feucht, bei dieser Vorstellung. Dann zuckte er die Achseln und meinte mit waidwundem Blick: »Tja, ihr Deutschen habt ja auch eure Autobahn... das ist schon eine tolle Sache.«

»O ja, Sir.«

»Mein Schwager hatte mal eine Corvette...«

Es folgte ein längerer historischer Abriß über die Fahrzeuge in der Familie McGuire, der Katie wieder unruhig auf dem Sitz herumzappeln ließ, während Anne mit gebührendem Respekt lauschte. Aber schließlich erbarmte er sich und rief: »Donnell!«

Als hätte er draußen gelauscht, stand er auch schon in der Tür.

»Ja, Sir?«

»Die jungen Damen dürfen jetzt gehen. Das heißt, ich schlage vor, ihr bringt sie gleich mit dem Streifenwagen bis nach Baltimore, verstanden?«

»Oh, das ist nicht nötig, Sir«, wehrte Anne ab, »es genügt, wenn wir bis zur nächsten Busstation gebracht werden, wirklich.«

»Unsinn. *Sie* werden doch nicht mit dem Bus fahren! Sie ahnen ja nicht, was für ein Pack da drin sitzt. Nein, das schulden wir Ihnen, für die… Unannehmlichkeiten. Und Sie sollten sich auf alle Fälle Baltimore ansehen, ist ein feines Städtchen.«

»Vielen Dank.«

Der Sheriff benahm sich nun, als wäre er der Erfinder des Wortes Galanterie. »Es ist natürlich kein so schneller Wagen wie Ihrer, und Donnell wird sich an das Tempolimit halten müssen, nicht wahr?« Er lachte über seinen eigenen Witz. Donnell nickte brav.

Anne lächelte und bedankte sich, der Sheriff lächelte auch und entschuldigte sich für die lange Wartezeit, die beiderseitigen Höflichkeiten und Sympathiekundgebungen wollten kein Ende nehmen.

»Sollten Sie jemals in Schwierigkeiten kommen – nur an Sheriff McGuire wenden!« Er stand auf und reichte Anne zum Abschied die Hand. »Solche… Ladies wie Sie trifft man sehr selten auf dieser Wache.«

Davon war Katie überzeugt. Ohne jegliches Make-up, das Kostüm knittrig wie ein ungemachtes Bett, umwehte Anne auch jetzt noch eine Aura von Eleganz und Kultur. Woran diese Ausstrahlung im einzelnen lag, konnte Katie nicht so genau feststellen. Garantiert würde Anne noch in silberbenieteten Lederstrapsen wie eine höhere Tochter aussehen. Vielleicht wurde man damit geboren, so wie andere Menschen mit Sommersprossen oder zu großen Füßen. Sonnenklar, daß dieser Hinterwäldlersheriff hin und weg war, sobald sie ihm auf die Lady-Tour kam. Nur, was nützte ihr, Katie, das im Moment? Wann ließ der Kerl endlich die Bombe hochgehen, die sich in ihrer Reisetasche befand?

»Einen Sheriff wie Sie trifft man bestimmt auch nicht überall«, zwitscherte Anne übermütig. »Es war mir trotz der widrigen Umstände ein Vergnügen, Sir.«

Katie kam allmählich die Galle hoch. Sie wurde im übrigen gar nicht beachtet. Wozu auch? Eine halbtaube Idiotin.

»Was ist mit unserem Gepäck?« hörte Katie Anne fragen. Ihr wurde speiübel.

»Welches Gepäck?« fragte der Sheriff zurück.

Er wußte es nicht! Noch nicht. Oh, zarter Hoffnungsschimmer am Horizont…

»Wir hatten zwei Reisetaschen…«

»Donnell!!«

»Ja, Sir?«

»Wo sind die Reisetaschen der Damen?«

»Hier drin, Sir.« Donnell zeigte auf einen metallenen Spind neben der Tür des Büros.

Nein, es war alles aus. Soeben hatte Anne unabsichtlich den Hebel betätigt, mit dem ihr, Catherine Shannahans, junges Leben ins Klo runtergespült wurde.

»Na, dann holen Sie sie schon raus.« Der Sheriff warf Anne einen verständnisinnigen Blick zu, der »immer Ärger mit dem Personal« bedeutete, und erklärte: »Donnell ist erst drei Tage hier.«

Donnell wuchtete die Taschen heraus. Katie steuerte rasant auf eine Ohnmacht zu.

»Wo ist das Protokoll?«

»Welches Protokoll?« fragte Donnell mit schafsblödem Ausdruck.

McGuire stöhnte. »Haben Sie sie nicht durchsucht und alle Gegenstände aufgelistet?«

»Nein, Sir, ich wußte nicht...«

»Verdammt, Donnell! Was lernen sie euch denn auf der Schule?«

»Verzeihung, Sir...«

»Ach, halten Sie den Mund!«

»Sir«, mischte sich nun Anne in die Unterhaltung ein, wobei sie sämtliche Register zog, »ist das wirklich nötig? Wir haben selbstverständlich nur die üblichen Reiseutensilien bei uns, und ich denke, da Sie nun persönlich ermittelt haben, daß wir nichts mit diesem Pete Wasweisich zu tun haben... also könnten wir doch auf diese zeitraubende Formalität verzichten, oder? Sie werden sicher woanders viel dringender gebraucht. Außerdem, meine... Cousine und ich würden uns wirklich gerne, auf Ihren freundlichen Rat hin, heute noch Baltimore ansehen, wenn es die Zeit erlaubt, Sie verstehen?« Ein Wunder, daß ihr der Honig nicht löffelweise aus dem Mund troff.

Katie vergaß zu atmen. Der Sheriff kratzte sich am Kinn und murmelte etwas von Vorschriften. Dann erhob er sich und warf mit Grandezza seine Bedenken über den Haufen. Im Tonfall eines Drei-Sterne-Generals orderte er: »Donnell! Nun machen Sie schon! Die Damen haben lange genug hier gesessen. Bringen Sie sie... wohin sie möchten.«

Sie schnappten sich ihr Gepäck.

»Einen Moment noch!« hörten sie den Sheriff sagen. Was fiel ihm denn jetzt noch ein! »Wo werden Sie in Washington wohnen? Nur für den Fall...«

Dieser Saukerl will sich mit Anne verabreden, spekulierte Katie. Anne hatte nun aber die Nase gestrichen voll. Diesen Samuel, den sie noch nicht einmal kannte, würde sie zuallerletzt in diese blöde Sache hineinziehen, also antwortete sie ohne zu Zögern: »Bei einem Onkel von mir. Sein Name ist... Otto Kern.« Um Katies Mundwinkel zuckte es verdächtig. »Steht im Telefonbuch«, fügte Anne frech hinzu. Der Sheriff notierte sich das mit wichtiger Miene und meinte zum wiederholten Male zu Anne: »War mir ein Vergnügen, Lady, vielleicht sieht man sich ja eines Tages per Zufall wieder.«

»Ich wäre hocherfreut, Sir.«

Katie bekam im Hinausgehen allmählich wieder Farbe. Ihre Tasche wog leicht wie ein Luftballon, sie selbst glitt schwerelos über den Boden, der Sheriff war der gütigste Mensch, den sie je gekannt hatte, Donnell ein verkleideter Erzengel mit dentaler Mißbildung, und Anne – einfach unbeschreiblich. Ah, wie wunderbar, wie strahlend und heiter war doch die Welt an diesem taufrischen Morgen!

»Wo habt ihr gesteckt? Ich habe euch gestern erwartet. Ich habe mir wirklich Sorgen gemacht.«

Samuel besaß die dunklen Samtaugen von Lis. Er sah ihr überhaupt sehr ähnlich, hätte ihr Bruder sein können, nur daß seine kräftige Nase noch von keinem Chirurgenmesser tranchiert worden war.

Anne entschuldigte sich und erläuterte den Sachverhalt, so aufrichtig es ging. »Es tut mir leid, wir hätten wirklich anrufen sollen, nicht wahr Katie?«

»Hm? Ja, hätten wir.« Immer diese überkorrekte Anne. Es war ihr ein Rätsel, weshalb sich jemand, der sie nicht einmal persönlich kannte, um sie sorgte.

Samuel überließ ihnen das Zimmer, in dem noch vor kurzem seine verflossene Liebe gewohnt hatte, deren fragiles Konterfei nun sinnend von einer Pinienholzkommode herabblickte: Frederick.

Gegenwärtig kauerte Frederick im Lotossitz auf einer Strohmatte, irgendwo in Südindien, und verdämmerte die Tage zwischen mönchisch kahlen Wänden und dem Bildnis eines greisen, langhaarigen Erleuchteten mit stechenden Augen. In Tiefenmeditation versunken, paßte er seine elementaren Bedürfnisse denen einer Larve im Winterschlaf an, was ihm selbst zu göttlicher Glückseligkeit, seinem Meister hingegen zur Einsparung der Unterhaltskosten verhalf. So in etwa schilderte ihnen Samuel die Situation. »Was will ein Normalsterblicher schon gegen einen Guru ausrichten?«

Da er an diesem Verlust noch schwer knabberte, waren ihm diese Freundinnen seiner Cousine, die er im übrigen schon seit Jahren nicht mehr gesehen hatte, eine willkommene Abwechslung. Anne und Katie wiederum ließen sich nach ihrem Gefängnisaufenthalt gerne von ihm bemuttern und bekochen.

Samuel Ziegenbalgs Wohnung in Georgetown unterschied sich deutlich von Lis'. Sie lag in einem unscheinbaren Apartmenthaus am Rande der Stadt, war weder trendy noch hip, ziemlich klein und bis an die Decken vollgestopft mit antiken Möbeln und Büchern. Bücher, nichts als Bücher, wohin man sah. Das war leicht zu erklären, denn Samuel war Dozent für englische Literatur an der University of Maryland.

»Hat dort nicht Edgar Allan Poe studiert«, erkundigte sich Anne Stunden später beim Abendessen mit angemessener Ehrfurcht.

»Lieber Himmel, nein«, antwortete Samuel pikiert, »das war die University of Virginia, in Charlottesville, etwa zwei Autostunden südlich von hier. Sie ist ein architektonischer Schatz, ihr müßt sie unbedingt besichtigen. Übrigens, wißt ihr, daß Poe in Baltimore geboren wurde?«

»Sicher«, bejahte Katie ohne jeden Skrupel, »und wißt ihr, wer noch?«

»Wer denn?« fragte Anne überrascht.

»Frank Zappa.«

Anne und Samuel wechselten einen tiefen Blick, der ausdrückte: ›Es ist absolut hoffnungslos, das ist die Nintendo-Pepsi-McDonalds-Generation; wenn Poe einen Rap geschrieben hätte, würde sie wahrscheinlich die Stufen seines Elternhauses ablecken.‹

Sie schleppten Samuel noch am selben Abend in die Bar gegenüber seiner Wohnung, in der er früher Stammgast gewesen war, zusammen mit Frederick, dem noch nicht Erleuchteten.

Samuel und Anne unterhielten sich stundenlang bei ein, zwei Gläsern Wein über fossile Literaten, während Katie sich zu Tode langweilte. Endlich fand sie einen Partner zum Billard, den sie mit ein paar billigen Tricks um fünfzig Dollar erleichterte. Die Kerle begingen immer wieder den gleichen Fehler: Sie unterschätzten sie kolossal.

An diesem Abend gingen sie für ihre Verhältnisse früh zu Bett. Was für ein herrliches Gefühl, wieder in einem richtigen, bequemen Bett zu liegen, dachte Anne und kam sich vor, als hätte sie Jahre im geschlossenen Vollzug verbracht.

»Katie? Macht es dir wirklich nichts aus, auf der Luftmatratze zu schlafen?« Ganz leichte Gewissensbisse beschlichen Anne.

»Ist mir total egal, Prinzessin. Ich hab schon wesentlich schlechter gelegen.« Es war Katie wirklich egal. Auch die geplante Abschiebung von Anne hatte sie auf einen unbestimmten späteren Zeitpunkt vertagt. Sie konnte Anne doch nicht einfach sitzen lassen, nachdem sie von ihr zum zweitenmal gerettet worden war.

Dazu kam, Katie war abergläubisch wie drei alte Mesnerinnen, weshalb sie zu der felsenfesten Überzeugung gelangt war, daß Anne ihr Glück brachte. Eine Glücksfee hatte sie sich zwar etwas anders vorgestellt, aber man durfte da wohl nicht pingelig sein, man mußte nehmen, was da war. Hätte eine Auswahlmöglichkeit bestanden, wäre die Glücksfee wohl eher männlich gewesen, so eine Mischung aus Mel Gibson und Cameo... Katie seufzte. Anne mißverstand das.

»Wenn es sehr unbequem ist, können wir morgen tauschen.«

»Nein, es ist okay. Aber was meinst du mit morgen?«

»Och, Katie! Samuel hat mir so viel erklärt, was wir uns unbedingt ansehen müssen, da wird ein Tag nicht ausreichen.«

»Heißt das, wir müssen morgen das Weiße Haus und den ganzen Scheiß abklappern?«

»Denk dran, ich hab's dem Sheriff versprochen.«

Sie mußten kichern.

»Hihi«, krähte Katie plötzlich, »wie du Clinton einen verdammten Schwu...«

»Pscht! Du vergißt, wo wir sind.«

»Ach so, ja.« Katie fiel in einen Flüsterton. »Also, wie du das gesagt hast, ich hätte mich bepissen können vor Lachen!«

»Ja, das hat gesessen. Nur, als er das mit meinem BMW entdeckte, wurde mir ein wenig mulmig.«

»Wieso? Reichsein ist hierzulande keine Schande. Im Gegenteil, hier herrscht die Meinung, wer Geld hat, mit dem meint es der liebe Gott gut, folglich ist er auch ein guter Mensch.«

»Gilt das auch umgekehrt? Wer arm ist...«

»...ist eine miese Ratte und selber schuld«, vervollständigte Katie den Satz. »He, ich wette, der Sheriff träumt heute nacht von dir! Wie du den so ganz ohne plumpe Anmache rumgekriegt hast... so auf die Vornehme, echt Spitze. Sag, kannst du mir das auch beibringen?«

Anne seufzte nun ihrerseits schwer. »Weißt du Katie, sowas lernt man nicht von heute auf morgen. Das erfordert eine gewisse... nun ja, Erziehung. Ich war meine ganze Schulzeit über in Internaten, in der Schweiz, in England... Das war nicht immer so toll, wie sich das anhört. Du mußt nicht glauben, daß es einem als Kind Spaß macht, immer nur in den Ferien ein Zuhause zu haben.«

»Glaub' ich ja gar nicht.« In Wahrheit hatte Katie es bisher versäumt, sich über das Leben in elitären Bildungsanstalten Gedanken zu machen. Doch allein das Wort »Internat« hörte sich irgendwie verdächtig nach Eingesperrtsein an. »Sie haben dich wohl nie gefragt, ob dir das auch gefällt, was?«

»Nein, das haben sie nicht«, stellte Anne nüchtern fest.

»Und du hast nie aufgemuckt?«

»Nein, das auch nicht.«

»Wieso?« fragte Katie ungläubig.

»Das wäre mir nie eingefallen. Man erzählte mir, daß es das Beste für mich wäre, und ich hab's geglaubt.«

»Wer ist man?«

»Meine Eltern. Mein Vater hauptsächlich.«

»Hast du Geschwister?«

»Nein.«

»Und jetzt arbeitest du in der Firma deines Vaters.«

»Genau.«

»Sagt er dir immer noch, was das Beste für dich ist?«

»Ja. Meistens.«

»Das klingt, als sei er ein Tyrann.«

»Er lebt eben für seine Firma. Er will, daß ich sie übernehme.«

»Und willst du das selber auch? Oder will's bloß dein Vater?«

Anne überlegte kurz, dann bekannte sie: »Diese Reise ist, glaube ich, das erste, was ich gegen seinen Widerstand unternehme. Und dabei denkt er noch immer, ich sei bei Stefan in New York. Wenn er wüßte, daß ich hier mit dir durch die Gegend ziehe...«

Katie schüttelte verständnislos den Kopf. »Mit so viel Kohle wie du hast würde ich gar nicht mehr arbeiten.«

»Was sollte ich denn sonst machen?«

»Das fragst du noch? Ich würde mir ein Haus am Meer kaufen und nur noch so an der Sonne rumsitzen, Margheritas trinken und Joints rauchen.« Sie rollte verzückt die Augen.

»Das wäre auf die Dauer keine sonderliche Herausforderung.«

»Kann schon sein«, lenkte Katie ein, »aber, um auf die gute Kinderstube zurückzukommen – könntest du nicht versuchen, mir ein bißchen... Stil beizubringen?«

»Ist das dein Ernst?« lachte Anne, »ich weiß nicht, Katie, ich finde, du bist ganz in Ordnung, so wie du nun mal bist.«

»Schon, aber...«

»Bis auf die Klauerei natürlich.«

»Ach das.«

»Aber wenn du unbedingt meinst... Ich wollte sowieso vorschlagen, daß ich dich und Samuel morgen abend in ein gepflegtes Restaurant ausführe. Mir ist mal wieder nach einem richtig kultivierten Essen zumute, besonders nach dem jüngsten kulinarischen Exkurs. Wie wäre das?«

»Echt stark. Samuel kennt sicher so einen Laden.«

»Da können wir dann mit der ersten Lektion beginnen.« Anne grinste in das Dämmerlicht des Zimmers.

»Einverstanden«, bestätigte Katie voller Eifer.

Natürlich kannte Samuel ein Restaurant, er ließ ihnen auch sogleich einen Tisch reservieren, weigerte sich aber, unter dem Vorwand von zuviel Arbeit, mitzukommen.

»Laß ihn«, flüsterte Katie, »er hat noch immer Liebeskummer.«

»Den habe ich auch. Aber deswegen kann man doch mal zum Essen gehen«, gab Anne ungerührt zurück. »Ich wünschte, mir würde es bei solchen Anlässen den Appetit verderben, dann wäre ich dünner als mein eigenes Röntgenbild.«

»Du bist doch nicht dick.«

»Zwei, drei Kilo weniger könnten nicht schaden.«

Sie befanden sich in ihrem provisorischen Gästezimmer, Fredericks Himmelbett war übersät mit Textilien.

»Es war ein Fehler, die Hälfte meiner Sachen bei Lis zu lassen«, jammerte Anne. Jetzt weiß ich nicht, was ich anziehen soll!«

»Ha, das geschieht dir recht! Du mußtest mich ja den ganzen Tag von einem Denkmal zum anderen schleppen. Statt daß wir in ein schickes Einkaufszentrum gegangen wären...«

»Die Kultur hat Vorrang.«

»Schön, und jetzt willst du in einer Politessenuniform in diesen Nobelschuppen gehen?« beleidigte Katie Annes blaues Leinenensemble.

»Das ist jedenfalls passender als diese Schlangenhaut!« Anne wies mit Verachtung auf Katies Minikleid.

»Wieso? Ist was damit?«

»Es ist ordinär und billig.«

»Tut mir leid, ich besitze keinen Geldscheißer. So wie du«, fügte sie angriffslustig hinzu.

»Ich meinte damit nicht den Preis. Es ist... unmöglich!«

Samuel erschien in der Tür. »Gibt es ein Problem?«

»Allerdings«, schnaubte Katie, »ein Kleidungsproblem.«

»Ah ja«, Samuel sah die beiden spöttisch an. »Katie, dieses... Ding da ist nicht tragbar. Jedenfalls nicht in diesem Lokal.«

»Pf«, machte Katie.

»Ha!« machte Anne.

»Anne, dieses Kostüm ist zwar edel, aber etwas zu... streng.«

»Ha!«

»Also«, Samuel trat näher, »dann laßt mich mal sehen...« Er ging zu einem monströsen Kleiderschrank, den Anne und Katie, allen Versuchungen zum Trotz, bis dahin noch nicht geöffnet hatten, und schloß die Tür auf. Ein Wust an Kleidern quoll daraus hervor. Aber was für welche! Samuel hätte damit eine Designerboutique auf dem Campus eröffnen können.

»Whow!« Katie griff sich das erstbeste Teil, etwas Rüschiges mit Federboa. »Aber das sind doch nicht deine, Sam? Das ist doch unmöglich deine Größe!«

Das Kleid hätte Katie gepaßt, vielleicht ein bißchen zu weit, jedoch niemals Samuel, der die Figur eines Quarterbacks besaß.

»Nein«, Samuel sah verlegen zur Decke, »sie gehören Frederick. Also, besser gesagt, sie gehörten ihm. Er hat ja nun allen irdischen Gütern entsagt, wie es so schön heißt.«

»Das ist nett von ihm«, platzte Katie heraus. »Oh, entschuldige Sam, so war das natürlich nicht gemeint.«

»Ist schon okay. Dann laßt mich mal sehen...«

Schon verschwand Samuels hünenhafter Oberkörper im Schrank, Kleider wurden hin- und hergeschoben, der Hauch eines duftigzarten Parfums huschte flüchtig durch den Raum.

Eine Stunde später drehten sie sich vor dem Spiegel im Flur wie zwei Figuren einer Spieldose. Katie trug ein indigoblaues Seidenwunder, ein breiter Gürtel betonte ihre Zerbrechlichkeit und brachte das ein wenig zu weite Kleid unauffällig auf Figur. Ihr Haar wurde von zwei Glitzerspangen gebändigt, ein professionelles Make-up ließ nicht nur ihre Sommersprossen apart verblassen, sondern kaschierte auch geschickt die gelb-grün-lila Verfärbung rund um ihr malträtiertes Auge. Zum Glück hatte sich die Schwellung auf ein akzeptables Mindestmaß zurückgezogen. Gar nicht übel, fand Anne, die sich jedoch nur mühsam von ihrem eigenen Anblick loslösen konnte.

Es hatte Samuel einige Überredungskunst gekostet, sie in diesen schwarzen Schlauch von geradezu genialischer Schlichtheit zu bekommen, aber nun betrachtete sie sich um so fasziniertere, obgleich sie sich selber fremd vorkam. Warum sieht mich jetzt Stefan nicht, dachte sie mit allergrößtem Bedauern, oder Gordon oder am besten beide…

»Dressed to kill«, brachte Katie die Sache auf den Punkt, und warf sich dann in ihre typische Rednerpositur: »Nun laßt uns aufbrechen, zu jenem besternten Tempel der Köstlichkeiten, von dem unser geschätzter Freund und Gönner…«

Anne schob sie eiligst zur Tür hinaus, Samuels Wagenschlüssel in der Hand.

Samuel hatte nicht zuviel versprochen. Das Restaurant, klein, exquisit und teuer, bildete einen ebenbürtigen Rahmen für ihre Aufmachung. Begehrliche Männer- und abschätzige Frauenblicke blieben an ihnen kleben, als sie von der Empfangsdame an ihren Tisch geleitet wurden.

»Katie!« wisperte Anne, sobald sich der Ober außer Hörweite befand, »daß mir hier keine silbernen Löffel verschwinden. Und das ist durchaus nicht als Witz gemeint.«

»Wofür hälst du mich denn?« kam es empört hinter der Speisekarte hervor. »Sag mir lieber, was dieser französische Quatsch da soll. Das versteht doch kein Mensch. Oder glaubst du, daß die hier alle Französisch können?«

Statt einer Antwort flüsterte Anne: »Setz dich gerade hin, schlage die Beine nicht übereinander und starre vor allem nicht so auffällig auf die Leute. Und zupfe nicht an den Seidenblumen herum!«

»He, was ist mit dir? Hast du irgendwas genommen?«

»Ich denke, heute sollte deine Erziehung zur Dame beginnen? Auf deinen eigenen Wunsch, oder etwa nicht?« erinnerte Anne und grinste in boshafter Vorfreude.

»Ach du Schei… äh, das war mir doch tatsächlich entfallen.«

»Einen Versuch ist's wert«, meinte Anne gutgelaunt und vertiefte sich in die Karte. Gedämpftes Kerzenlicht spiegelte sich im Tafelsilber, allein für den Wert der Tischdekoration hätte man eine Durchschnittsfamilie aus der Bronx drei Wochen lang satt bekommen, rechnete Katie.

Der Ober brachte die Weinkarte – sie hatte den Umfang eines mittleren Romans – und bedachte Katie mit einem säuerlichen Blick. Nach so vielen Berufsjahren hatte er ein seismographisches Gespür entwickelt und erkannte auch hinter einer eleganten Verschalung sofort, wer hierher paßte und wer nicht.

»Soll ich dir etwas übersetzen?« fragte Anne.

»Heißt das, du verstehst das alles?« Katie riß in ehrlicher Anerkennung die Augen auf.

»Das meiste. Was möchtest du zur Vorspeise?«

Katie verschwand wieder hinter der Karte, murmelte vor sich hin und erklärte dann mit strahlendem Blick: »Ach, weißt du was Anne, ich nehme einfach dasselbe wie du.«

»Na gut. Gibt es etwas Bestimmtes, was du nicht ißt? Fisch zum Beispiel?«

Sie überlegte einen Augenblick, wobei sie sich nachdenklich am Kopf kratzte.

»Katie…«, mahnte Anne.

»Was?« Katie ließ erschrocken die Hand sinken. »Oh. Schon klar. Also, ich esse alles. Außer Sauerkraut, ich kann Sauerkraut nicht mal riechen.«

»Sauerkraut, aha. Damit werden wir hier wohl kein Problem bekommen.«

»Wozu ist das viele Besteck?« Katie wies auf die silberne Armada, die den blitzblanken Platzteller zu beiden Seiten flankierte.

»Wart's ab. Das werden wir alles noch brauchen.«

Der Ober, sein Gesichtsausdruck erinnerte an einen greisen Basset mit meterlangem Stammbaum, erkundigte sich nach ihren Wünschen. Katie lauschte beeindruckt dem französischen Wortschwall, der wie flüssiges Silber aus Annes Mund perlte. Die Wahl der Weine wurde diskutiert. Anscheinend trank man verschiedene, einen Weißen zuerst, dann einen Roten, aber das war auch wirklich alles, was Katie von der ganzen Bestellung verstand.

Anne, begierig auf neue Erfahrungen, entschied sich für einen kalifornischen Chardonnay, Jahrgang '90, der als »reintönig, frischfruchtig, zart, mit einem leisen Abgang von Apricot« apostrophiert wurde.

Zum Hauptgang vermied sie derlei Experimente und wählte einen Bordeaux, 1989 er Chateau Marquis de Terme, angekündigt als »gut strukturiert, körperreich, mit großer Finesse und Eleganz«.

Katie konnte ein Kichern nicht unterdrücken und erntete dafür einen strafenden Blick vom Ober, was Anne insgeheim ärgerte. Sie reagierte allergisch auf Snobismus.

»Möchtest du einen Aperitiv?« fragte Anne.

»Na klar. Wie wär's mit 'nem Tequila?«

Anne bestellte Sherry, und der Mann in Schwarz zog endlich ab.

»Ich hab' eine Idee«, verkündete Katie. »Wir könnten uns doch für die Weiterfahrt ein Auto kaufen, anstatt eines zu mieten.«

»Kaufen?«

»Ja, ein gebrauchtes. Und wenn wir in L. A. sind, verscherbeln wir es wieder. Vielleicht machen wir sogar einen Gewinn damit. Wär' doch nicht schlecht, oder? Natürlich ein billiges«, fügte sie hinzu.

»Aber es sollte die Strecke schon noch überleben.«

Mit dem Weißwein kam der erste Gang: Komposition aus Meeresfrüchten an diversen Blattsalaten.

»Was ist denn das?« fragte Katie angewidert.

»Ein Seeigel.«

In der Mitte des Tellers spreizte er seine schwarzen Stacheln, eine eifarbene Füllung kräuselte sich aus der Öffnung hervor, gekrönt von ein paar Schnittlauchröllchen.

»Nein, ich meine das Tier da, es hat Fühler und Augen.«

»Eine Garnele.«

»Es schaut mich genau an!«

»Dreh doch einfach den Teller um, dann schaut sie mich an. Meine Psyche kann das verkraften.«

»Anne, du hast gesagt, es kommen Früchte!«

»Meeresfrüchte. Nun stell dich nicht an. Schau mir zu, wie ich es mache. Den Kopf ißt man sowieso nicht mit.« Anne puhlte fachgerecht das Fleisch aus dem rosigen Panzer, Katie tat es ihr folgsam nach, ließ aber dann den Happen unberührt liegen. »Ich weiß nicht... ich esse lieber erst mal das Rührei.« Sie löffelte den Inhalt des Seeigels.

»Schmeckt gut. Abartige Idee, das Ei in einen Seeigel zu stecken.«

»Schließlich ist die Füllung ja auch Seeigel«, stellte Anne klar. »Es ist sein eigener... nun... Inhalt. Nur eben mit Ei gestreckt oder verfeinert, wie es wohl heißt. Damit der Geschmack des rohen Fleisches nicht zu streng...«

»Du meinst, ich habe eben Seeigel gegessen? Roh?«

»Sicher. War doch gut, nicht?«

Blankes Grauen verzerrte Katies Miene. »Das ist das Perverseste, was mir je begegnet ist, und mir ist schon so manches…«

»Das glaube ich dir«, unterbrach Anne rasch. »Jetzt versuch die Garnele. Mach nicht so ein Theater, die Leute schauen schon her.«

»Die müssen auch nicht solche Sachen essen! Außerdem verstehen sie wahrscheinlich kein Deutsch.« Worüber Anne mehr als dankbar war. Katie biß ein winziges Stück ab.

»Schmeckt wie ein Knorpel.«

»Also bitte!«

Anne verfolgte mit forschendem Blick, wie Katie das weiße Fleisch hin- und herkaute. »Na?«

»Ist okay.« Sie aßen stumm weiter. Katie deutete auf eine Auster. »Ist dieses Vieh auch roh?«

»Ja, ziemlich. Probier's, das ist eine Delikatesse.«

Es grauste Katie vor diesem schlüpfrigen, nach fauligem Seetang stinkenden Weichtier, aber sie wollte sich nicht weiter auf Diskussionen mit Anne einlassen, weshalb sie den Inhalt der Schale diskret unter einem Salatblatt versteckte. Ein Königreich für eine Pizza! Doch schon kreuzte eine weitere Scheußlichkeit den Weg ihrer Gabel: »Anne!« Klirrend fiel ihr Besteck auf den Teller, wie auf Kommando drehten sich alle Köpfe im Lokal zu ihnen um, das Gemurmel der Gespräche ebbte für Sekunden ab, um dann sanft wieder anzurollen.

»Was ist?« fragte Anne gereizt. Katie zeigte mit dem Finger auf einen kleinen Tintenfisch, grazile Fangärmchen mit winzigen Saugnäpfen, die sich violett vom schneeweißen Fleisch abhoben. »Das ist… widerlich! Eine Krake. Sowas kann ich nicht essen.«

»Dann laß sie liegen.«

Katie schob den Teller weit von sich. Sie hatte genug von diesem Gourmetfraß, wer weiß, was für Ekeltiere noch unter den Salatblättern auf sie lauerten. Frittierte Hirschkäfer oder Heuschrecken in Gelee. Diese Franzosen schienen vor rein gar nichts zurückzuschrecken.

Während Anne ungerührt und, wenn Katie sich nicht täuschte, sogar mit einem versteckt brutalen Lächeln um die Mundwinkel weiteraß, ließ Katie die leere Seeigelhülle unter einer voluminösen Seidenrose im Tischgesteck verschwinden. Zum gegebenen Zeitpunkt wollte sie das Teil in die Stoffserviette wickeln und in ihre Handtasche stecken, als Souvenir. Katie nahm gerne Erinnerungsstücke mit, am liebsten aus Kaufhäusern.

Der Ober räumte ab, wobei er sich suchend auf Katies Teller umsah.

»War gut«, lächelte Katie katzenfreundlich, »besonders die Stacheln. Vielleicht eine Idee zu lange mariniert.«

Er ließ einen vernichtenden Blick auf sie hinabfallen und wandte sich naserümpfend an Anne. »Es tut uns außerordentlich leid, aber der 89er Marquis de Terme ist nicht mehr vorrätig. Aber wir würden Ihnen einen 87er vom selben Chateau zum selben Preis überlassen.«

Anne musterte ihn langsam, von Kopf bis Fuß, und wiederholte dann leise. »Einen 87er. Zum selben Preis?«

»Selbstverständlich, Madam.« Seine steife Butlermiene ließ keinerlei Gemütsregung erkennen.

»Sagen Sie, wollen Sie mich verarschen?« fragte Anne, nach wie vor mit ihrem freundlichsten Lächeln.

»Wie bitte?« Sein Kopf zuckte wie der eines balzenden Ringeltaubers. Sogar Katie hob die Augenbrauen.

»Jedes Kind weiß, daß der 87er Jahrgang im Bordeaux, gelinde gesagt, ziemlich mittelmäßig war. Nicht zu vergleichen mit dem 89er, und den wollen Sie mir zum gleichen Preis andrehen?« Annes Blick versetzte ihm eine eiskalte Dusche.

»Verzeihung, aber…«

»Bringen Sie mir nochmals die Weinkarte!« befahl Anne. Der Basset kuschte.

»Mann, dem hast du's aber gegeben!« jubilierte Katie.

»Ist doch wahr! Mir ihre korkigen Ladenhüter andrehen zu wollen…«, schmollte Anne.

»Sowas probieren sie bloß bei Frauen«, behauptete Katie kämpferisch.

»Ja, aber nicht mit uns!« Sie prosteten sich mit dem Weißwein zu, der trinkbar war, aber im übrigen nicht im entferntesten hielt, was seine blumige Beschreibung versprochen hatte. Der nächste Gang war eine cremige Suppe, die allerdings stark nach Knoblauch roch.

»Stinkt wie ein fauler Zahn, aber schmeckt gut. Wir werden hinterher in keine Bar mehr gelassen.« Katie lutschte genießerisch die letzten Tropfen von ihrem Löffel.

»Das macht nichts. An Schneckensuppe muß nun mal Knoblauch.«

»Sagtest du Schnecken-suppe?«

»Ja.«

»Anne?« Es hörte sich beinahe weinerlich an.

»Hm?«

»Ich glaube, ich muß kotzen.«

»Katie! Reiß dich gefälligst zusammen. Sie hat dir doch hervorragend geschmeckt.«

»Ja, aber alleine die Vorstellung, wie die Biester eine glibbrige Schleimspur hinterlassen, wenn sie über den Gehsteig kriechen, und wie sie dann im Frühjahr massenweise zermatscht daliegen, wenn…«

»Jetzt ist aber Schluß! Denkst du, eine geschlachtete Rinderhälfte wäre ein erhebender Anblick? Und du ißt trotzdem deine Hamburger.«

»Das tun alle. Aber Schnecken! Nur Igel und Blindschleichen essen Schnecken. Und das soll ein Feinschmeckerlokal sein? Sag, was kommt als nächstes? Nur, damit ich gewarnt bin.«

»Bar Poché au Beurre Blanc«, lächelte Anne. »Pochierter Seebarsch in weißer Buttersauce. Ist das in Ordnung?«

»Fisch ist ganz okay.«

Der Fisch war wirklich okay, auch wenn Katie mit der Präzision eines Gehirnchirurgen zu Werke ging, um auch ja jede Gräte zu entfernen. Sie kam dabei regelrecht ins Schwitzen, und so ganz konnte sie die mühsam erkämpften Bissen dann auch nicht genießen, denn wer weiß, vielleicht verbarg sich im Innern doch noch eine heimtückische Gräte, die ihren sofortigen Erstickungstod herbeiführen könnte. Aber zumindest verlief dieser Gang ohne Zwischenfälle, und man brauchte keine unliebsamen Begegnungen mit fremdartigen Kreaturen auf seinem Teller zu befürchten.

Der Basset erschien mit hängenden Lefzen und einer funkelnden, kristallenen Schale, worin sich Gefrorenes befand.

»He«, flüsterte Katie, »war das schon alles? Dieses winzige Stückchen Fisch und die ganzen Kriechtiere?«

»Nein, wie kommst du darauf? Es fehlt noch der Hauptgang, oder was glaubst du, wofür der Burgunder sein soll?« Anne hatte sich nach vielem Hin und Her schließlich für einen Corton-Clos du Roi Grand Cru, Jahrgang 90 entschieden, welchen auch ihr Vater in seinem Weinkeller beherbergte, wenigstens wußte man so, was einen erwartete. Der Weinkeller, ach ja. Klein aber fein, etwa dreitausend Flaschen. Nicht daß ihr Vater regelmäßig Wein trank. Dafür war er zu sparsam. Der Wein wurde zu besonderen Gelegenheiten konsumiert, deren sich etwa zwei bis drei pro Jahr fanden, oder wenn Geschäftsfreunde verköstigt werden mußten. Ansonsten war der Keller eine reine Kapitalanlage. Nur er selber hatte einen Schlüssel dazu, Anne nicht, und erst recht nicht ihre Mutter, aus gutem Grund…

»Und warum serviert dieser Hirnverbrannte dann jetzt schon den Nachtisch?«

Anne unterdrückte ein Grinsen. »Das ist kein Nachtisch, das ist ein Sorbet. Als Zwischengang.«

»Es schmeckt wie Wassereis?«

»Es sind kaltgerührte Fruchtsoßen, manchmal mit Likör oder Champagner verfeinert. Sie dienen dazu, das sogenannte ›normannische Loch‹ zu füllen.«

»Das was?«

»Eine Überleitung vom Fisch- zum Fleischgang.«

»Normannisches Loch!« Katie brach in haltloses Gekicher aus. Als sie sich wieder gefangen hatte, fragte sie: »Und was ist das für eine Art Loch?«

»Ein Sorbet von Rosa Grapefruit mit Pomeranzenlikör.«

»Ah, jetzt kann ich's auch erkennen. Vorhin hätte ich glatt geschworen, es wäre eine gelbe Grapefruit mit rosa Champagner gewesen.«

Als das normannische Loch gestopft war, stöhnte Katie: »Ach Anne, mit mir hast du dir eine gewaltige Aufgabe aufgehalst. Mir bringt wohl niemand so schnell Kultur bei.«

»Nicht aufgeben, Katie, der Anfang war schon ganz brauchbar. Und wenn du jetzt aufhören würdest, die Schale auszulecken, dann könnten wir den Weißwein austrinken und zu den ›Perdreaux Rôtis sur Canapés‹ übergehen.«

»Ist das wieder so eine Schweinerei?«

»Gebratene Rebhühner auf Lebercanapes.«

»Hühner auf Ledersofas?«

»Leber, Katie. Leberstücke. Irgendeinen Einwand?«

»Nein, hört sich gut an.«

»Dann bin ich ja froh.« Während sie den Rebhühnern und dem Burgunder den Garaus machten, diskutierten sie ihre weitere Reiseroute. Den Gedanken, daß ihr Rückflug in weniger als einer Woche gebucht war, verdrängte Anne nahezu völlig. Selbst wenn sie von L. A. aus nach Hause fliegen würde, war die Zeit mehr als knapp, doch das erschien ihr im Moment einfach nicht wichtig. Ihr Job, ja sogar Stefan, das alles hatte an Bedeutung verloren. Sie fühlte sich frei und unbeschwert, solange sie nur in Bewegung blieb. Sogar der Gefängnisaufenthalt hatte im nachhinein seine komische Seite. Das würde irgendwann einmal eine prächtige Anekdote abgeben: »Als ich mal in den Staaten versehentlich verhaftet wurde und die Nacht im Knast verbringen mußte...«

So interessant Washington auch war, sie konnte es andererseits kaum erwarten, bald wieder unterwegs zu sein. Katie ging es ähnlich, wenn auch aus anderen Gründen. Sie hatten sich gerade geeinigt, morgen ein Auto zu kaufen, da unterbrach Katie abrupt ihre Unterhaltung und flüsterte: »He, Anne, das Sackgesicht da drüben, am zweiten Tisch, der glotzt uns die ganze Zeit an.«

»So? Na wenn schon, wundert dich das? Wir sehen heute aber auch ganz besonders toll aus.«

»Was man von ihm nicht behaupten kann.«

Anne schielte in die angegebene Richtung. Es handelte sich um einen Herrn in den aller-allerbesten Jahren, Woody-Allen-Frisur, rosiges Gesicht, Doppelkinn, heller Anzug, schrille Krawatte, zu kurze Hosenbeine, wie alle Amerikaner, an den Manschetten blinkten Diamanten, der Größe nach falsche.

»Ih, ist der schmierig«, bestätigte Anne, »der zieht ja schon Fäden. Wenn ich den länger ansehe, kriege ich Pickel. Schau bloß nicht wieder hin.«

Sie vertieften sich wieder in ihr Gespräch und beendigten ihr Essen, ohne ihn zu beachten, jedoch spürte Anne förmlich die Blicke ihr tiefes Rückendekollete hinauf- und hinunterwandern.

»Eigentlich sollte man ihn abschleppen und ausnehmen wie 'ne Weihnachtsgans«, murmelte Katie. »Ich kenne die Sorte: Säuisch bis zum Gehtnichtmehr, aber nichts dafür bezahlen wollen.«

»Untersteh dich!«

»War ja nur so 'ne Idee.«

»Möchten die Damen vielleicht ein Dessert?« machte sich der Ober bemerkbar. Sie ließen sich die Karte bringen, entschieden sich für ›Pêches Cardinal‹, gekochte Pfirsiche mit Himbeerpüree, und vermieden, in eine gewisse Richtung zu sehen.

Die Pfirsiche schmeckten himmlisch.

»Muß ich die Pflanze auch mitessen?«

»Nein, das ist Zitronenmelisse, nur zur Garnitur.«

»Aha.« Katie sezierte mit der Gabel ein graugrünes Etwas und verzog das Gesicht.

»Was ist jetzt schon wieder?« erkundigte sich Anne mit einem winzigen Hauch von Ungeduld.

»Ist bei dir auch ein Schmetterling dabei?«

»Wie?«

»Da, schau her.« Katie zeigte auf ihren Tellerrand, wo, zart bestäubt mit Puderzucker, ein toter Nachtfalter lag.

»Wo kommt der her?«

»War hier zwischen der Zitronenmelisse, ich schwör's dir.« Anne winkte dem Ober, der sich eilfertig näherte. Seit der Schlappe mit dem Rotwein war er äußerst dienstbeflissen. Anne wies in stummer Anklage auf das Insekt, eine dezente Röte übertünchte sein Gesicht in ehrlicher Betroffenheit.

»Oh, das ist… entschuldigen Sie, ich werde Ihnen selbstverständlich einen neuen…« Der arme Mensch war nun wirklich verlegen, zumal er für diese Leiche auf dem Teller tatsächlich nichts konnte. Er tat Katie auf einmal leid.

»Ach, machen Sie deswegen keinen Terror in der Küche«, meinte sie leutselig und nahm ihm den Teller wieder aus der Hand. Sie spießte den Nachtfalter auf die filigrane Silbergabel und ließ ihn in ihrem Mund verschwinden, wo sie ihn auf jeder Backe zweimal durchkaute, schluckte, und mit einem halben Glas Burgunder nachgoß. »Wenn ich dran denke, was ich heute schon alles essen mußte, dann ist das geradezu harmlos.«

Der Ober verdrehte die Augen, und dann brach Anne in hemmungsloses Gelächter aus, die Tränen flossen ihr herunter, sie prustete in ihre Serviette, natürlich blickte das ganze Lokal nur noch auf sie beide. Anne floh zur Toilette, während Katie sich seelenruhig Wein nachgoß.

Einigermaßen wiederhergestellt kam Anne zurück, sie durfte bloß Katie nicht ansehen, sofort fing die Lacherei wieder an.

Aus dem Nichts zauberte der Basset zwei Gläser Cognak vor sie hin.

»Das wäre aber nicht nötig gewesen«, wehrte Anne ab.

»Verzeihung«, der Ober räusperte sich, »das ist von dem Herrn Innensenator, dort, zwei Tische weiter.«

Anne drehte sich um, und der Typ von vorhin prostete ihr zu. Blitzschnell sah sie wieder weg.

»Bringen Sie das bitte zurück.«

»Nein, nein«, fuhr Katie dazwischen, »lassen Sie das bloß da!«

»Wie Sie wünschen.«

»Aber ja doch.« Katie nahm ihr Glas, hob es in Richtung des Wohltäters und kippte den Inhalt in einem Zug hinunter.

»Katie, mußte das sein? Ich will den Kerl nicht für den Rest des Abends auf der Pelle haben.«

»Wirst du nicht«, versicherte Katie, und das Funkeln in ihren Augen hätte Anne eigentlich vorwarnen müssen. Seufzend kippte auch sie den Cognak hinunter. Sie konnte ihn gebrauchen.

Es dauerte keine zwei Minuten, da pirschte er schon an ihren Tisch heran, wie ein Schakal an ein wohlfeiles Stück Aas. Er blickte auf sie herunter, ein Feldherr bei der Musterung seiner Truppe. Siegesgewiß fletschte er seine Jacketkronen zu einem Grinsen, während er überlegte, welche von den zwei Zuckerpüppchen er abschleppen würde, wenn nicht vielleicht sogar alle beide. Er entschied sich vorerst für die kleine Rothaarige mit dem Knackarsch und den Zahnstocherbeinen. Die hatte so was Versautes an sich. Die andere war zwar auch nicht ohne, ein wenig flachkuppig vielleicht, aber sonst recht gut gebaut. Jedoch deuteten ihre Gesichtszüge auf eine gewisse Intelligenz hin, und das konnte er bei Frauen am allerwenigsten gebrauchen. Er deutete auf Katies Kleid und wurde geistreich: »Wie viele Raupen mögen wohl an diesem wunderbaren Gewand Tag und Nacht gearbeitet haben?«

Anne zog ein Gesicht, als wäre sie eben in einen Hundehaufen getreten, aber schon hörte sie Katie säuseln: »Vielen, vielen Dank für den Cognak«, dabei leckte sie sich vulgär über die Lippen.

»Was dagegen, wenn ich mich zu Ihnen setze?«

»Ja«, antwortete Anne.

»Aber nein! Anne, wo bleibt deine Höflichkeit?« Katie wies mit einladender Geste auf den freien Stuhl zwischen Anne und sich, wobei sie ihm auf eindeutige Weise zuzwinkerte. Er grinste ebenso eindeutig zurück und ließ sich auf den angebotenen Stuhl plumpsen.

Sein Schrei gellte sirenengleich durch's Lokal. Wie auf einem Trampolin schnellte er in die Höhe, Gläser fielen um, sein Stuhl krachte auf die Marmorfliesen. Etwas lendenlahm vollführte er eine komische Verrenkung, um sein höllisch schmerzendes Hinterteil in den Blick zu bekommen. Dort stak, in malerischem Kontrast zu seinem champagnerfarbenen Anzug, der schwarzviolette Seeigel. Die glänzenden

Stacheln hatten unter dem Aufprall ziemlich gelitten. Welch ein erlösender Gedanke, daß es sich lediglich um die sterbliche Hülle der bedauernswerten Kreatur handelte.

Der Herr Innensenator keuchte etwas von Anzeige und Schmerzensgeld, worauf Katie ihm riet: »Rasier dir lieber den Arsch.«

Dann nutzten sie den allgemeinen Aufruhr und die explosiv um sich greifende Schadenfreude im Lokal, um sich zielstrebig zum Empfangstisch zu bewegen, wo Anne rasch die Rechnung beglich, nicht ohne ein anerkennendes Trinkgeld für den nervlich arg strapazierten Ober zu hinterlassen.

Als sie in der erfrischenden Nachtluft standen, hakte sich Anne bei Katie unter und gestand: »Ganz ehrlich Katie, du bist das Unmöglichste, was mir je begegnet ist. Aber es ist abwechslungsreich, mit dir essen zu gehen.«

Anne träumte von einem riesigen alten Cadillac in Pink oder Hellblau, mit Haifischflossen am Heck, mit dem sie und Katie auf einsamen, staubigen Straßen gen Westen rollen würden, immer der untergehenden Sonne nach.

Einzig der Staub auf dem Parkplatz stimmte mit diesen Vorstellungen überein. Ansonsten standen nur kleine und mittlere Japan-Importe, brave Plymouths, Oldsmobiles, Fords und ein klappriger Armeejeep zum Verkauf herum. Sie war bitter enttäuscht. Schon der dritte Gebrauchtwarenhändler, und nirgends das Auto ihrer Träume.

»Dafür sind wir wohl so an die dreißig, vierzig Jahre zu spät dran«, meinte Katie. »Das sind inzwischen Liebhaberfahrzeuge. Wenn du sie überhaupt kriegst, dann zu einem irren Preis, oder sie sind wirklich nur noch Schrott.« Katie wiederholte nur, was ihnen schon zwei Händler bestätigt hatten.

»Gut, dann sehen wir uns jetzt nach etwas Brauchbarem um«, verscheuchte Anne die Traumbilder und begann, die Reihen abzuschreiten und die Preisschilder zu studieren. Der Händler war mit einem jungen Pärchen beschäftigt, das sich ebenfalls nicht so recht entscheiden konnte. »Oder sollen wir es doch noch woanders versuchen?«

»Ach was, jetzt schlagen wir zu, sonst kommen wir heute nicht mehr weg.« Katie verlor allmählich die Geduld. Ein Auto klauen war doch erheblich weniger aufwendig, als eines zu kaufen, noch dazu mit der mäkeligen Anne. »Sag mal, wie wär's mit dem Jeep?«

»Dem Jeep?«

»Ja, dem Jeep. Hier, er hat eine Plane, die man runtermachen kann. Das ist fast wie ein Cabrio. Und er kostet nur... au weia!«

»Wieviel?«

»Zweitausendfünfhundert.« Katie runzelte bekümmert die Stirn und behielt dabei Anne im Auge.

»Wetten, ich kriege ihn für Zweitausend.« Annes Geschäftssinn war erwacht.

»Ich habe aber keine Zweitausend«, bekannte Katie, »momentan.«

»Wenn, dann teilen wir uns natürlich den Preis«, stellte Anne klar. »Schließlich fahre ich ja auch mit.« Es war ihr peinlich, mit Katie über Geld diskutieren zu müssen. Schätzungsweise klaute sie lieber, ehe sie sich etwas schenken ließ.

»Ich bin momentan etwas klamm«, gestand Katie zerknirscht.

»Wieviel hast du noch?«

»So knappe sechshundert.« Sie zog einen Flunsch. »Wird wohl doch wieder so eine japanische Schüssel werden.«

»Auf keinen Fall!« protestierte Anne. »Das weckt unangenehme Erinnerungen bei mir, und außerdem hat das keinerlei Stil.«

»Im Moment kann ich mir Stil nicht leisten.«

»Paß auf, ich handle den Wagen herunter, und in L.A. verkaufen wir ihn dann mit Gewinn. Es ist quasi ein Kredit, den ich gewähre, einverstanden?«

»Naja... okay, wenn du meinst«, gab sich Katie, überraschend schnell, geschlagen.

Anne winkte dem Händler. Er war klein und dünn wie ein Jockey und ebenso zäh. »Er ist nur so billig, weil das Hardtop nicht mehr vorhanden ist, ansonsten müßte ich ihn für das Doppelte verkaufen«, erklärte er, Kaugummi kauend.

»Das ist sicher in den Wirren des Vietnamkrieges verloren gegangen«, stichelte Anne.

»Ich bitte Sie, Ma'am, das ist ein zweiundachtziger Baujahr!«

»Soso.« Anne mußte sich ordentlich ins Zeug legen, um das obskure Objekt ihrer Begierde schließlich für Zweitausendeinhundert zu bekommen.

Es war gegen Mittag, als sie ihre Sachen aus Samuels Wohnung holten, ihm einen kurzen Brief hinterließen, und endlich durch kilometerlange Vororte aus der Stadt hinausrollten.

»Es ist toll, man sitzt so hoch oben.« Katie freute sich wie wild über die alte Kiste. »He, wir sind wieder unterwegs – und das im eigenen Auto! Weißt du, ich hatte noch nie ein eigenes Auto. Genaugenommen ist es ja deins, aber es ist trotzdem ein irres Gefühl.«

Anne saß am Steuer und lachte, angesteckt von Katies guter Laune. Die Plane war unten, die Scheiben versenkt, warmer Fahrtwind wirbelte ihnen um die Köpfe. Im Radio dudelte Fleetwood Mac. »Sagen wir, es ist unseres.«

»Okay, unseres.« Katie strahlte und zündete sich eine Zigarette an. »Der Wahnsinn, überall Tabak!«

»Herrliche Gegend«, nickte Anne. Bunte Wälder, Getreidefelder, saubere Farmhäuser, weiße Zäune, grüne Tabakpflanzen, aufgereiht wie Soldatenheere.

»Bist du früher noch nie hier gewesen?« fragte Anne.

»Ich bin nie aus New York rausgekommen. Doch, einmal, bei 'ner Klassenfahrt, zu den Niagara-Fällen.«

»Wie kommt es, daß du mal hier und mal in Deutschland gewohnt hast?«

»Das hat sich so ergeben. Meine Eltern haben sich in München kennengelernt. Mein Vater kam direkt aus Irland, wegen der Arbeit, die es dort nicht gab.« Katie zog an ihrer Zigarette. »Es ist die übliche Story: Krach ums Geld. Meine Mutter wollte immer ein Häuschen mit Garten, aber wir wohnten nur in 'ner Dreizimmerwohnung mit Balkon, in Neuhausen. Dazu kam noch 'ne Weibergeschichte, dann die Scheidung. Meine Mutter hat sich das sogenannte Sorgerecht für Jeff und mich erkämpft. Bloß um meinem Vater eins auszuwischen, das schwöre ich dir, sie konnte uns Kinder in Wahrheit gar nicht leiden. Wir waren nicht annähernd so niedlich geraten, wie sie erwartet hatte, besonders ich.« Sie schnippte die Asche zum offenen Fenster hinaus. »Mein Vater durfte uns laut Gericht regelmäßig abholen, aber sie hat das nach besten Kräften erschwert. Dann ist Paps nach New York gegangen, weil da Verwandte von ihm lebten. Ich wollte unbedingt mit, aber nichts da, von wegen Sorgerecht und so... Also fing ich an, mich aufzuführen. Schuleschwänzen, klauen, rauchen, mich prügeln, Sachen kaputtmachen, was eben gerade so anlag. Schließlich landete ich in einem Heim für schwererziehbare Kinder. Da war es wesentlich gemütlicher als zu Hause. Die Betreuer waren okay, wir durften sogar rausgehen. War gar nicht so herb, wie man sich's vorstellt.«

»Stimmt«, pflichtete Anne bei, »es hört sich genauso an, wie meine Schule in Eaton.«

»Meine Mutter war froh, mich vom Hals zu haben. Inzwischen hatte sie diesen Versicherungsheini am Haken. Das mit dem Heim dauerte leider bloß zwei Monate, dann machten die vom Jugendamt meiner Mutter klar, daß nicht der Staat, sondern sie selber für das Heim zu bezahlen hatte. Wenn sie ihren Typen heiraten würde, dann müßte auch der für das Heim blechen, und ob der sie unter solchen Umständen noch genommen hätte... Also verzichtete sie endlich auf ihr Scheiß Sorgerecht und besorgte uns Tickets nach New York. Meinen Bruder schickte sie auch mit, obwohl der ziemlich an ihr hing. Wenn schon, dann gleich beide Gören loswerden. Ich war damals zwölf, oder so. Mein Vater hat sich echt gefreut. Anfangs ging's uns auch ganz gut. Wir wohnten in einem von diesen winzigen Holzhäusern in Brooklyn, ich ging dort zur Junior High. Bis Dad seinen Job verlor, tja... Aber sogar in der Sozialwohnung an der Lower East Side fand ich es immer noch besser als bei meiner Mutter. Und dann – Autounfall – peng, alles aus. Ich mußte zurück.«

»Und wann ist deine Mutter gestorben?« fragte Anne.

»Gestorben? Wieso? Nicht das ich wüßte. Die ist noch immer mit diesem Kerl verheiratet und spielt die solide Hausfrau.«

»Aber du hast mir, ich glaube es war auf dem Flug, erzählt, daß deine Eltern beide tot wären.«

»Das hast du falsch verstanden. Mein Vater ist tot, aber meine Mutter ist nur für *mich* gestorben.« Katie spuckte aus dem Fenster.

»Aber was ist denn passiert, daß du...?«

»Darüber will ich jetzt nicht sprechen«, schnitt Katie die Unterhaltung ab. Anne fühlte sich ein wenig vor den Kopf gestoßen und schwieg, ebenso Katie, während die Straße das Appalachengebirge überwand, was für malerische Ausblicke sorgte, aber eine Menge Zeit kostete. Katie übernahm nach einer Weile das Steuer. Für sie schienen keine Geschwindigkeitsregeln zu gelten. Der Jeep röhrte wie ein Elch, aber er nahm die Kurven wie nichts und lief und lief.

Sie erreichten Lexington, aber es gefiel ihnen nicht sonderlich, und sie beschlossen, weiter nach Nashville zu fahren.

Nashville, Memphis, Chattanooga... All diese Orte auf der Karte hatten so einen magischen Klang! Sie stellten einen Sender mit den unvermeidlichen Country Songs ein und sangen lauthals zu »Yellow Rose of Texas«, während es langsam Nacht wurde.

126

»Daß du es ja niemandem erzählst«, drohte Katie.

»Was?«

»Daß ich mir *sowas* anhöre. Das könnte mich meinen Ruf kosten.« Anne grinste nur.

In Nashville nahmen sie das erstbeste Motel und fielen erschöpft in die Betten.

»Sollten wir nicht mal bei Lis anrufen?« fragte Anne am nächsten Morgen.

»Gelegentlich«, antwortete Katie gleichmütig. Sie ließ Anne fahren und übte unermüdlich den Trick mit dem Verschwindenlassen von Gegenständen aus der Hand. Fingerhut, Spielkarten, Dollarscheine, Kreditkarten, Zigaretten, sie probierte es mit allem, was ihr zwischen die Finger geriet, und triumphierte, wenn es ihr dreimal hintereinander ohne Fehler gelang. Das passierte allerdings selten.

Die Sonne knallte herunter, Indian Summer nannte man das wohl. Ihnen wurde unangenehm warm, dabei war es erst früher Vormittag.

»Sollen wir die Plane draufmachen und die Klimaanlage einschalten? Ich brate jetzt schon«, meinte Anne.

»Gute Idee.«

Doch schon nach wenigen Minuten stöhnte Katie: »Das ist ja die Hölle.«

»Gleich wird's kühler«, tröstete Anne und probierte an der Anlage herum. Fünf Meilen weiter hatte Katie das Problem in aller Deutlichkeit erkannt: »Scheiße! Anne, der Mistkerl hat uns geleimt. Sie funktioniert nicht.« Kein kühles Lüftchen drang ins Wageninnere, man konnte schalten, wie man wollte. Nichts.

»Dieser Bandit«, schimpfte Anne. »Wie wird das erst, wenn wir in Texas sind? Oder in New Mexico? Das ist pure Wüste! Wir werden umkommen, vertrocknen, verdursten…«

»Don't panic, baby«, brummte Katie in John Waynes tiefstem Baß. »Denk an die Pioniere, die Cowboys und die anderen beinharten Typen… Oder hast du schon mal ein Pferd mit 'ner Klimaanlage erlebt?«

»Red keinen Stuß. Machen wir das Dach wieder auf.«

»An der nächsten Tankstelle. Sprit ist bald alle.«

An der Tankstelle wurden sie von einem milchgesichtigen Kerl angesprochen, ob sie ihn bis nach Little Rock mitnehmen könnten. Sie wechselten untereinander einen fragenden Blick und checkten den Jungen ab. Er sah schüchtern aus, mochte höchstens neunzehn, zwanzig sein.

»Sollen wir?« wisperte Anne, und Katie antwortete leise:

»Na klar, das ist ein harmloser Hinterwäldler.«

»Da haben wir uns schon mal getäuscht«, erinnerte Anne. Am Ende stand vor ihnen ein bundesweit gesuchter Serienmörder?

»*Du* hast dich getäuscht. Der da ist doch fast noch ein Baby. Aber entscheide das selber.« Katie war vorsichtig geworden. »Ich will hinterher keine Vorwürfe hören«, fügte sie warnend hinzu.

Doch Anne meinte gutmütig: »Okay, steig ein. Wir fahren auf jeden Fall bis Memphis. Die Rückbank ist frei.«

Katie behielt recht, der Typ war ein echtes Landei, der vom College nach Hause fuhr, um bei der Ernte auf der Baumwollfarm zu helfen. Sie unterhielten sich ein bißchen über Land und Leute, aber das wurde ihnen allen bald zu anstrengend. Der Junge legte den Kopf auf seinen Rucksack und schlief ein.

»Ist er nicht niedlich?« bemerkte Katie entzückt zu Anne.

»Junges Gemüse.«

Katie verzichtete auf eine Antwort. Die feuchtheiße Luft machte träge, es gab nicht sehr viel Verkehr an diesem Morgen, in dieser eintönigen Gegend. Der Wind schlug ihnen mit dampfenden Tüchern ins Gesicht, die Luft wellte sich über der Fahrbahn wie glühendes Blech.

Katie rauchte und döste apathisch vor sich hin, zu müde zum Reden, Gedanken drehten sich in spiralförmigen Kreisen.

Ah, diese Hitze! Sie brachte einen auf komische Ideen. Katie kletterte über die Lehne und pflanzte sich auf die Rückbank, neben ihren Fang. Der Junge schlief wie ein Kind, er mußte einen schönen Traum durchleben, denn er schmatzte und lächelte im Schlaf. Katie rubbelte ein bißchen am Reißverschluß seiner Hose. Der Junge grunzte wohlig und integrierte das wohl gerade in seinen Traum. Katie brauchte wirklich nicht viel zu tun, der Schlaf war ihr Verbündeter. Die Jeans wölbte sich langsam hoch, es sah aus, als stellte man von innen ein kleines Zelt auf. Mit erwartungsfrohem Lächeln und routinierten Handgriffen machte sich Katie an seiner Gürtelschnalle zu schaffen. Als sie den Reißverschluß öffnete, schnellte ihr ein kerniger Hinterwäldler-Stengel unter der weißen Feinrippunterhose entgegen, wie ein kleiner Schachtelteufel. Diese Hillbilly-Landjugend war tatsächlich stämmig gebaut. Katie beseitigte das lästige Textil, beugte sich hinunter, leckte ein bißchen an der Spitze herum, sie schmeckte salzig. Na klar, bei den Temperaturen, was hatte sie denn erwartet – Erdbeergeschmack? Sie knabberte sachte mit den Zähnen daran, strich mit sanftem Fingerdruck auf und ab, erst langsam, dann schneller. Als sie den rechten Zeitpunkt für gekommen hielt, faßte sie unter ihr Kleid, ein ultrakurzes schwarzes Nichts mit Spaghettiträgern, und zog ihren Slip mit einer einzigen, eleganten Bewegung herunter. Mit der bedächtigen Sorgfalt eines brütenden Huhnes, ließ sie sich auf ihm nieder. Seine braunen Kuhaugen öffneten sich daraufhin mit einem Schlag. Ungläubig und schockiert starrten sie in die ihren. Er klappte den Mund in stummen Schrecken auf und wieder zu. Dann schloß er die Lider. Vermutlich war ihm soeben klar geworden, daß er keine Chance mehr hatte.

Anne besah sich derweilen mäßig interessiert die sumpfigen, schlammigen Felder links und rechts der Straße. Der Mississippi und seine Überschwemmungsgebiete kündigten sich an. Erst als der Wagen irgendwie seltsam nachzufedern begann, riskierte sie einen Blick in den Rückspiegel. Aber darin war nichts zu sehen, gar nichts. Sie beendete ein Überholmanöver, wandte sich um und glaubte im ersten Moment, in einen Fellini-Film geraten zu sein.

Der Junge lag mit herabgelassenen Jeans auf der Rückbank, den Kopf verdeckt von Katies dichtem Haarvorhang. Die kauerte wie ein Radrennfahrer über ihm, das Kleid hochgeschoben, die Knie neben seinen Hüften auf der Bank, und bewegte sich abwechselnd kreisend hin und her oder, je nach Lust und Laune, auf und ab, wobei sich für Sekundenbruchteile ein ansehnliches, käsigweißes Glied unter ihrem Hintern zeigte, ehe es wieder mit einem schmatzenden Geräusch aufgesogen wurde.

Ein dröhnendes Hupen brachte Anne zurück in die Wirklichkeit. Im allerletzten Moment riß sie das Lenkrad herum und wich einem gewaltigen Truck auf der Gegenfahrbahn aus. Sie bebte vor Schreck, und vor Empörung. Dieses Flittchen, diese ordinäre… eine stattliche Anzahl passender Vokabeln wirbelten ihr durch den Kopf. Sie fühlte das Blut in ihre Wangen schießen. Sie schämte sich. Ja, sie, obwohl diese Person da hinten weiß Gott mehr Grund dazu gehabt hätte. Die jedoch schien an so etwas gar nicht zu denken, denn jetzt richtete sie den Oberkörper auf, warf das Haar zurück, daß es wie eine Fahne im Wind wehte, dazu gluckste, ächzte und stöhnte sie absolut ungeniert.

Wenigstens ihren Walkman hätte sie vorher abnehmen können, dachte Anne befremdet. Der Junge hielt die Augen krampfhaft geschlossen, seine Hände krallten sich um Katies halbnackte Hüften.

Anne bemerkte gar nicht, wie sie das Gaspedal durchtrat und mit annähernd hundert Meilen dahinschoß. Ein paar Trucks hupten. Hatten die etwa gesehen ... Nicht auszudenken!

Das Geschaukel gewann an Dynamik, offenbar steuerte die Vögelei ihrem unvermeidlichen Höhepunkt zu.

Anne wurde wütend. Diese Schlampe! Mich hier so hinterrücks in die Rolle einer Spannerin zu drängen. Sollte sie lieber anhalten und aussteigen? Um dann wie ein Verkehrsschild auf dem Seitenstreifen herumzustehen und damit hilfsbereite Autofahrer anzulocken, denen sie sagen mußte: »Nein, wir haben keine Panne, meine Mitfahrerin bumst nur gerade einen hergelaufenen Bauerlümmel.«

Es war kaum noch zum Aushalten. Anne drehte das Radio auf volle Lautstärke. Nicht, daß ihr Guns 'n Roses sonderlich gefallen hätten, aber es war immer noch besser, als das Geröchel da hinten. Anne umklammerte das Steuer, bis ihre Knöchel weiß wurden, den Blick stur geradeaus gerichtet.

Wie lange ging das denn noch? War der Typ ein Konditionswunder?

Sie zwang sich, den Fuß am Gaspedal zu lockern. Ich werde sie rausschmeißen, mir reicht's, beschloß sie in gerechtem Zorn. Ich fahre allein weiter!

Katie quiekte wie ein Ferkel, und nun fing auch noch der Typ an, tierische Laute abzusondern. Kurzes Hecheln, ein paar *Oh God*-Stöhner, dann wurde es leiser. Gekicher, Nesteln an den Klamotten.

Anne atmete tief durch, geradeso, als hätte *sie* es hinter sich. Ihre Erleichterung konnte auch kaum größer sein. Sollte sie Katie jetzt sofort die Meinung sagen? Aber was überhaupt? Konnte sie denn Verständnis erwarten für ihre unangenehmen, peinlichen Gefühle in dieser Situation, von einer, die sich so benahm? Wohl kaum. Es erschien ihr klüger, sich zu beherrschen, bis der Junge weg war, um Katie dann ein paar unmißverständliche Takte zu sagen.

Anne wartete noch wenige Augenblicke, um denen da hinten Zeit zu gewähren, ins Hier und Jetzt zurückzufinden, dann griff sie ins Handschuhfach und holte ein Päckchen Papiertaschentücher heraus. Sie warf es nach hinten und drohte: »Daß ihr mir ja die Sitze nicht versaut. Das Ding soll noch verkauft werden.«

Katie zündete sich eine an und hüpfte wieder auf den Beifahrersitz. Der Junge blickte stumm und stier zum Fenster hinaus.

»Puh«, Katie fuhr sich über die verschwitzte Stirn, »jetzt brauche ich was zu Trinken. Und einen Hunger habe ich! Wie wär's, wenn wir beim nächsten Burger King oder so was Ähnlichem anhalten?«

»Okay«, lachte Anne. Sie konnte einfach nicht anders. Katies völlige Ungeniertheit war entwaffnend.

Sie hielten an einem Kentucky Fried Chicken. Der Junge schulterte seinen Rucksack und meinte zu Anne: »Vielen Dank fürs Mitnehmen. Ich such' mir jetzt aber wen anderen. Ist mir einfach zu heiß, die Braut.«

»Schade«, lächelte Anne, »jetzt ist *sie* nämlich mit Fahren dran...« Ohne die Tür zu öffnen, sprang er aus dem Auto und sprintete so schnell er konnte davon. Katie schleuderte ihm eine Kußhand hinterher.

Als sie mit einer eiskalten Cola den Staub und weiß der Teufel, was sonst noch alles, hinunterspülten, begann Katie von selbst: »Ich kann mir denken, daß du sauer bist.«

»So, kannst du das?«

»Ist doch völlig klar. Ich hätte dich erst fragen sollen, ob du ihn willst. Schließlich sind wir ja Freundinnen. Aber weißt du, der sah so goldig aus, den mußte ich mir einfach geben. Ich schwör's dir, den nächsten, den überlasse ich dir ganz alleine, großes Indianerehrenwort!«

Anne kapitulierte. Es war schlicht und einfach hoffnungslos.

Get your kicks...

Wundersamerweise verlief die Fahrt bis Memphis ohne nennenswerte Zwischenfälle, wenn man von einer geklauten Sonnenbrille einmal großzügig absah. In Memphis hatten sie sich nur so lange aufgehalten, um etwas Soul Food zu testen, wonach ihnen beiden der Hals wie Feuer brannte. Sie löschten das mit »Mint Julep«, einer verwegenen Mischung aus Whisky, Zucker und Minzaroma. Die Nacht verbrachten sie in einem Motelzimmer mit Preßholzmöbeln und geblümten Badezimmerkacheln, die vergeblich von den tropfenden Wasserhähnen und dem stechenden Schimmelgeruch ablenken wollten. Der Deckenventilator hatte irgendwann seinen Geist aufgegeben, ebenso wie eine Hundertschaft Mücken; dunkle Blutflecken an den uringelb gestrichenen Wänden kündeten von ihrem gewaltsamen Tod. Von dort aus riefen sie bei Lis an, doch es meldete sich nur der Anrufbeantworter.

»Liebste Lis«, flötete Katie zu der Maschine, »wir haben deinen reizenden Cousin schon wieder verlassen, da es uns unaufhaltsam westwärts zieht. Wir residieren hier in Fort Smith, im ersten Haus am Platze. Es geht uns fantastisch. Morgen werden wir bis nach Amarillo weiterreisen, A-ma-ril-lo klingt das nicht unwiderstehlich? Wenn wir einen richtigen Cowboy treffen, schicken wir dir ein Polaroid von ihm. Grüß Teresa und gib Gordon einen heißen Kuß von Anne... oder lieber doch nicht. Wir melden uns wieder, bye!«

Am nächsten Morgen fuhren sie früh los, sprachen die ersten Stunden wenig, hingen ihren Gedanken nach, genossen das Vorwärtskommen und versuchten, die Hitze und den Staub zu ignorieren. Sie durchquerten Oklahoma City, dessen Wolkenkratzerskyline sie entfernt an New York erinnerte und nicht so recht zwischen die sanften, braunerdigen Hügel passen wollte.

Kurz danach trat Katie heftig in die Eisen und bog mit einem wilden Manöver von der vierspurigen Interstate ab. Als Anne eben den Mund öffnete, um diese Chaotenfahrweise zu monieren, wies Katie auf ein Verkehrsschild: »West 66«.

In seltenem Einvernehmen grinsten sie sich an, Katie schnippte mit den Finger einen Takt, und sie sangen: »Get your kicks on Route Sixty-Six!« Da stimmte beinahe jeder Ton.

Auf bröckelnden Betonplatten, zwischen denen das Gras üppig gedieh, rappelten sie gemächlich durch Orte mit so klingenden Namen wie Weatherford, Clinton, Elk City, Sayre und Texola. »Last McDonalds for 150 Miles« warnte irgendwo dazwischen eindringlich ein Schild.

»Das ist in der Tat bedrohlich«, bemerkte Anne.

Die Straße wurde zusehends schmäler, der Verkehr nahm ab, das rhythmische Geholpere zu. Es klang beruhigend, beinahe einschläfernd, wie der ohrwurmhafte, schleppende Takt eines lahmen Country Songs.

Sie hielten in Shamrock, weil der irische Name Katie betörte, tankten den Jeep auf, suchten sich eine Kneipe aus und bestellten Bier. Anne hatte inzwischen ihre Grundsätze, was Alkoholgenuß und Autofahren betraf, entschärft.

»Kein Alkoholausschank«, meinte die Kellnerin lakonisch. Auf ihrer Kleiderschürze blühten Streublümchen, und sie hatte eine Frisur wie Marilyn Monroe in den späten Fünfzigern. »Das hättet ihr in Texola erledigen sollen. Mitbringen darf man's nämlich.« Ausgerechnet Shamrock gehörte zu einem »Dry County«.

Katies Weltbild bekam einen Sprung. »Ein irischer Ortsname, und dann so was!« Noch immer entsetzt, versenkte sie ihre Himmelfahrtsnase in einem Reiseführer, der ihr in Memphis in die Hände gefallen war. Nach einer Weile eröffnete sie feierlich: »He Anne, weißt du was?«

»Nein.«

»Wir sind jetzt in Texas.«

»Was du nicht sagst. Schau mal raus, da bindet sicher gerade der Marlboro-Mann sein Pferd an.«

Katie fuhr unbeirrt fort: »Könnten wir nicht auf der Sixty-Six weiterfahren? Es gibt sie zwar nur noch teilweise, aber die Richtung ist dieselbe wie die Interstate 40.«

»Ich wußte gar nicht, daß eine Romantikerin in dir steckt«, spöttelte Anne, »und daß du so weitreichende geographische Kenntnisse hast.«

»Schließlich bin ich Amerikanerin«, schmollte Katie eingeschnappt, »da weiß man so etwas natürlich. Daran ändert die Tatsache, daß man es gerade erst nachgelesen hat, rein gar nichts.«

»Ich dachte, du bist Irin.«

»Dem Blut nach. Dem Paß nach Amerikanerin.«

»Wie man's gerade braucht, hm? Praktisch für dich.«

Aber Katie schien soeben Geschmack am Sightseeing gefunden zu haben: »Sag, wollen wir uns morgen in Amarillo die Cadillac Ranch ansehen?«

»Seit wann hast du es mit Rindviechern?«

»Quatsch, Rindviecher. Da hat so ein spinnerter Geldsack zehn Cadillacs der Baujahre '49 bis '63 mit der vorderen Hälfte in der Wüste vergraben, damit man die Entwicklung der Heckflossen studieren kann. Irre, was?«

»Allerdings. Das sehen wir uns an. Und noch etwas: Heute abend suche ich das Motel aus. Und ich bezahle es.«

»Okay, Prinzessin, da beuge ich mich ganz deinem Willen.«

Dann waren sie wieder auf der alten Straße. McLean, Groom, Conway, verschlafene Ortschaften in der dürrbraunen Landschaft der Panhandle. Ab und zu Autowracks am Straßenrand, traurige Blechruinen aus der Ära der Petticoats und des Rock 'n' Roll. Es war still, als hielte die Welt den Atem an. Schatten bizarrer Wolkengebilde huschten wie Gespenster über die Erde.

Sie erreichten Amarillo im letzten Licht des Tages. Ein paar Ölbohrtürme schnitten ihre schwarzen Umrisse scharf in den glühenden Himmel. Von Westen her wehte ein lauer Wind Gerüche von Kuhdung heran.

Was sie auf dem schäbigen Amarillo Boulevard sahen, war nicht gerade erhebend: Schrottplätze, zwielichtige Kneipen und jede Menge Liquor Stores. Offenbar war es hier vorbei mit der trockenen Zone.

Unter den ziemlich angegammelten Motels entschied sich Anne für ein kleineres Gebäude in nachgebautem Western-Stil, mit für hiesige Verhältnisse dezenter Lichtreklame und einem Springbrunnen vor dem Empfangshäuschen. Letzeres wurde von der Besitzerin beinahe restlos ausgefüllt. Ihr Alter war unbestimmbar, sie war unheimlich fett und hatte Brüste wie Basketbälle. Um die spannte sich ein hellblaues T-Shirt mit dem Aufdruck eines überdimensionalen Schnullers und der Schrift: »Suck me!« Anne und Katie hatten echte Probleme, sich zusammenzureißen, wenigstens bis sie das Zimmer im voraus bezahlt und den Schlüssel erhalten hatten.

Sie duschten, zogen sich um und gingen essen. In einem Grillrestaurant bestellten sie Steaks und bekamen ein halbes Rind serviert. Danach waren ein paar Drinks nötig. Auf verschlungenen Wegen durch diverse Bars gerieten sie schließlich in einen jener berühmt-berüchtigten Honky-Tonks. Man betrat den Schuppen durch die einschlägigen Schwingtüren, der Schnaps war billig, eine Country Band spielte. Die Sängerin röhrte wie der kaputte Anlasser eines Autos. Sie sang etwas von der ersten Liebe, tiefe Krähenfüße rankten sich um ihre geschminkten Augen. Der Gitarrist war eine dieser mehr oder weniger gelungenen Elvis-Fälschungen. Eher weniger. Echt waren dagegen ein paar Cowboys in dem Laden, hundertprozentig, denn es fanden sich Spuren von Exkrementen des heimischen Hornviehs zwischen den Ritzen ihrer Stiefel. Sie hielten ihre Mädchen mit eisernem Griff im Nacken fest und schoben sie schlurfend vor sich her über die Tanzfläche, wer oder was im Weg stand, wurde gerammt. »Two-Step« nannte man das. Vermutlich übten sie das tagsüber mit ihren Kühen. In den Pausen streute ein alter Mann Sägemehl auf die Tanzfläche, um die ein Holzzaun gezogen war. Laut einem Plakat fanden hier die samstäglichen Viehauktionen statt.

»Zwick mich Anne«, sagte Katie fasziniert, »ich glaub' ich bin in 'nem Film.«

»Das Aroma hier spricht dagegen.«

Als ein paar schwer angesoffene Cowboys unbedingt mit ihnen tanzen wollten, zogen sie es vor, zu verschwinden.

In einer schummrigen Bar spielte zu vorgerückter Stunde ein Mexikaner, zumindest war er gekleidet wie einer, Gitarre und sang dazu mit wehmütig schmachtender Stimme. Katie warf ihm ebensolche Blicke zu. Doch Anne verhalf dieser Romanze brutal zu einem vorzeitigen Ende, indem sie darauf bestand, ins Motel zurückzukehren. Katie gab nach, sie konnte jetzt keinen Ärger mit Anne gebrauchen.

Während Anne schon aufs Zimmer ging, wollte sich Katie wenigstens noch einen letzten Drink an der hauseigenen Bar gönnen. Der winzige Raum war leer, sie bestellte trotzdem einen Daiquiri bei der Schnullerlady und ließ sich auf dem angeschraubten Drehhocker nieder.

»Hi, Darling.« Schnulli stellte den Drink und eine Schale mit Eis vor Katie hin. »Sie sind doch die, die mit ihrer Freundin hier ist, nicht?«

Als ob sie das nicht haargenau wüßte.

»Warum?«

»Vorhin waren zwei Herren da, die nach Ihnen fragten.«

Katie verschluckte sich und brachte dann stockend heraus: »Zwei Männer?«

»Ja, sie fragten nach Ihnen und Ihrer Freundin. So vor ein, zwei Stunden vielleicht. Sie beide waren jedenfalls schon länger weg, ich habe auf Ihrem Zimmer läuten lassen...«

Katie wurde flau. »Wo... wo sind die jetzt?«

»Keine Ahnung. Wollen aber später wiederkommen. Sind wohl essen gegangen.«

»Was wollten die?«

»Hab' ich nicht gefragt. Geht mich ja auch nichts an.«

Richtig, dachte Katie. »Wie sahen sie aus?«

Die Dicke hielt ein poliertes Glas prüfend ins Licht und murmelte dann: »So genau sehe ich mir die Leute nicht an.«

Katie kippte den Drink hinunter und war bereits auf dem Sprung.

»Warten Sie mal...«, brummte es hinter der Theke nachdenklich, »ach ja, eins ist mir aufgefallen. Das Auto. Es war eine Corvette. Schwarz, oder irgendwie dunkel, sieht man bei dem Licht ja nicht richtig. So ein mordslanges, flaches Ding. Eine Zuhälterkiste, wenn Sie mich fragen...« Zuhälterkiste. Da lag Schnulli ziemlich gut im Rennen.

Katie stürmte mit krachender Tür ins Zimmer.

»Warum nimmst du nicht gleich eine Axt?« Anne kam gerade aus der Dusche, diese Frau duschte sich noch zu Tode, ein Handtuch um die Brust geknotet, und eines um den Kopf. Katie erlitt den zweiten Schock innerhalb weniger Minuten. Anne hatte sich in einen Zombie verwandelt.

»Anne«, rief Katie, während sie eilig herumliegende Dinge zusammenraffte, »stell jetzt bitte keine Fragen. Ich erkläre dir sofort alles, aber jetzt zieh dich an, so schnell du kannst, pack deine Sachen, und dann laß uns hier verschwinden!«

»Sag, spinnst du? Ich habe nasse Haare, und meine Gesichtsmaske muß noch exakt sieben Minuten einwirken. Außerdem sind wir doch gerade erst angekommen.«

»Anne bitte! Keine Fragen! Beeil dich nur. Es geht... uns sonst an den Kragen.«

»Was hast du eben getrunken? Bist du übergeschnappt?«

»Bitte, bitte, pack deine Klamotten. Mach schnell! Sie können jede Sekunde hier sein, und dann ist es aus mit uns. Ich übertreibe nicht!«

»Wer sie?«

»Bitte, Anne!« Himmel hilf, sonst muß ich sie hierlassen!

Allmählich begriff Anne, daß Katie keine dummen Witze machte.

Sie stieg wortlos in ihre Jeans. Katie war im Handumdrehen fertig, sie stopfte was sie fand blindlings irgendwohin.

Dann landete Annes Garderobe mit einem Schwung auf dem Bett. »Ich mache das. Kratz du dir inzwischen die Kuhscheiße aus dem Gesicht.«

»He! Zerknüll meine Blusen nicht so!«

»Wir haben keine Zeit, sie auf Din A 4 zu falten.«

»Wehe«, drohte Anne gefährlich leise, »wehe, wenn es dafür keine vernünftige Erklärung gibt. Wo willst du überhaupt hin?«

»Weg hier. Erst einmal weg.«

Immerhin legte Anne jetzt einen Zahn zu. Sie löschten das Licht, Katie zog Anne, die noch immer das Handtuch um den Kopf geschlungen hatte, zum Wagen, warf die Taschen nach hinten, sprang auf den Fahrersitz, und schoß mit quietschenden Reifen die Einfahrt hinaus.

»Bist du schon wieder scharf auf Polizisten?« bemerkte Anne.

Katie drosselte das Tempo. Sie bogen auf die Interstate, Richtung Westen. Es stank penetrant. Der Mond kam ab und zu hinter einer Wolke hervor, und man erkannte die schwarzen Schatten der Rinder, die in riesigen Corrals zusammengepfercht dastanden. Anne hielt sich die Nase zu und frottierte sich mit der anderen Hand das Haar.

»Jetzt will ich sofort eine Erklärung!« verlangte sie, als die Luft allmählich besser wurde.

»Sollst du haben.« Scheiße, ärgerte sich Katie, jetzt führt kein Weg mehr dran vorbei. Die wird einen Affenzirkus veranstalten! »Mach mir bitte mal 'ne Zigarette an.«

Anne reichte Katie eine angezündete und wartete.

»Also, ich hab' dir doch im Knast… hihi, klingt gut was?«

»Nicht ablenken.«

»Ich hab' dir von Rudi erzählt.«

Anne nickte. »Diesem Zuhälter. Was ist mit dem?«

»Naja, ich habe dir nicht alles erzählt.«

»Hast du mich schon wieder angelogen?« fuhr Anne auf.

»Ich habe dich nicht angelogen, ich hab' nur nicht alles erzählt, das ist ein Unterschied.«

»Meinetwegen. Aber jetzt will ich wissen, warum ich hier mitten in der Nacht in dieser Kiste sitze, anstatt in einem klimatisierten Zimmer zu schlafen.«

»Ich war doch in der letzten Nacht, ehe ich München verließ, bei Rudi, um meinen Paß zu holen, du erinnerst dich?«

»Ja.«

»Rudi ist ein eher mickriger Loddel, das große Geld verdient er mit Deals. Nicht die an der Straßenecke, ich rede von richtigen Geschäften. Man munkelt, daß er als Kurier für die Mafia arbeitet.«

»Komm bitte zur Sache.«

»Nur die Ruhe. Also, ich wühlte da so in seiner Bude, und was fand ich?«

»Deinen Paß. Sonst wärst du nicht hier.«

»Meinen Paß und zwei Kilogramm Kokain vom Feinsten.« So, jetzt war es raus.

Anne wurde mondbleich. Sie drehte langsam den Kopf, und sah Katie von der Seite an. Die rauchte etwas nervös.

»Katie?«

»Hm?«

»Willst du damit sagen, daß du das Zeug mitgenommen hast?«

»Denkst du, ich laß' so was einfach rumliegen?«

»Hast du es etwa DABEI!?«

»Brüll mich nicht so an! Ich kann das erklären.«

»So, kannst du!«

»Natürlich hab' ich's dabei. Da hinten, in meiner Tasche. Ich werde es in L. A. verkaufen. Mensch, das bringt mir bestimmt zweihunderttausend Dollar, oder noch mehr, wenn ich es strecke. Es ist beste Qualität, noch nicht verschnitten. Mein Bruder muß mir dabei helfen, verstehst du? Alleine kann ich so einen Riesendeal nicht durchziehen. Deswegen habe ich es dabei.«

Anne nickte nur. Ihr Verstand weigerte sich vorerst noch, das alles aufzunehmen.

»Wieso mußten wir jetzt, mitten in der Nacht, verschwinden? Ist etwa dieser Rudi hinter dir her?«

Katie kratzte sich nachdenklich am Kopf, dann sprach sie mehr zu sich selber, als zu Anne: »Der weniger. Nicht er selber. Aber ich kann mir denken, daß er ziemlichen Ärger gekriegt hat, als das Zeug weg war. Er muß es wohl oder übel seinem Boss, wer immer das ist, gebeichtet haben, und der hat garantiert Connections nach New York. Es genügt, wenn so eine große Nummer von der Mafia in der Szene etwas verlauten läßt wie: ›He, in Germany hat so eine kleine rothaarige Nutte zwei Kilo reines Koks geklaut, und das Miststück soll jetzt hier in der Stadt sein. Haltet gefälligst die Augen auf!‹ Schon schwärmen Scharen von Arschkriechern aus, die mit so was Punkte sammeln wollen. Und als ich neulich im Crazy Cactus war, wegen der Adresse von Jeff, da sind mir prompt zwei Typen auf den Pelz gerückt und haben dumme Fragen gestellt.«

Bei Anne gingen reihenweise die Lichter auf. Deshalb also Katies geheimnisvolles Getue.

»Ich bin mir nicht sicher, wieviel die wußten, aber ich wollte es nicht drauf ankommen lassen.«

»Daher ist auch dein blaues Auge.«

»Bingo. Sie fingen mich auf dem Weg zum Klo ab und nahmen mich gerade in die Mangel, da kamen die Bullen in den Laden, und veranstalteten eine kleine Razzia. Zum Glück hatte ich meinen Taschenvorrat zehn Minuten zuvor günstig an irgend so 'nen Freak verhökert. Selten war ich so froh, eine Uniform zu sehen!«

»Und das dir«, spottete Anne.

»Und eben sagte mir Schnulli, daß sich zwei Gestalten nach uns erkundigt hätten. Fuhren 'ne Corvette. Könnten die beiden sein, oder andere von der… Szene.« Anne zuliebe verschluckte sie das Wort »Mafia«.

Anne mußte das alles erst einmal verdauen. So restlos überzeugt war sie von dieser Story noch nicht.

»Woher wußte dieser Rudi, daß du nach New York willst?«

»Er weiß, daß ich da gewohnt habe, von meinem Exmacker. Wenn er mich dann noch am Flughafen trifft…«

»Aber wie kamen die Kerle im Crazy Cactus auf dich? Haben die jeder Rothaarigen ein blaues Auge verpaßt? Oder bist du mit einem Schild ›Kokain im Discount zu verkaufen‹ durch Manhattan gezogen?«

Katie zuckte verlegen die Schultern. »Ich mußte schließlich Geld haben. Und da traf ich Whopper, eigentlich heißt er Silvio Brentone, einen Typen, den ich von früher kannte. Mit dem hab' ich einen kleinen Deal gemacht. Vermutlich hat er die Message von dem Haufen Koks irgendwann danach aufgeschnappt, und zwei und zwei zusammengezählt.«

»Du beklaust die Mafia und verkaufst das Zeug an einen Italiener? Ja, wie kann man denn nur so blöd sein!«

»Entschuldige mal! Als ich ankam, hatte ich keine hundert Dollar bei mir. Ich besitze nun mal nicht stapelweise Kreditkarten.«

»Laß diese Anspielungen. Also, nehmen wir mal an, sie sind dir in New York auf die Spur gekommen, dumm genug hast du dich ja angestellt. Aber wie, in aller Welt, kommen sie hierher?«

Katie legte ihre Stirn in Falten, woraus Anne schloß, daß sie scharf überlegte. Gleich darauf verkündete sie erschrocken: »Das kann nur über Lis gelaufen sein! Verdammt, sie müssen bei Lis gewesen sein! Whopper kennt natürlich Lis, von damals. Vielleicht waren es aber auch Kerle, die mich im Crazy Cactus beim Dealen beobachtet haben, weiß der Teufel, ich bin total durcheinander...«

Anne zweifelte noch immer: »Aber Lis, woher weiß Lis... Mensch, der Anruf gestern abend, in Fort Smith! Du hast ihr gesagt, daß wir in Amarillo sein werden.«

»Ich Rindvieh!«

»Katie, wir müssen Lis anrufen. Dann erfahren wir, ob die tatsächlich bei ihr waren, oder ob das nur ein dummer Zufall ist.«

Katie spürte, wie sich ihr Magen zusammenkrampfte. »Hoffentlich ist ihr nichts passiert«, sagte sie leise.

»Was meinst du damit«, flüsterte Anne ahnungsvoll.

»Solche Typen sind nicht zimperlich, wenn sie was wissen wollen.«

»Wir rufen an, gleich morgen früh. Übrigens... wohin fahren wir eigentlich?«

»Richtung Albuquerque.«

»Das liegt genau auf der Strecke, nicht?«

»Ja.«

Während Katie kopflos drauflos jagte, erwachte Annes Organisationstalent, und sie begann laut zu überlegen: »Wir sollten einen Umweg machen. Wenn sie uns hinterherfahren... gegen eine Corvette haben wir mit dieser Kiste keine Chance. Paß auf, als erstes fährst du jetzt von der Interstate runter, auf die gute, alte Sixty-Six.«

»Auf der Interstate sind wir doch schneller.«

»Aber die Kerle auch.«

»Stimmt«, dämmerte es Katie, »die rechnen sicher nicht damit, daß wir... he, das ist genial!« rief sie beeindruckt. Wenigstens konnte man sich auf Annes Verstand verlassen. Sie hatte auch nicht annähernd das Theater veranstaltet, daß Katie erwartet hatte.

»Das ist nicht genial, das ist die simpelste Logik.« Anne knipste das Licht an und nahm sich die Karte vor. »Wie wär's mit Santa Fe?« fragte sie. »Ist nur ein Schlenker auf der Karte.«

»Santa Fe ist astrein. Wir bleiben am besten eine Nacht dort, oder zwei, es soll ja da angeblich ganz nett sein, und schon sind wir sie los. Die düsen glatt an uns vorbei.«

»Gut. Dann fahr jetzt in … wie heißt dieses Nest … Wil-do-ra-do auf den Highway runter.«

»Hoffentlich verfahren wir uns nicht.«

»Wir müssen uns eben konzentrieren. Zum Glück ist es jetzt nicht mehr heiß.«

Der Fahrtwind war ziemlich kühl, aber das konnte ihren wirren Köpfen nur guttun.

Woher nahm Anne nur plötzlich diese geradezu sprühende Energie, rätselte Katie. Unterschätzte sie die Lage total, glaubte sie ihr womöglich gar nicht und hielt das alles für ein verrücktes Spiel?

»Ein Kaffee wäre jetzt das richtige«, seufzte Anne.

»Oh«, grinste Katie, »für Fälle wie diesen hab' ich was Besseres. Gib mir mal die Tasche.«

»Katie, du glaubst doch nicht im Ernst, daß ich etwas von diesem … Gift nehme! Mit Drogen löst man keine Probleme!«

»Das war ein schöner Spruch. Schreib ihn an die nächste Scheißhaustür.«

Anne schwieg konsterniert. Katie wedelte mit einem winzigen Tütchen vor ihrem Gesicht herum. »Na, was ist jetzt?«

Anne streckte die Hand aus. »Meinetwegen, es handelt sich ja immerhin um einen Notfall …«

»Weißt du überhaupt, wie man das macht?« fragte Katie.

»Natürlich weiß ich das. Ich gehe hin und wieder auf Partys.«

Katie dachte sich ihren Teil und nahm eine Prise. Dann hing sie wieder verbissen über dem Lenkrad und trieb den Jeep voran, was der Motor hergab. Obwohl das Mondlicht gelegentlich die Landschaft feenhaft versilberte, erwies sich die nächtliche Fahrt als äußerst anstrengend, denn die 66 endete nur ein paar Meilen später, quasi im Nichts. Sie fanden sich in einem gespenstisch leeren Ort namens Glenrio wieder und starrten auf ein Schild mit der Aufschrift: »Dead End Ahead«.

Katie fluchte. Für die dezent bekokste Anne, deren Nasenlöcher wie der Zuckerrand eines Margherita-Glases aussahen, stellte das Schild lediglich einen Anlaß zur lakonischen Bilanzierung ihrer Lebenslage dar: ›Anne Schwartz mit tz‹, hielt sie eine stumme Ansprache, ›es ist in kürzester Zeit weit mit dir gekommen: Nicht nur, daß du seit Tagen Junk Food ißt und deinen Verlobten betrogen hast, nein, du sitzt mitten in der Nacht in einer gottverlassenen Wüste, vor einem blödsinnigen Schild, eine übergeschnappte Kriminelle am Steuer, zwei Kilo Kokain auf dem Rücksitz und die Mafia auf den Fersen. Sauber!‹

»Was gibt's denn da zu lachen?« fragte Katie.

»Nichts«, meinte Anne gleichmütig, und um irgendwas zu tun, fing sie leise zu singen an: »Good morning, America, how are you…«

Sie erreichten Santa Fe doch noch, wenn auch erst im Morgengrauen. Staunend fuhren sie durch die leeren Straßen. Die Stadt wirkte, als hätten spielende Kinder sie gebaut, kleine, höhlenartige Gebäude im Pueblo-Stil schmiegten sich an struppige Hänge.

Sie fanden ein unscheinbares Hotel in einer Seitenstraße nahe der Plaza, frühstückten dort Rühreier mit Speck und legten sich dann bis zum Mittag schlafen.

Als sie erwachten, fiel Anne etwas ein: »Mensch, Katie! Wir müssen Lis anrufen.« Sie konnten von ihrem Zimmer aus durchwählen, aber die Leitung war nicht die beste. Bonnie war am Apparat.

»Bonnie? Hier ist Katie! Ist Lis da?«

»Nein, niemand da…«, krach, knack… »…ganz alleine… räume Schweinerei auf.« Es prasselte und rauschte, als briete einer ein Steak, Bonnie war kaum zu verstehen.

»Bonnie«, schrie Katie in den Hörer, »ist etwas passiert?«

»Passiert? …man wohl sagen. Das…«, wieder lautes Knattern, »…Überfall!«

»Überfall sagst du? Bonnie, ich verstehe dich so schlecht!«

»Ja, Überfall! Sie haben… verwüstet, so ein Dreck, und sie haben…«, die Verbindung war eine Katastrophe, »…angezündet! Und ich… Schweinerei saubermachen… kündige!«

»Was haben sie angezündet?« fragte Katie erschrocken.

»Scheußliche Figur …mutter! Stinkt wie Hölle!«

»Bonnie, ist jemand… verletzt?«

»Verletzt?« eine neuerliche Maschinengewehrsalve in der Leitung, »verletzt niemand… Hund… gaga… rumgeknallt…«

»Wer war das, Bonnie?«

»…nicht da… weiß nicht.«

»Wie viele waren es?«

»…glaube zwei… Pepper… Badezimmer…« Es hatte keinen Sinn

mehr, die Leitung brach zusammen. Mit hochrotem Kopf legte Katie auf. Anne hatte so gut es ging mitgehört.

»Wenigstens scheint nichts Ernstes geschehen zu sein.«

»Nichts Ernstes? Sie haben eine Achterbahn aus der Bude gemacht. Nichts Ernstes! Lis wird mich massakrieren!«

»Falls das nicht andere für sie erledigen.«

»Das finde ich gar nicht komisch.«

»Es ist niemand verletzt«, beruhigte Anne, »und Bonnie übertreibt doch immer gerne ein bißchen. Wahrscheinlich haben sie zweimal in die Decke geschossen und Lis hat ihnen dann gleich erzählt, wo du bist. Sie wußte doch nichts von dem Koks, oder?«

»Lis? Nein. Aber das mit der Urmutter wird sie mir nie verzeihen«, jammerte Katie.

»Ich fand sie sowieso häßlich.«

»Du hast recht«, nickte Katie, »nächstens soll sie sich Marmorskulpturen anschaffen, wie die anderen Yuppies auch. Die stinken nicht so, wenn man sie verbrennt. Am besten melden wir uns erst in ein paar Tagen wieder, vielleicht ist bis dahin ihr erster Zorn verraucht, im wahrsten Sinne des Wortes.« Sie kicherten unangebrachterweise. Anne war froh, daß Gordon nichts geschehen war und den anderen auch nicht. Der Rest ließ sich mit Geld beheben und war somit bedeutungslos. Sie schwang sich vom Bett.

»Komm, machen wir das Beste draus. Gehen wir bummeln.«

Draußen traf sie beinahe der Schlag. Was im verklärenden Morgenlicht wie ein großes, verträumtes Indianerdorf ausgesehen hatte, war nun ein Hort reger Betriebsamkeit. Touristenschwärme suchten die Stadt zahlreich und regelmäßig um diese Jahreszeit heim. Auf der Plaza verkauften Indianerfrauen Türkisschmuck, jedes zweite Haus war eine Bar oder ein Restaurant, der Rest bestand aus Galerien, es fand sich mehr Kunst auf einem Haufen als in Soho. Trotzdem gefiel ihnen Santa Fe. Anne liebte Galerien. Katie, als echtes Großstadtkind, fühlte sich in diesem Gedrängel bedeutend wohler als in der endlosen texanischen Weite. Santa Fe war der geeignetste Ort zum Verstecken, den sie hätten finden können.

Am Nachmittag trennten sie sich vorübergehend. Anne ging zum Friseur und ließ sich einen gewagten Kurzhaarschnitt und dazu noch eine Tönung verpassen. Katie liebäugelte mit Indianermokassins und lief die ganze Stadt nach dem hübschesten Paar ab. Zur Happy Hour trafen sie sich in einer Bar an der Plaza. Katie riß es fast vom Stuhl:

»Hey! Sieht ja gigantisch aus. Das war mutig! Mensch, und die Farbe! Die ist echt super.«

»Amaretto.«

»Wie? Das Zeug kannst du doch nicht pur trinken…«

»So heißt die Farbe.«

»Ach so. Ich habe auch was gekauft.« Katie wies auf ihre Füße, die in perlenbestickten Mokassins steckten.

»Sehr nett.«

»Und das ist für dich.« Katie hielt Anne eine kleine Schachtel hin. Anne sah sie fragend an, Katie nickte aufmunternd, und Anne fischte einen filigranen Türkisohrring heraus.

»Katie! Das ist…«

»Gefällt er dir?« Sonst kann ich ihn umtauschen. Er ist von der ganz alten Squaw auf der Plaza, die mit dem Gesicht wie eine Sellerie-knolle.«

»Nein. Er ist wunderschön, besonders jetzt, zu dieser Frisur…« Anne hielt ihn sich ans Ohr. »Vielen Dank, Katie, aber du mußt mir doch nichts schenken.«

»Ich finde schon. Weißt du, es ist echt anständig von dir, daß du noch da bist, obwohl… na, du weißt schon. Die Sache ist schließlich ziemlich gefährlich. Diese Leute fragen nicht lange, wen sie vor sich haben, die schießen einfach. Ich könnte es wirklich verstehen, wenn du das nächstbeste Flugzeug nach New York nimmst.« Katie verstand viel weniger, weshalb Anne noch hier war. Gab es sonst so wenig *cheap thrills* für sie? Doch was immer Annes Gründe waren, Katie war froh darüber. Entgegen ihrem ersten Eindruck gehörte Anne nicht zu jenen Menschen, die bei Gefahr einknicken. Sie konnte sich zwar über gestohlene Gegenstände über die Maßen aufregen, aber wenn es ernst geworden war, hatte sie bisher einen bewundernswert kühlen Kopf bewiesen.

Anne wurde verlegen. Tatsächlich hatte sie eine Weile hin und her überlegt, worauf sie sich da einließ. Aber irgend etwas, vielleicht ihre Sturheit oder ein bis dahin unentdeckter Hang zum Abenteuer, hatte sie wider alle Vernunft bewogen, mit Katie weiterzufahren. Ohne sie käme diese Chaotin garantiert in noch größere Schwierigkeiten. Anne war entschlossen, Katie bis zu ihrem Bruder zu begleiten. Dann würde sie sich schleunigst verabschieden, mit der Drogensache wollte sie nichts zu tun haben. Vielleicht könnte sie Katie unterwegs sogar noch von ihrem kriminellen Vorhaben abbringen.

Anne kippte energisch ihren Drink hinunter. »Wir fahren zusammen nach L. A., genau wie ausgemacht. Denkst du, ich lasse mir von ein paar Revolverhelden meinen Urlaub verderben?«

Katie blinzelte gerührt. Anne fummelte am Verschluß des Ohrringes herum. Eine Frage drängte sich dabei noch auf.

»Ka-tie?«

»Was?«

»Der Ohrring. Hast du den wirklich *gekauft*?«

»Was glaubst du denn?« fuhr Katie auf. »Denkst du, ich würde die Indianer beklauen? Denen haben wir, glaube ich, schon genug geklaut!«

Anne war zufrieden. Katies Moralbegriffe waren zwar etwas eigenwillig, aber immerhin besaß sie welche.

»Stell dir vor«, platzte Katie nun heraus, »ich habe was gewonnen.«

»Beim Billard?«

»Nein, in einem Drugstore gab es eine Tombola...«

»Was wolltest du denn dort?« unterbrach Anne, mit einem kritischen Blick auf Katies neue Haarspange.

»Das ist doch jetzt egal. Stell dir vor, noch nie vorher habe ich irgendwo was gewonnen!«

»Was ist es denn? Eine Kreuzfahrt?«

»Nicht ganz. Es war nur der dritte Preis.« Katie zog einen Zettel hervor. »Ein Gutschein über zwanzig Dollar für Miller's Fruit Shop.«

»Das ist ja großartig! Denk nur, so viele Vitamine. Wie gesund wir sein werden, wenn wir für zwanzig Dollar Bananen verdrückt haben. Was wäre der erste Preis gewesen?«

»Bungee-Jumping.«

»Oh.«

»Du kannst lästern wie du willst, ich löse ihn jedenfalls ein.«

Am nächsten Morgen verließen sie das Hotel samt Gepäck und steuerten Miller's Fruit Shop an. Ein Strahlemann half der glücklichen Gewinnerin bei der Auswahl, Anne mußte hilflos zusehen, wie sich ein mordsmäßiger Pappkarton mit Äpfeln, Bananen, gelben Rüben, Ananas, Kokosnüssen und Melonen in allen Schattierungen füllte. Dazu schleppte Katie zwei Sixpacks Bier und einige Dosen Cola heran.

»Es soll da ein paar Tankstellen und Coffee-Shops geben...«, wandte Anne ein, aber Katie ließ sich nicht beirren.

»Schließlich durchqueren wir die Wüste«, erklärte sie mit naivem Ernst. »Das will sorgfältig vorbereitet sein.«

Als sie den Karton wegschleppen wollten, krachte er durch. Der Inhaber mit dem eingefrästen Grinsen im Gesicht schaufelte daraufhin den ganzen Krempel um, in eine Sperrholzkiste. Zu zweit schleppten Katie und der Grinsemann die Kiste in den Jeep.

»Wann sollen wir das Zeug bloß essen?« meinte Anne, als sie diese eigenartige Märchenstadt endgültig verließen. »In zwei Tagen sind wir in L.A., wenn alles gut läuft.«

Es lief aber dann doch nicht so gut.

Katie zündete sich eine Zigarette an und schnippte die Asche stilvoll in einen gläsernen Aschenbecher. Er stammte aus dem Hotel in Santa Fe. Anne sparte sich einen Kommentar. Kleptomanie war offenbar ein hartnäckiges Leiden. Sie knabberte eben an ihrer sechsten Karotte, da fing Katie schon wieder an, nervös in den Rückspiegel zu sehen.

»Dein Make-up ist in Ordnung.«

»Da sind sie«, antwortete Katie.

»Wo? Wer?«

»Die Kerle.«

»Du meinst... *die* Kerle?« Anne blieb der Bissen im Hals stecken.

»Genau.«

»Das kann nicht sein.«

»Sie folgen uns. Guck mal in den Rückspiegel.«

»In einem Lastwagen?« Anne erkannte im Spiegel lediglich einen Kühlergrill von der Größe eines Einfamilienhauses.

»Dahinter. Das geht schon eine Weile so. Sie kommen nie ganz ran.« Katie überholte ein lahmes Wohnmobil, und jetzt konnte auch Anne die schwarze Corvette sehen, die nun ihrerseits auf die linke Spur zog.

»Katie... Wie ist das möglich? Meinst du wirklich, daß...«

»Garantiert.«

»Und warum kommen sie nicht näher?«

»Was weiß ich? Vielleicht spielen sie bloß noch ein bißchen Katz und Maus. Oder sie warten bis zum nächsten Stop.«

»Was machen wir jetzt?«

»Am besten so schnell wie möglich runter vom Highway. Möglichst so, daß sie's nicht merken.«

Kaum hatte sie ausgeredet, da erschien die Corvette verdächtig groß im Rückspiegel. Sie hatte etwas Raubtierhaftes an sich.

»Verdammt.« Katie biß sich auf die Lippen und gab Gas. Vor ihr zog ein Truck auf die linke Spur und blockierte den Verkehr hinter sich. Die Corvette näherte sich gelassen. Anne drehte sich um.

»Kannst du was erkennen?« fragte Katie.

»Nein. Die haben so dunkle Scheiben.«

»Mensch, verpiß dich, du Scheißkarre«, Katie hämmerte auf das Lenkrad ein. Als hätte er das gehört, verdrückte sich der Truck auf die rechte Spur. Katie stieg aufs Gas, und der Jeep zockelte an ihm vorbei. Die Corvette zog mit elegantem Schwung nach.

»Katie«, keuchte Anne heiser, »die meinen wirklich uns!«

»Scheiße, Scheiße, Scheiße!« war alles, was Katie dazu sagte. Nirgends eine Abfahrt in Sicht. Die Corvette rückte bis auf wenige Meter an sie heran, und blinzelte bedrohlich mit den Scheinwerfern. Auf einmal hatte Anne eine Idee. Sie kletterte auf die Rückbank, zu ihrem bescheidenen Früchtevorrat, griff sich eine Ananas und warf sie nach hinten. Donnernd schlug sie auf die lange schwarze Kühlerhaube der Corvette.

»Ha!«

»Nimm die Kokosnüsse«, schrie Katie aufgeregt. »Aber laß sie erst näherkommen.«

Zwei Äpfel dienten zum Einschießen, einer verfehlte sein Ziel, der andere hinterließ eine matschige Spur auf der Windschutzscheibe. Das brachte die Kerle auf Touren. Sie hupten laut – man hätte meinen können, ein Güterzug wäre hinter einem her – und schoben sich noch näher heran. Katie stampfte verzweifelt auf dem Gaspedal herum, ein Wunder, daß das morsche Bodenblech hielt. Trotz Schmeicheleien, Flüchen und Drohungen mit dem Schrottplatz gab die Kiste nicht mehr als gute hundert Meilen her. Für die Corvette war das selbstverständlich ein Klacks.

»Paß bloß auf, Anne! Wenn sie schießen, dann duck dich.« Aber seltsamerweise geschah nichts Derartiges. Einmal ließ der Beifahrer das Seitenfenster herunter, aber Anne schoß umgehend eine Salve Honigmelonen auf ihn ab, so daß die elektrische Scheibe sofort wieder hochschnurrte. Jetzt waren sie nur noch zwei, drei Meter entfernt. Sie hupten erneut. Anne feuerte die Kokosnuß ab. Sie traf das Dach mit dumpfem Knall.

»Die Scheibe, Anne, die Scheibe!«

»Was denkst du, was ich versuche?«

Die anderen hatten nun das Spiel begriffen und fuhren Zickzacklinien. Vor ihnen schob sich ein behäbiger Chevy auf die linke Spur und lieferte sich ein Schneckenrennen mit einem schmucken Bungalow, der von einem Truck gezogen wurde.

»Verdammt, scher dich von der Straße!« schrie Katie und versuchte, sich zwischen Eigenheim und Chevy durchzudrängeln. Aber der Fahrer des Chevy, er trug einen Hut, schaltete auf stur. Anne warf Äpfel. Nur noch eine Kokosnuß, eine Wassermelone und eine Ananas, die mußten treffen, sonst müßte man die Bierdosen opfern.

Katie überholte den Truck auf der Standspur, zog haarscharf am Schlafzimmerfenster vorbei, die rechten Reifen wirbelten im Dreck. Mordsmäßiges Gehupe, doch die Corvette blieb hinten. Hatten wohl Angst um ihre Lackierung. Ein Schild kündigte eine Ausfahrt an. Katie überholte alles, was da vorschriftsmäßig dahinkroch.

Der Exit. Mit kreischenden Reifen zog Katie von der linken Spur in die Abfahrt, dabei schnitt sie einen Pickup, der ein paar Pirouetten drehte. Anne war sich nicht ganz schlüssig, wovor sie sich mehr fürchten sollte, den Typen in der Corvette oder Katies Fahrweise. Die kümmerte sich einen Dreck um das Chaos, das sie auf dem Highway zurückließ.

Die Jungs in der Corvette hatten sich nicht bluffen lassen. Bereits am Ende der Ausfahrt waren sie wieder präsent.

»Brems, Katie, ich brauche sie näher dran.« Die Corvette rückte auf, rammte sie beinahe. Anne brachte nun die schwere Artillerie in Stellung. Eine überreife Wassermelone platschte auf die Haube, rotes Fruchtfleisch kroch blutig die dunkle Frontscheibe hoch. Anne schleuderte die letzte Kokosnuß auf den Feind hinunter. Sie verfehlte und fluchte, es klang schon ganz ordentlich; immerhin etwas, das man von Katie lernen konnte.

»Den Aschenbecher!« schrie Katie.

Das Ding, geschmackloses, imitiertes Kristallglas, war höllisch schwer und lag gut in der Hand. Anne warf.

»Treffer!« Tausend kleine Risse fraßen sich wie ein dichtes Spinnennetz ins Glas, aber noch hielt die Scheibe stand. Die Corvette schlingerte. Immerhin mußten jetzt die Sichtverhältnisse drin erheblich getrübt sein.

Von ihrem Erfolg angespornt, stemmte Anne die schwere Holzkiste mit beiden Armen hoch und stieß sie wütend aus dem Auto.

»Da, ihr Saukerle!«

Sie traf den Kühler schön in der Mitte, die Haube sprang auf. Das war das Ende für die Corvette. Mit gähnendem Maul blieb sie am Straßenrand stehen, während Katie mit unverminderter Höchstgeschwindigkeit dahinraste. Beide keuchten vor Aufregung.

»Langsamer!« mahnte Anne, als sie ein Kuhkaff durchquerten.

Katie gehorchte widerwillig. »Die Kerle können uns immer noch ohne Scheibe nachkommen.«

»Kannst du mir mal erklären, warum die nicht auf uns geschossen haben? Ich dachte, die Mafia hätte besseres Personal, das waren ja lausige Stümper.«

Katie runzelte die Stirn und überlegte. »Naja... die wissen ja nicht hundertprozentig, ob wir das Zeug dabei haben. Falls nicht, dann brauchen sie uns lebendig. Mich zumindest.«

»Sehr beruhigend.« Anne öffnete eine Bierdose.

»Warum hast du die nicht geworfen?« fragte Katie.

»War doch nicht notwendig, oder?«

Das gab auf einen Schlag hundert Punkte bei Katie. »Du machst dich, doch, wirklich.«

Die Landstraße war eng und heiß, ihre Gesichter maskierten sich mit Staub. Sie passierten ein paar winzige Ansiedlungen. Katie bog jetzt auf eine schmale Schotterstraße ein, noch staubiger, noch enger, und außerdem bergauf. Anne sagte nichts, sah träge und erschöpft hinaus in den Dunst. Dürre Vegetation links und rechts, die ersten Kakteen. Die Holperei ging etwa eine Stunde so, sie kamen sehr langsam voran. Der Weg schien in die Berge zu führen. Fast schien es Anne, als bewegten sie sich wieder zurück in Richtung Santa Fe. Aber Orientierung im freien Gelände war nicht gerade ihre Stärke. Katies auch nicht. Doch sie erkannten beide klar den Vorteil dieser Tortur: Auf diesen steinigen Fahrrinnen konnte ihnen unmöglich eine flunderflache Corvette folgen. Manchmal hatte sogar der Jeep Mühe, um zwischen Gesteinsbrocken, groß wie Bierkisten, einen Weg zu bahnen.

»Mann, hier nehmen sie's aber wirklich ernst mit der Verkehrsberuhigung«, seufzte Katie. Der letzte Wagen war ihnen vor über einer Stunde begegnet. Weit und breit kein Haus, kein Anzeichen von menschlicher Zivilisation. Das Ende der Welt mußte gleich um die Ecke liegen.

»Katie«, fragte Anne vorsichtig. »Wohin fährst du eigentlich?«

»Weiß ich auch nicht so genau. Irgendwann muß ja mal wieder eine normale Straße kommen. Schau doch mal auf die Karte.«

»Machst du Witze? Was nützt die Karte, wenn ich keine Ahnung habe, wo wir sind. Und mit den Wegweisern haben sie hier ziemlich gespart.«

»Gib mir mal 'n Bier. Polizei ist hier gottseidank auch keine.« Katie zischte die Dose auf einen Sitz hinunter.

»Ah!« Sie wischte sich mit dem Ärmel übers Kinn und rülpste. Anne ignorierte das.

Einige Meilen weiter wurde die Straße nahezu unpassierbar. Sie schnitt tief ins Gelände und bestand nur noch aus Felsbrocken. Katie stoppte und machte den Motor aus. Grillen zirpten, ein Vogel schrie, sonst herrschte eine unheimliche, drückende Stille. Kaum war der Fahrtwind weg, brannte ihnen die Sonne mörderisch auf die Köpfe. Katie beugte sich vor und inspizierte das Gelände.

»Wir müssen bloß die paar Steine da zur Seite schieben…«

»Katie!«

»Hm?«

»Das ist gar keine Straße, worauf wir da fahren.«

»So? Was dann?«

»Das ist ein Bachbett.«

Katie sah zweifelnd den Hang hinauf. »Meinst du wirklich?«

»Ich bin nicht in der Stimmung für Scherze. Hast du schon mal dran gedacht, was passiert, wenn uns in dieser Wildnis das Benzin ausgeht?«

»Nein, jetzt wo du's sagst… aber der Tank ist noch viertelvoll.« Katie wies auf die Anzeige.

»Oder dreiviertel leer.«

»Werde jetzt nicht spitzfindig.«

»Weißt du was?« Anne sprang mit einer energischen Bewegung aus dem Wagen, »wir gehen jetzt bis zur Spitze dieses Hügels da, vielleicht sehen wir dahinter eine Straße oder irgend etwas, woran wir uns orientieren können.«

»Einen McDonalds vielleicht oder ein schickes Einkaufszentrum.«

»Oder ein Atomkraftwerk.«

»Oder ein paar Aliens, mit grüner Haut und gigantischen…«

»Ja, schon gut.«

»…Ohren. Müssen wir jetzt wirklich bei dieser Affenhitze da rauf?«

»Hast du einen besseren Vorschlag?« erwiderte Anne scharf.

»Reg dich ab. Soll ich uns ein paar Dosen mitnehmen?«

»Katie, ich bitte dich. Das ist ein Spaziergang von maximal zehn Minuten.«

»Wie du meinst.« Sie hüpften aus dem Jeep. »Wenigstens kann man das Auto offen lassen, hier klaut bestimmt keiner.«

Sie tasteten sich zwischen dürrem Gebüsch und Steinen nach oben. Anne stieß einen gellenden Schrei aus, als sich unmittelbar vor ihr eine Schlange über die Steine ringelte und in einem Erdloch verschwand.

»Mensch, hast du mich erschreckt«, keuchte Katie.

»Und ich mich erst! Meinst du, die war giftig?«

»Keine Ahnung.« Sie schwiegen, denn die Kraxelei war doch recht anstrengend. Zwischen den Felsen stand die Hitze. Katie japste nach Luft. Nach gut zwanzig Minuten erreichten sie den Kamm des Hügels. Vor ihnen lag eine einheitlich bewachsene, ziemlich ebene Fläche, zweifellos von menschlicher Hand kultiviert. Dahinter erhoben sich bewaldete Anhöhen, im Westen döste die Landschaft New Mexicos unter einem azurblauen Schäfchenwolkenhimmel vor sich hin, und das in einer Dimension, die europäischen Augen unendlich erscheinen mußte. Keine Straße war zu sehen, nirgends Häuser, nur Felsen, Gestrüpp und Grillengezirpe. *World's end.*

»Und jetzt?« Katie wankte auf einen Felsquader zu und ließ sich darauf nieder. Sie war fertig. Anne wirkte noch relativ frisch.

»Tja... hm. Warte, ich geh' nur mal eben zu dem Felsen da rüber, vielleicht sieht man, ob es hinter dem Feld einen Weg gibt.«

Katie nickte. Ihr Atem hörte sich an wie eine leere Shampooflasche, aus der man die allerletzte Haarwäsche herauspreßte. Hätte sie doch bloß eine Dose Cola oder Bier mitgenommen.

Anne pirschte an den hohen Grünpflanzen entlang. Sie erschrak erneut, als es vor ihr raschelte. Aber es war nur ein Hase, der einen Moment hocken blieb, sie aus erstaunten Augen ansah und dann gemächlich davonhoppelte.

»Der hat noch nie einen Menschen gesehen«, murmelte Anne und sah ihm nach, wie er im Feld zwischen niedrigem Unkraut verschwand.

Dann knallte es.

Die scharfe Detonation ließ die Luft vibrieren, und wo eben noch der Hase gelaufen war, tat sich ein Krater im Erdreich auf, so groß, daß Teresas Hintern bequem darin Platz gefunden hätte. Etwas Warmes, Feuchtes flog Anne ins Gesicht und landete dann auf der Erde. Ekel und blankes Entsetzen schnürten ihr die Kehle zu, nur ein heiseres Röcheln blieb von ihrem Schrei übrig. Das Ding war ein zerfetzter Hasenkopf.

Jetzt brüllte Katie: »Verdammt, was ist passiert?«

Anne wankte zurück. »Ich... Ich weiß nicht.« Sie fuhr sich übers Gesicht, Blut hinterließ eine klebrige Spur auf ihrem Handrücken. Angewidert wischte sie es an einem Grasbüschel ab. »Jemand schießt auf uns.«

Katie kam zögernd näher. »Das kann doch nicht sein.« Sie sah sich um. Weit und breit kein Mensch. Dann entdeckte sie die Überreste des Hasen. »Pfui Teufel! Was ist das?«

»Ein Stück Hase. Er lief gerade vor mir her, da knallte es, und er war tot...« Anne unterdrückte ein Schluchzen, sie schlotterte am ganzen Körper.

»Moment mal...«, Katie faßte Anne an der schweißnassen Hand. »Nicht bewegen.«

»Was ist?«

»Das war kein Schuß. Ich weiß, wie sich ein Schuß anhört. Der Hase lief in das Feld da, hast du gesagt?«

»Ja. Katie, was ist hier los, ich hab' Angst«, wimmerte Anne kläglich.

»Nur keine Panik. Schau dir doch mal die Pflanzen an. Nein, bleib stehen, nicht hingehen.«

Anne starrte dumpf die grünen Wedel an.

»Was ist damit?«

»Das ist Marihuana. Schau doch! Fünf Finger.«

»Ja, schon möglich«, nickte Anne, die sich noch nie ausgiebig mit Botanik befaßt hatte. Nur ganz allmählich bekam sie ihren Adrenalinspiegel wieder in den Griff. »Wächst das hier wild?«

»Mensch, du bist doch sonst nicht auf den Kopf gefallen! Das ist eine Plantage, das sieht man doch. Und sie ist vermint.«

»Ver-mint?« Ein kalter Hauch streifte Anne. »Das kann doch nicht wahr sein. Sowas gibt es doch bloß in Kolumbien oder in Peru. Äußerstenfalls in Mexiko... Katie? Glaubst du, wir haben uns so weit verfahren?«

Katie grinste. »Quatsch. Marihuanaplantagen gibt es auch in den Staaten, meist auf staatlichem Land, in Naturparks und so. Sogar Koka-Felder. Das Klima ist hier doch ideal, du siehst ja, die Dinger sind höher als ich. Ewig schade, daß wir hier nicht ein bißchen was abernten können, aber manche Plantagen sind besser geschützt als die frühere DDR-Grenze. Mit Minen, Selbstschußanlagen und all solchen Extras. Ich hab' darüber mal was gelesen.«

»Ach«, sagte Anne, »du liest?«

Statt einer Antwort sammelte Katie ein paar faustgroße Steine auf und warf sie an mehreren Stellen in die Plantage. Beim sechsten oder siebten gab es den selben Knall wie vorhin. Erdschollen spritzten durch die Luft, ein weiterer Krater war entstanden.

»Tatsächlich.« Anne stand steif wie eine Salzsäule vor Angst, bei der geringsten Bewegung das Schicksal des Hasen zu erleiden. »Und wie kommen wir jetzt wieder weg, ohne in die Luft zu fliegen?« fragte sie eine Spur zu laut.

»Auf genau dem selben Weg, wie wir hergelaufen sind, würde ich sagen. Dreh dich um, wir gehen hintereinander zurück, dann dürfte nichts passieren. Achte auf Drähte oder ähnliches.«

Schritt für Schritt, wie zwei Roboter, tasteten sie sich zurück, Katie voraus, Anne hinterher. Die unsichtbare Bedrohung brachte sie an den Rand eines hysterischen Anfalls, und das gräßliche Bild des Hasenkopfes hatte sich in ihre Netzhaut eingraviert. Erst als sie ihren Jeep erreicht hatten, wagte Anne, wieder ganz durchzuatmen. Lechzend öffneten sie zwei Bier, es war knapp unter dem Siedepunkt.

Anne fand allmählich ihre alte Form wieder: »Als du sagtest, wir fahren nach L. A., da war von Knastaufenthalten, Mafiakillern und Sprengsätzen nicht die Rede.«

»Die Highlights wollte ich für später aufheben.«

»Das nächste Mal buche ich doch lieber eine Pauschalreise bei Nekkermann.«

»Jetzt wirst du makaber.«

Sie saßen eine Weile still im Auto. Schwüle Hitze drückte auf ihre Lungen. Katie rauchte.

Eine scharfe Windbö kühlte ihre erhitzten Gesichter. Sie blickten wie auf Kommando nach oben. Mächtige Wolkentürme hatten sich im Westen zusammengeballt, über ihnen färbte sich der Himmel purpurn. Der Wind verfing sich in den verdorrten Blättern und ließ sie geheimnisvoll rascheln, wie seidene Unterröcke. Schwarze Wolken fraßen gierig das letzte Blau. Das alles ging so rasant, wie mit einem Zeitraffer gefilmt. Sie machten sich eilig daran, das Verdeck zu schließen. Die ersten Tropfen explodierten im Staub.

»Endlich mal Regen. Eine Abkühlung kann nicht schaden«, meinte Anne. Katie startete den Jeep. Die ersten zweihundert Meter mußten sie sich rückwärts durchs Geröll kämpfen, dann erst gab es eine Wendemöglichkeit. Es begann zu schütten. Anne beobachtete fasziniert das Toben der Naturkräfte. Der Wind war nun ein Sturm, verbog die mageren Bäume, zerrte an ihren Kronen, Regen glitt wie ein dichter Vorhang an der Scheibe herunter, die Wischer konnte man vergessen.

»Anne…«

»Hm?«

»Du hattest recht. Das ist tatsächlich ein Bachbett.«

Anne sah Katie an, dann begriff sie. »Soll das heißen…«

»Schau mal nach vorne.«

Anne versuchte, durch den Regenschleier etwas zu erkennen. Ein zuckender Blitz half ihr dabei. Was sie sah, genügte ihr vollauf. Zwischen den Reifen des amphibienhaft dahinkriechenden Jeeps bildete sich ein schnell fließendes Rinnsal. Genaugenommen war es eigentlich schon ein kleiner Bach.

»Verdammt! Wir müssen hier raus!«

»Ich versuch's beim nächsten Exit«, versprach Katie. Doch die Ufer waren steil, nicht mal ein Jeep schaffte das.

»Wie weit ist es denn noch bis zur Straße?« Anne konnte einen leicht panischen Unterton in ihrer Stimme nicht ganz vermeiden.

»Schon noch ein Stück«, kam es gepreßt.

Schlammiges Wasser schäumte über die Steine. Wieder ein Blitz, gefolgt von krachendem Donner. Auch Katie wurde nun mulmig. Sie knallte die Gänge hinein und nahm einen verbissenen Anlauf, das Ufer zu erklimmen. Der Motor sang wie eine Kettensäge, mit durchdrehenden Reifen blieb der Jeep zwischen Geröll und Matsch hängen und drohte umzukippen. Katie ließ ihn zurückrollen. Mit dem Heck tauchte er bereits ins Wasser. Atemberaubend schnell entwickelte sich diese eben noch staubtrockene Rinne zu einem reißenden Flüßchen. Wo kamen bloß diese Unmengen von Wasser her? Die Fußmatten begannen zu schwimmen.

»Es hat keinen Sinn. Wir müssen raus, sonst ersaufen wir wie die Ratten«, brüllte Katie durch das Rauschen des Regens.

»Aber… das Auto?«

»Vergiß es!«

Hinten klatschte eine trübe, braune Suppe warnend an die Plane. Sie würde nicht mehr lange halten. Der Regen glich jetzt einem Wasserfall. Katie leerte mit einer Bewegung das Handschuhfach und stopfte Karten, Zigaretten, Sonnenbrille und all den Krimskrams in ihre Tasche.

»Los, Anne, raus!«

»Die Tür geht nicht auf!« Wasser drang jetzt durch alle Ritzen und schwappte ihnen glucksend um die Knöchel. Hastig rissen sie die Plane von innen herunter, sofort waren sie restlos durchnäßt. Sie griffen sich ihr Gepäck, sprangen herunter und stolperten durch den gurgelnden Bach, der den Jeep triumphierend in Besitz nahm. Ihre Hände umklammerten sich, als wären sie verschweißt. Die Taschen an sich gepreßt, balancierten sie über die scharfen Steine. Regenschauer peitschten ihnen ins Gesicht, die Strömung drohte ihre Knie wegzureißen. Das Ufer zu erklimmen erwies sich als schwierig, da die Steine die Neigung hatten, unter ihnen wegzurutschen. Sie stürzten ein paarmal, weil sie durch ihr Gepäck beim Klettern behindert wurden. Unter ihnen sprudelte die Dreckbrühe, als würde sie kochen. In wilder Hast rappelten sie sich wieder auf.

»So geht's nicht«, keuchte Anne, als sie von Katie eine Ladung Geröll abbekam. »Geh du zuerst und gib mir deine Tasche!«

Katie zögerte. »Mach ja keinen Scheiß!«

»Na los, oder sollen wir beide ersaufen?« kreischte Anne. Katie drückte Anne ihre Tasche in die Arme und erklomm den Rand der Uferböschung auf allen vieren. Anne kämpfte inzwischen mit den Wassermassen und der Versuchung, das kostbare Stück versehentlich fallen zu lassen.

Oben angekommen, rang Katie nach Luft und warf sich bäuchlings in den aufgeweichten Schlamm. In der nächsten Sekunde schubste Anne das Gepäck hinauf und ließ sich von ihr das letzte Stück heraufhelfen. Sie blickten sich um, sahen aber nicht viel. Es schüttete sintflutartig.

»Kann es in diesem Scheißland nicht *normal* regnen?« knurrte Anne.

Nirgends fand sich ein vernünftiger Unterstand. Ein Baum wäre zu gefährlich gewesen wegen der Blitze, die jetzt überall bedrohlich die Luft zerschnitten. Also blieben sie sitzen, wo sie waren, Katie schützend über ihre Tasche gebeugt. Das Zeug befand sich zwar in Plastiktüten, aber man konnte nicht vorsichtig genug sein. Sie starrten in den dichten Regen, während ihnen das Wasser von oben in den Kragen lief und unten aus ihren Jeans wieder heraustroff. Der Jeep war als dunkler Schatten unter ihnen erkennbar. Plötzlich hob er sich wie ein schwerfälliger Schildkrötenpanzer und wurde von den Fluten mitgerissen, wie weit, das konnten sie nicht sehen.

»Da geht er hin«, seufzte Katie.

Nach einer endlosen halben Stunde verdünnte sich der Regen zu Fäden, die Fäden wurden zu einzelnen Tropfen, und die hörten schließlich ganz auf. Gleichzeitig kam die Sonne hinter einem schwarzen Wolkenberg hervor, und die Erde begann zu dampfen. Es roch würzig. Unter ihnen blubberte friedlich der neu entstandene Bach. Er reichte jetzt bis etwa einen Meter unter den Rand des Ufers.

»Mannomann!« Katie begann, ihr Haar auszuwringen. Mit nassem Haar wirkte sie noch zerbrechlicher als sonst, wie ein aus dem Nest gefallener Vogel.

»Du siehst aus wie eine Kanalratte«, sagte sie zu Anne, von deren Hairstyling nichts mehr übrig war.

»Ich hätte es wissen müssen. Es regnet immer, wenn ich frisch vom Friseur komme.«

Ein paar verspätete Windböen vertrieben die restlichen Wolken, und der Himmel strahlte bald wieder im reinsten Kobaltblau.

Sie hängten ihre nassen Sachen über einen Busch. Annes Designertasche hatte sich, im Gegensatz zu Katies alter Sporttasche, als wildnisuntauglich erwiesen, und so hing bald ihre gesamte Reisegarderobe pittoresk über irgendwelchem Gestrüpp. Die ersten Grillen nahmen ihr Konzert wieder auf, es war beinahe so, als wäre überhaupt nichts geschehen.

»Ist der Stoff trocken geblieben?« fragte Anne bissig.

»Ja.«

»Was wirst du denn mit dem vielen Geld anfangen, vorausgesetzt sie schießen dir bei der Übergabe kein Loch in den Kopf, was ich allerdings für ziemlich wahrscheinlich halte.«

»Das wird schon nicht passieren. Dafür brauche ich ja meinen Bruder. Aber wenn du meine Pläne wissen willst...«, Katie kratzte sich am Kopf, eine Geste, die Anne schon vertraut war, »so genau kann ich dir das nicht sagen. Werde mich mit Jeff beraten. Vielleicht eröffnen wir eine Autowerkstatt. Oder lieber einen Plattenladen. Vielleicht auch eine Boutique in Malibu, so was ganz Ausgeflipptes, in der dann die Filmstars ihre Klamotten kaufen!«

»Du würdest aus New York weggehen?« fragte Anne ungläubig.

»Warum nicht? Kalifornien soll super sein. Immer Sonne, tolle Männer... und mit 'nem Haufen Geld ist es überall auszuhalten.«

»Ist dir schon mal der Gedanke gekommen, daß an dem Zeug Menschen sterben können? Hättest du dann gar kein schlechtes Gewissen, in deiner Boutique in Malibu?«

»Ach, komm mir doch nicht mit der alten Leier! Ob ich es verkaufe oder andere, wen interessiert das? Ich habe jedenfalls keine Lust, meinen Lebensunterhalt als Serviererin bei McDonalds oder als Verkäuferin bei Seven-Eleven zu verdienen, um dann später mal im Altenheim Katzenfutter essen zu müssen...«

»Mir kommen gleich die Tränen.«

»Außerdem«, fuhr Katie fort, und ihre Augen blitzten streitlustig, »*du* mußt mir gerade mit so was kommen. Wer ist denn der größere Drogendealer von uns beiden?«

»Wie meinst du das?« Anne setzte sich mit einem Ruck auf.

»Na, das Zeug, das ihr herstellt. Die reine Drönung. Angefangen bei den Schmerztabletten und aufgehört bei den Aufputschern, Tranquillizern und Psychopharmaka. Ich kenn mich da aus!«

»Das ist doch was völlig anderes. Diese Medikamente haben schließlich einen Zweck, und es gibt sie nur auf Rezept, in Dosierungen, die der Arzt für notwendig hält.«

»Willst du mich verarschen? Ich kann dir jede Menge davon besorgen. Sogar von Ärzten. Aber das ist gar nicht nötig. Du mußt dir nur euren Hustensaft mit genügend Alk reinziehen, und du hebst ab wie eine Rakete.«

»Dafür ist er aber nicht gemacht«, wehrte Anne ab, doch Katie unterbrach sofort: »Du wirst wohl nicht leugnen, daß es ein paar tausend Leute, allein in Deutschland, gibt, die von diversen Tabletten genauso süchtig und kaputt sind wie von Koks und Heroin. Nur daß der Staat dabei noch mitverdient. Und du und dein Herr Papa.«

Anne bereute zutiefst, Katies Tasche nicht ins Wasser geworfen zu haben. Dies war nun also der Dank dafür. Tapfer verteidigte sie ihren Berufsstand: »Das ist doch absurd. Wenn einer Strumpfhosen herstellt, wird ihn auch niemand dafür verantwortlich machen, wenn ein Kerl damit Banken überfällt oder keimkehrende Sekretärinnen in Parks erwürgt.«

»Bloß daß es mehr Tablettensüchtige gibt als Strumpfhosenmörder«, erwiderte Katie trotzig.

»Diese Diskussion führt zu nichts«, beendete Anne das unangenehme Gespräch. »Unsere Sachen sind trocken. Wir sollten jetzt gehen, damit wir noch eine zivile Gegend erreichen, ehe es dunkel wird.

Ich habe wenig Lust, hier zu übernachten.« Sie stand auf und pflückte ihre Dessous von den Büschen.

Katie grinste versöhnlich, da sie sich als Siegerin fühlte. »Haben deine Kreditkarten die Sache gut überstanden?« erkundigte sie sich teilnahmsvoll.

»Ja, haben sie.«

»Dann kann uns ja nichts mehr passieren.«

Sie stapften drauflos, unter ihren Schritten quatschte die aufgeweichte Erde. Gleich hinter der nächsten Biegung sahen sie ihren Jeep, oder was davon übrig war. Die Plane hing in Fetzen, das Blech war rundum verbeult, die Türen fehlten, sämtliche Scheinwerfer waren zerschlagen, die Motorhaube stand offen und hatte einen beinahe rechtwinkligen Knick. Überall hingen Schlamm und Dreck. Wortlos gingen sie weiter, die Nachmittagssonne stand schon weit im Westen. Das veranlaßte sie, ihr Tempo zu steigern, was jedoch keine leichte Sache war. Dornige Sträucher zerkratzten ihre Beine, Legionen von blutrünstigen Insekten fielen über sie her.

Anne maulte ab und zu leise vor sich hin: »...fliegt man fast in die Luft, dann ersäuft man um ein Haar, und das alles wegen Madames Verfolgungswahn! Mafiosi, daß ich nicht lache...«

Katie hörte lieber erst gar nicht zu, sie hatte genug mit sich und ihrer Konditionsschwäche zu tun.

Sie wagten es nicht, sich weit vom Lauf des Baches zu entfernen, wo das Wasser bereits wieder sank. Nach über einer Stunde strammen Fußmarsches erreichten sie die kleine Straße, von der aus Katie diese unglückselige Abzweigung genommen hatte. Ihre müden Schatten wurden schon bedenklich lang.

»Jetzt heißt es beten, daß noch irgendwer vorbeikommt«, schnaufte Katie, definitiv am Ende ihrer Reserven.

»Übernimm du das«, antwortete Anne, immer noch leicht eingeschnappt, »ihr Iren seid doch katholischer als ein Weihrauchfaß.«

Sehr weit konnte es damit allerdings bei Katie nicht her sein, denn anstelle eines Gebets hörte man sie fachmännisch über ihre aufgeweichten Mokassins fluchen.

Erstmals an diesem Tag hatten sie Glück. Ein angesoffener Farmer ließ sie auf der Ladefläche seines Pickups, zwischen Farbeimern und Drahtrollen, Platz nehmen. Nach einigen wirren Abkürzungen – zumindest unterstellte Anne, daß es welche waren – leuchtete ihnen das erste 66-Schild wie der Stern von Bethlehem entgegen.

Die Straße der Straßen führte sie direkt nach Albuquerque, auf dem Strip begannen gerade die Lichter aufzublinken. Die einfallslosen Zweckbauten der Fast-Food-Ketten, Bars und Motels traten in den Hintergrund, ihre fantasievolle, ja fast schon kunstvolle Neonreklame definierte sie neu. Jeder versuchte es noch größer, origineller, greller. Ein kitschiger und doch irgendwie schöner Wettbewerb zukkender Formen und Farben.

»Was wäre Amerika ohne Neonlichter?« philosophierte Anne.

»Zappenduster.«

Diesmal gab es keinerlei Diskussionen, sie checkten in dem Motel ein, neben dem der Fahrer stoppte.

Tags darauf frühstückten sie im »66 Diner«: Kaffee, Eier, Speck, Toast und Hashbrownes, dazu ließ Anne klammheimlich eine Kopfschmerztablette in ihrem Mund verschwinden. Wegen des perfekt nachgestellten Fünfziger-Jahre-Ambientes des »Diners« rechnete sie jeden Moment ernsthaft damit, daß James Dean hereinspaziert käme, um ihr einen Milchshake zu spendieren. Doch an diesem Morgen war er wohl verhindert. Dafür beendete ein lautes, zweistimmiges Hupkonzert ihr Frühstück.

»Na also!« Katie sprang auf. »Unsere Mitfahrgelegenheit.«

Anne riskierte einen Blick aus dem Fenster, die Helligkeit bohrte sich in die Augen. Draußen fläzten sich zwei Kerle auf ihren Harleys. Der eine, in fransiger Wildlederkluft, sah aus wie eine Neuauflage von Daniel Boone. Diese Typen, so erinnerte sich Anne schwach, hatten sie gestern abend in irgendeiner Bar aufgerissen. Sie waren dort ebenfalls fremd gewesen und hatten Katie angequatscht. Oder umgekehrt, das schien wahrscheinlicher.

Albuquerque war nicht übel, es gab haufenweise schicke Lokale, weshalb der Abend wieder einmal in einen langen Pistengang ausgeartet war.

Doch was hatte sie da eben gehört? Mitfahrgelegenheit? Diese Katie!

Andererseits, überlegte Anne, vielleicht war diese Lösung besser, als schon wieder ein Auto zu kaufen oder sich in einen überfüllten Greyhound zwischen europäische Rucksackfreaks zu quetschen.

Also rafften sie ihre Sachen aus dem Motel zusammen und fanden sich kurz darauf auf zwei sofaweichen Sätteln wieder. Annes Fahrer war der Daniel-Boone-Verschnitt. Ein großer Blonder, mit schulterlanger Mähne und einem Lederriemen um die Stirn. Er nannte sich Hanky-Panky, Freunde durften ihn aber Hank nennen. Anne erinnerte sich vage, gestern sogar mit ihm getanzt zu haben, als Entschädigung dafür, daß Katie ihm zwanzig Dollar beim Billard abgeknöpft hatte.

Ohne viel Aufhebens wurde ihr Gepäck festgemacht, die Motoren angekickt, und sie verließen Albuquerque.

Anne genoß das neue Fahrgefühl. Die Räder schnurrten satt und gleichmäßig. Sie lehnte sich an Hanks Schulterblätter, atmete das derbe Aroma aus Leder und Schweiß, das tausend Abenteuer versprach, und bedauerte den Verlust des Jeeps nicht eine Sekunde. Die Reifen schluckten das graue Band der Straße, der gestrige Tag mit allen seinen Katastrophen lag weit, weit zurück, wie ein nebulöser Traum, der sich im Morgengrauen verflüchtigt.

Katie klebte wie ein Klammeräffchen hinter einem verwirrend gut aussehenden Indianer in glänzendschwarzem Lederzeug, der sich Ringo nannte. Ihr Haar züngelte wie eine Flamme hinter ihr her, wahrscheinlich würde sie es nach dieser Fahrt nie wieder gekämmt kriegen. Sie tagträumte stillvergnügt vor sich hin, etwas anderes konnte man auch kaum tun, denn viel Abwechslung gab es nicht auf dieser Strecke. Die allgegenwärtigen Autowracks, manche bereits von Unkraut überwuchert, zeugten davon, daß dies eigentlich eine Reise in die Vergangenheit Amerikas war. Die Interstate 40 hatte den kleinen Orten an der Mother Road mit einem Schlag den Lebenshahn abgedreht. Was blieb, waren leere, brettervernagelte Gebäude und verwitterte Schilder, die Essen, Drinks, Benzin, saubere Betten, Autoreparaturen versprachen, eben all das, was der reisende Zivilist seinerzeit benötigte.

Einige Eiserne von damals waren geblieben, sie versuchten nun ihr Geschäft mit romantisch veranlagten Go-Westlern, die das echte Amerika irgendwo auf dieser zerklüfteten Asphaltpiste zu finden hofften.

Die beiden Harley-Jungs gehörten auch zu dieser Sorte. Nicht bloß einmal hielten sie an einer stillgelegten Tankstelle, deren Zapfsäulen melancholisch vor sich hin rosteten, oder vor einem halbverfallenen Motel mit zersplitterten Fenstern, dessen morsches Schild im Wüstenwind gespenstisch schaukelte und quietschte. Anne und Katie durften dann staunend beobachten, wie sie diesen Relikten mit geradezu ehrfürchtiger Andacht huldigten.

Offensichtlich waren dies die Auswüchse des eklatanten Mangels an echten Altertümern, an dem dieses Land zweifellos krankte. Allem, was auf diesem Highway ein Alter von über dreißig Jahren erreicht hatte, wurde zwangsläufig das Attribut »historic« aufgedrückt, egal, worum es sich handelte. Auf ihrer Suche nach den Wurzeln der motorisierten Gesellschaft schreckten echte 66-Freaks nicht einmal davor zurück, Menschen zu lebenden Denkmälern zu erklären, sei es irgendein Motelbesitzer, der seit den Fünfzigern hier ausharrte, oder ein volltrunkener, alter Trucker, der wehmütige Anekdoten von der alten Straße zum besten gab.

Sie kamen durch Grants, Bluewater, Thoreau. Lauter müde Käfer, eines wie das andere, fast schon deprimierend. Dafür beeindruckte die Gegend. Blutrote Felsengebilde stellten sich den dahinjagenden Wolkenfetzen in den Weg. Eine Landschaft wie ein rauher Rocksong, dachte Katie insgeheim. Laut ausgesprochen hätte sie so etwas nie.

Wenig später kündeten Schilder von Indianerschmuck zu Discountpreisen, und bald darauf rollten sie in die verhältnismäßig große Stadt Gallup, mitten im Navajoreservat, ein.

Ein alter Indianer hockte vor einem Laden mit 66-Souvenir-Tinnef, streckte seine erdfarbenen, fleischlosen Beine in den Straßenstaub und bettelte sie an. Hank schenkte ihm einen Dollar, und Ringo murmelte etwas von einem »dirtyol'sonofabitch«.

Gallup fungierte als Alkoholikertreff der einheimischen Bevölkerung. Jugendliche starrten mit begehrlichen Blicken die Harleys und die Mädchen an. Von jedem Haus priesen Reklametafeln billigen Indianerkitsch an, der vermutlich aus Hongkong oder Korea stammte.

Späte Rache, dachte Anne, früher waren es die Indianer, die mit bunten Glasperlen übers Ohr gehauen wurden.

Sie stolperten in ein schäbiges kleines Restaurant, mit dazugehöriger Tankstelle, in dem die *Huevos Rancheros* mit dem *Texx-Mexx-Super-Dip* jedoch wider Erwarten hervorragend schmeckten. Die Biker kannten sich aus, sie fuhren die Strecke mindestens einmal im Jahr, nur so zum Spaß.

Katies Teint hatte die braungelbe Farbe der Landschaft angenommen, der Dreck überdeckte sogar die Sommersprossen, aber sie weigerte sich mit typisch irischer Bockigkeit, einen Helm zu tragen. Nur so käme das authentische Easy-Rider-Gefühl auf, versicherte sie ernsthaft, und Anne bezweifelte stark, ob Katie mit ihren läppischen zweiundzwanzig Jahren Näheres darüber wußte.

Klar war indessen, daß Katie es auf Ringo abgesehen hatte, wahrscheinlich fehlte ihr noch ein Indianer in ihrer Sammlung.

Sie bestellten noch einen Kaffee, die Juke-Box spielte *Fifty ways to leave your lover*. Durch die Gardinen, die im Lauf der Zeit grau wie Recycling-Toilettenpapier geworden waren, studierte Katie das nicht gerade lebhafte Treiben an der Tankstelle.

Plötzlich schwappte eine heiße Welle über ihr zusammen. Da draußen fuhr eine schwarze Corvette vor! Nein, das durfte einfach nicht wahr sein! Es war *die* Corvette. Sie hielt an der Tanksäule.

Die Scheibe war erneuert worden, aber die mordsmäßige Delle in der Kühlerhaube identifizierte das Fahrzeug eindeutig.

Was jetzt? Verdammt, wo war Anne?

Die stand, mit dem Rücken zum Fenster, vor einer Kuchenvitrine und erörterte mit der Besitzerin die Unterschiede zwischen Wal- und Pecannüssen. Draußen stieg der Beifahrer aus und sprach mit dem Tankwart. Katie hatte ihn noch nie gesehen, aber das bewies gar nichts. Fragte er nach dem Weg? Oder nach ihnen? Sie hielt die Luft an.

Jedenfalls schüttelte der Tankwart gleichgültig den Kopf. Ein Glück, er hatte sie nicht hineingehen sehen, da er eben erst aus dem Kramladen gegenüber gekommen war. Der Typ befreite die Windschutzscheibe mit einem Schwamm von tausend gekillten Insekten. Eigentlich sieht er ja ganz normal aus, dachte Katie, beinahe sympathisch. Andererseits, Dealer und Mafiakiller, die akkurat wie solche aussehen, bringen es vermutlich in ihrer Karriere nicht sehr weit.

Was ist, wenn die jetzt hier reinkommen? Katie geriet in Panik. Sie murmelte etwas von einer verlorenen Haarspange und zog es instinktiv vor, unter den Tisch abzutauchen. Bange Sekunden vergingen. Kamen sie herein? Konnten sie Anne von draußen sehen? Die Glastür hatte keine Gardinen...

»Was zum Teufel treibst du da unter dem Tisch?« hörte sie Ringo.

»Jedenfalls nichts, was du gerne hättest.«

In dem Moment ging die Tür auf. Katies Herz setzte einen Schlag aus. Aber es war nur der Tankwart, der zu der nudeldicken Mamma sagte: »Maria, zwei kalte Bier für draußen.«

Annes Blick folgte eher zufällig den Bierdosen. Von ihrer Position aus konnte sie nur das Heck der Corvette erkennen, aber das reichte ihr schon. Mit schreckgeweiteten Augen sah sie sich nach Katie um, doch es dauerte, ehe sie sie unter dem Tisch aufgespürt hatte. Katie zeige stumm mit dem Daumen nach unten, wie ein römischer Kaiser beim Gladiatorenkampf.

Anne kapierte. Es blieb leider keine Wahl, mochten die anderen denken, was sie wollten: Lieber die Würde verlieren als das Leben. Sie duckte sich, im Entengang durchquerte sie das Restaurant, gefolgt von den besorgten Blicken Hanks, Ringos und der dicken Mamma.

Sie erreichte Katie mit hochrotem Kopf. »Ist gut für den Rücken«, ächzte sie, »besonders wenn man lange gesessen hat.«

Die anderen nickten ernst. Mitten hinein in das Schweigen dröhnte von draußen das Startgeräusch eines überzüchteten Motors. Katie und Anne kamen wie zwei Höhlentiere unter dem Tisch herausgekrochen.

»War irgendwas?« fragte Katie unwirsch in die belämmerten Gesichter. Sie schafften es beide irgendwie, ihr Zittern unter Kontrolle zu bekommen.

Kurz nach diesem Zwischenfall mußten sie wieder einmal auf die Interstate wechseln, weil sich die Risse im Asphalt allmählich zu kleinen Cañons auswuchsen, und die Straße jeden Moment im Nichts zu versanden drohte. Es war in Holbrook, einem weiteren dieser langweiligen Orte, wo Anne ihren endgültigen Kulturschock verpaßt bekam: Da standen Indianer-Teepees aus Beton. Sie gehörten zum »Wigwam Motel« und verfügten angeblich über modernsten Komfort.

Ein paar Meilen weiter fanden sie die alte Straße wieder und überquerten den Little Colorado auf einer Brücke, die in bedrohlich verlottertem Zustand war. Danach gab es nur noch Felsen, Wildnis und die Gluthitze eines Spätnachmittags in der pastellbraunen Prärie von Arizona.

Fehlt der einsame Cowboy, der in den Sonnenuntergang reitet, dachte Anne mit leisem Spott. Das alles kam ihr verdächtig bekannt vor. Schlußsequenz eines Breitband-Western: Einsamer Cowboy (John Wayne) reitet auf müdem Pferd langsam von rechts nach links, dazu die sehnsüchtig wimmernden Klänge einer Blues-Harp, Schnitt, Abspann.

In Flagstaff war dagegen die Hölle los. Touristen bevölkerten die Straßen und die unzähligen Bars in hellen Scharen. Der Grand Cañon ließ grüßen, *das* amerikanische Naturwunder schlechthin.

Sie mußten in etlichen Motels nach Zimmern fragen und kamen schließlich nur noch in einem zwielichtigen Etablissement unter. Man verabredete sich in gut zwei Stunden zum Abendessen.

Während sich Anne eine ausgiebige Dusche gönnte, ging Katie raus auf die Hauptstraße. Sie fragte einen Einheimischen nach etwas Bestimmten, betrat dann einen Laden und verglich sorgfältig die Waren und die Preise. Nach einer kleinen Fachsimpelei mit dem Inhaber zückte sie Annes Visakarte und verließ das Geschäft mit einer großkalibrigen Ausbeulung in ihrer Lederjacke.

Froh, diese längst fällige Besorgung so diskret erledigt zu haben, kam Katie zurück in das spartanische Motelzimmer, wo sie Anne in dumpfer Verzweiflung vorfand. Schon am Vorabend hätte Anne am liebsten geheult, als sie ihr Gepäck nach sauberen Sachen absuchte. Alles wies Spuren von angetrocknetem Schlamm auf, egal was sie anfaßte, es war durch und durch versifft.

»Katie, schau dir diese Scheiße an!«

»Also, dein Wortschatz…«

»Das kommt vom Umgang.«

»Das macht doch nichts«, behauptete Katie, auf die Klamotten deutend, »wir sehen eben aus wie richtige Tramper. Aber wenn dich das so sehr stört, dann laß uns doch in einen Waschsalon gehen.«

»Waschsalon?«

»Ja. Mit Waschmaschinen, Trockner und all den neuzeitlichen Geräten. Warst du noch nie in einem amerikanischen Waschsalon?«

»Noch nicht einmal in einem deutschen.«

Das hätte man sich denken können.

»Dann hast du was versäumt im Leben. Los, komm mit.«

Sie fanden diese segensreiche Einrichtung gleich zwei Ecken weiter. Ihre Jeans ließen sie an, schließlich war das kein Werbespot. Katie weihte Anne in die Geheimnisse der Technik ein.

Einige Touristen hatten damit wohl auch so ihre Probleme, ein deutsches Pärchen in Shorts beispielsweise. Sie hatten im Verlauf ihrer Reise die rot-grünen McDonalds-Mützen gegen weiße mit dem Aufdruck »Don't mess with Texas« eingetauscht.

Katie zeigte sich von ihrer Schokoladenseite und eilte ihnen zu Hilfe. Anne kamen die beiden bekannt vor, aber derartige Déjà-vu-Erlebnisse waren bei ihr in letzter Zeit nichts Neues. Seltsamerweise glaubte auch Katie, die beiden schon mal gesehen zu haben, doch sie konnte sich beim besten Willen nicht mehr erinnern, wann und wo.

»Des isch aber sehr nett von Ihne«, bedankte sich die Frau, als ihre Dessous in der Trommel Purzelbäume schlugen, und fuhr redselig fort: »Die Amerikaner sind ja au sehr hilfsbereit, aber manchmol verstehe mer se halt so schlecht, gell Schätzle?«

Schätzle nickte und faltete seine Unterhosen mit teutonischer Akkuratesse.

»Bsonders hier im Weschten«, fuhr die Blonde leutselig fort, »do ham se an fürchtige Dialekt.«

Katie und Anne stimmten dieser Klage ohne Einschränkungen zu.

Nachdem die lieben Landsleute außer Hörweite waren, lästerte Katie ungehemmt drauflos: »Da reden diese versnobten Europäer immer vom kulturellen Vakuum in Amerika, dabei können sich diese Weiber nicht mal die Beine rasieren! Hast du gesehen? Haarig wie King-Kong. Ekelhaft!«

»Und das war nicht mal das Schlimmste an denen«, nickte Anne.

»Was ist eigentlich mit deinem Rückflug?« fragte Katie, als sie sich wieder der einlullenden Tätigkeit der Wäschebeobachtung hingaben.

»Der ist umgebucht, auf zehn Tage später.«

»Und dein Vater? Ich meine, weiß er das?«

»Sicher. Ich habe ihn angerufen.«

»Und? Hat er getobt?«

»Natürlich.« Anne lächelte versonnen. Komischerweise bereitete ihr der väterliche Zorn überhaupt kein Kopfzerbrechen. »Er hat sogar gedroht, mich zu enterben.«

»Lieber Himmel! Solltest du nicht…«

»Soll er doch«, sagte Anne leichthin. Und auf Katies maßlos entsetztes Gesicht hin, fuhr sie fort: »Ich habe mich in den letzten Jahren recht erfolgreich mit der Anhäufung von Geld befaßt.«

Vor Katies geistigem Auge erschien die Figur des Dagobert Duck, der auf einem Riesenhaufen Goldmünzen brütete.

»…hatte ja keine Zeit, es auszugeben. Wenn ich für gewöhnlich aus dem Büro komme, sind nur noch die Läden am Bahnhof offen. Außerdem besitze ich noch etliche Firmenanteile, die mir mein Großvater persönlich vererbt hat. Der wußte schon, was er tat. Mein Opa war ein sehr weiser und lebensfroher Mensch.«

»Gut, daß du das so leicht nimmst.«

»Weißt du Katie«, eröffnete Anne, während sie konzentriert den verschlungenen Wegen ihres roten T-Shirts im Sichtfenster der Trommel folgte, »ich glaube, ich werde meinen Job hinschmeißen.«

»Waaas?« Zuviel Wüstensonne. Das mußte es sein.

»Ich habe keine Lust mehr, Papas Fußabtreter zu spielen. Du hattest recht, keiner hat mich je gefragt, was ich eigentlich wollte. Ich bin jetzt achtundzwanzig, und wenn ich dich so anschaue, dann wird mir klar, daß ich niemals achtzehn war. Wenn die anderen Studenten in den Ferien nach Südfrankreich getrampt sind und am Strand bei Lagerfeuer, Joints und Fusel von Weltverbesserung faselten, habe ich in Papas Betrieb geschuftet. Praxisvorbereitung nannte er das. Ich werde jetzt endlich einmal das tun, was ich will.«

»Und was willst du?« Katie zauberte Annes Haarbürste hervor und machte sich an die aussichtslose Aufgabe, den Filz zu entwirren.

Anne guckte ein bißchen ratlos: »Das ist das Problem… Ich weiß es nicht. Noch nicht. Aber immerhin weiß ich schon mal, was ich nicht will, das ist doch schon ein Fortschritt, oder?«

»Kann man sagen«, nickte Katie ermunternd.

»Vielleicht werde ich zuerst ein wenig reisen. Es muß ja nicht immer so kriminell zugehen wie im Augenblick.«

»Und was ist mit Stefan?« lenkte Katie ab.

»Stefan?« Anne seufzte. »Tja, das ist auch so ein Problem…«

»Bist du immer noch sauer, wegen der Tussi in seiner Wohnung? Das ist aber nicht fair! Du hast ihm ja nicht mal Gelegenheit gegeben, das zu erklären.«

»Da gibt es nichts zu erklären. Eine nackte Frau im Schlafzimmer, gebrauchte Pariser auf der Pizza, ich bitte dich!«

»Wäre dir ein nackter Mann lieber gewesen?«

»Sei nicht albern.«

»'tschuldigung. Aber ein bißchen dumm hast du dich schon angestellt. Überraschungsbesuch!« Sie blies sich verächtlich eine Locke aus der Stirn. »Das mußte doch schiefgehen. Ein Kerl allein in New York… was erwartest du da?«

»Ein gewisses Mindestmaß an Selbstbeherrschung.«

»Bist du denn noch nie fremdgegangen?«

»Nein. Nicht vor dieser… Sache. Ich hätte für so was auch gar keine Zeit gehabt.« Es folgte ein Augenblick des In-sich-Gehens, während die Trommeln hypnotisch kreisten. »Ich habe in den vergangenen Tagen viel über Stefan und mich nachgedacht. Weißt du, wenn ich mal ehrlich bin, er hat es auch früher nicht so genau genommen…«

»Und? War dir das egal?«

»Natürlich nicht.«

»Ich meine, was hast du getan?«

»Gewartet, bis die… Angelegenheit vorbei war.«

»So ein Blödsinn«, stöhnte Katie.

»Ich bin nicht der Typ, der Eifersuchtsszenen macht.«

»Das meine ich nicht. Solche Männer behandelt man ganz anders.«

»Du mußt es ja wissen.«

»Weiß ich auch«, bekannte Katie selbstbewußt. »Je großzügiger diese Kerle mit sich selber sind, desto eifersüchtiger sind sie nämlich auch. Statt an deinem Schreibtisch zu hocken, hättest du ruhig auch ein bißchen in der Gegend rumvögeln sollen. Was glaubst du, wie schnell diese Feierabendcasanovas alles stehen und liegen lassen, wenn ihre Herzdame sich auf Abwegen befindet. Selbst wenn sie das nur glauben.«

»Möglich, daß du recht hast«, räumte Anne ein. »Aber darum geht’s gar nicht. Irgendwie ist die Luft raus, es fehlt etwas. Kann sein, daß wir uns schon zu lange kennen. Ich hatte schon seit Monaten so ein dummes Gefühl… Und als er dann mit der Heirat daherkam, wo er doch früher so dagegen war, eigentlich paßte das gar nicht ins Bild. Ich denke, er wollte sich nur einen friedlichen Abgang sichern, damit er wiederkommen kann, falls es in New York doch nicht so klappt.«

»Typisch Mann«, nickte Katie grinsend. »Alles feige Hunde.«

»Womöglich war es sogar ganz gut, daß diese blöde Geschichte in New York passiert ist. Vielleicht *wollte* ich sogar, daß so etwas passiert. Unbewußt natürlich. Ich weiß inzwischen gar nicht mehr, ob ich bloß heiraten wollte, weil alle anderen es taten. Wegen der dauernden Sticheleien. Jedenfalls werde ich mir das alles noch einmal sehr gründlich überlegen.«

Katie zog die Stirn kraus. »Mann, da wird er aber geknickt sein, wenn ihm ein paar Milliönchen Mitgift durch die Lappen gehen. Das war garantiert der teuerste Fick seines Lebens.«

»Also, man kann ihm ja so manches nachsagen«, verteidigte ihn Anne, »aber ein Mitgiftjäger war er garantiert niemals. Im Gegenteil«, Anne verzog verächtlich den Mund, »vor seinen Freunden hat er meine Herkunft immer hartnäckig zu verbergen versucht, geradeso als wäre ich ein hergelaufenes Straßenmädchen… äh, tut mir leid, Katie, so war das nicht gemeint, ich…« Anne lief signalrot an, aber Katie lachte bloß. Insgeheim war sie ziemlich stolz, daß Anne ihr das Herz ausschüttete.

»Hast du ihn denn zwischenzeitlich mal angerufen?«

»Nein, fällt mir gar nicht ein.« Das war ein wenig geschwindelt, denn zweimal hatte sie es unterwegs probiert, aber er war nie zu Hause gewesen.

»Wäsche ist fertig.« Katie sprang auf. »Ich hab' Hunger.«

Anne imitierte Katies gewohnte Ausdrucksweise: »Los, hauen wir ab und ziehen uns ein paar Steaks rein!«

»Au ja. Und danach einen Indianer.«

Sie verließen Flagstaff in lausiger Morgenkälte, was nur natürlich war, immerhin befanden sie sich auf über zweitausend Meter Höhe. Das mit der Kälte sollte sich bald ändern, aber noch glitten sie durch kühle, schattige Wälder so steil bergab, daß die Bremsen zu stinken anfingen.

Als sie später durch das Land des Hualapai-Reservates kamen, fragte Katie: »Was bist du für ein Indianer?«

»Cherokee«, antwortete Ringo einsilbig wie meistens, und sie war genauso schlau wie vorher.

Nach Oatman wich der alte Highway beängstigend weit von der Interstate ab und wurde extrem schlecht. Die Harleys bockten wie junge Pferde über die Schlaglöcher, Anne kamen sowohl ihr Frühstück als auch ein paar unangenehme Erinnerungen hoch. Die einzigen Wesen, die man während der nächsten Stunden zu Gesicht bekam, waren hin und wieder ein Stinktier und eine Klapperschlange auf der Fahrbahn, welche diese Bezeichnung eigentlich nicht mehr verdiente.

Inmitten der sagenhaftesten Kakteen überwanden sie endlich den Colorado, der ihnen einen letzten Hauch frischer Kühle mit auf den Weg nach Kalifornien gab.

Das hatten sich die Mädchen ganz anders vorgestellt. Wo bitte waren die Orangen- und Zitronenhaine? Vor ihnen fieberte im gleißenden Sonnenlicht die absolute Leere der Mojave Desert. Hatten sich Anne und Katie auf ihrem Trip gelegentlich über die Hitze beschwert, so erfuhren sie jetzt, daß das alles Peanuts gewesen war. Diese Hitze war mörderisch. Sie brannte in den Lungenflügeln und stach einem mitten ins Hirn.

Anne las das Schild der ersten Ortschaft in dieser unwirklichen Welt: »Needles«. Das paßte. Kein Mensch zeigte sich auf der Straße, und sie donnerten rasch durch.

Mit der Zeit wurde die Fahrt ziemlich eintönig. Wüste, Wüste und kein Ende, nicht mal mehr vernünftige Kakteen. Sie hielten in einer verlassenen Ortschaft, vielleicht war es auch nur eine Bahnstation, und leerten gierig ihre Getränkedosen. Neben den Resten eines Motels entdeckte Katie entzückt eine wilde Ansammlung von Autowracks, die dort aus dem Dreck wuchs, teilweise schöne alte Kisten aus den Fünfzigern und Sechzigern, die sich hier ohne zu rosten in der trockenen Luft hielten, wie mumifizierte Leichen. Friedhöfe für begrabene Träume, Poesie aus Schrott.

Hohläugige Fenster, vernagelte Türen, Schilder, die längst keine Gültigkeit mehr hatten, Müll, der kaum verrottete. Gab es etwas einsameres als so einen aufgelösten Ort? Der Wind trieb eine leere Cola-Dose mit launischer Willkür vor sich her, und Anne lief es trotz der Hitze eiskalt den Rücken hinunter. Obwohl sie und ihr Hintern vom Motorradfahren für lange Zeit genug hatten, war sie froh, als sie wieder aufbrachen.

Am Nachmittag erreichten sie Roy's Motel in Amboy, und Anne trank eimerweise Eistee. Hank grinste: »Willst du dir einen Vorrat ansaufen, wie ein Kamel?«

»So ähnlich.«

»Ist nicht nötig, wir sind gleich da.«

»Wo, da?«

»In Ludlow. Keine dreißig Meilen von hier.«

»Und was machen wir da?«

»Da bleiben wir über Nacht.«

»Waaas? Übernachten? In dieser gottverlassenen Gegend?« Anne mochte diese Wüste nicht, die weit und breit nichts bot, woran sich das Auge festhalten konnte.

»Na klar«, grinste Hank, »da wohnt nämlich mein Onkel. Der hat in Ludlow ein Motel.«

Stunden später fanden sich Katie und Anne auf der nahezu ebenerdigen Veranda eines Motelzimmers wieder, satt und träge von zwei riesigen »homemade« Cheeseburgern, die ihnen Hanky-Pankys Tante aufgenötigt hatte. Hank half seinem Onkel, denn im Motel herrschte um diese Zeit reger Betrieb. Trucker verlangten nach einem Abendessen, müde Autofahrer nach Zimmern. Sie beobachteten, wie die Lichterkette der Interstate zögernd aufzuglimmen begann, hin und wieder donnerte der Santa-Fe-Zug vorüber und verdeckte für unglaublich lange Zeit die Sicht.

»Irre lang, diese Züge«, sagte Katie.

Ohne jedes Maß, dachte Anne, wie so manches in diesem Land. Der Zug ließ sein Hornsignal ertönen, ein Laut voller Sehnsucht und Wehmut, der einem jedesmal durch und durch ging. Einen Steinwurf weit entfernt lag Ringo unter seiner Harley und reparierte irgend etwas.

»Zu dumm, daß du keinen Motor und zwei Räder hast«, sagte Anne schadenfroh zu Katie, denn schon gestern abend hatte Ringo sie ganz lässig abblitzen lassen.

Katie antwortete nicht, sie konzentrierte sich ganz auf ihre Spielkarten. Sie übte ihre Fingerfertigkeit, und man mußte zugeben, daß sie gewisse Fortschritte gemacht hatte. »Das kriege ich schon noch hin«, verkündete sie optimistisch.

»Den Kartentrick oder Ringo?«

»Beides.«

»Mußt du denn jeden Typen haben, der dir über den Weg läuft?« fragte Anne mit neugierigem Interesse.

»In dieser öden Gegend hier kann man nicht wählerisch sein.«

»So habe ich das nicht gemeint. Ringo ist ja ein netter Kerl, aber mußt du denn immer gleich... Das ist ja bei dir die reinste Obsession!«

»Eine was?«

»Obsession. Auf gut deutsch: Du bist ein Sex-Junkie.«

»So ein Scheiß. Und von ›müssen‹ kann keine Rede sein. Aber schau ihn dir an, ist er nicht sexy? Dieser Arsch!«

»Zugegeben... er sieht nicht schlecht aus.« Mit seinem Schicki-Micki-Haarschnitt und der Ray-Ban-Sonnenbrille glich er den einschlägigen Winnetou-Vorbildern etwa so sehr wie Katie einer Dorfschullehrerin.

»Wären wir jetzt allein, ich würde ihn glatt auf seiner Harley vernaschen.«

Das glaubte ihr Anne aufs Wort. Sie hatte die Nummer im Jeep noch in lebhafter Erinnerung.

»Ja«, seufzte Katie schwärmerisch, »wir könnten in die Wüste rausdonnern und unter freiem Himmel bei Sternenlicht drauflosvögeln bis die Stoßdämpfer durchkrachen!«

»Wie romantisch.«

»Wie hast du es denn am liebsten?«

»Wie? Was?«

»Na, das Bumsen.«

Anne wandte indigniert den Kopf ab und antwortete dann, mit Blick auf Ringos ölverschmiertes Gesicht: »Frisch gewaschen.«

Katie prustete. »Das sieht dir ähnlich.«

Anne schien es nun dringendst angeraten, den Kurs der Unterhaltung zu korrigieren: »Sag mal, was machst du eigentlich, wenn du deinen Bruder nicht findest?«

»Ich finde ihn schon.«

»Und wenn nicht? Wenn dir der Kerl nur Blödsinn aufgeschrieben hat?«

»Keine Ahnung.« Für diesen Fall hatte sie wirklich noch keine Lösung parat.

»Vielleicht hat Jeff ja deiner Mutter geschrieben...«

»Hör mir bloß mit der auf!« giftete Katie.

»Was pflaumst du mich gleich so an? Darf man sie nicht einmal erwähnen?«

»Schon gut«, murmelte Katie, und sie schwiegen. Der Wind trug das gleichmäßige Rauschen des Interstate-Verkehrs zu ihnen. Ein komisches Kaff, dieses Ludlow, dachte Anne. So dicht am lebhaften Draht zur Pazifikküste, und nur wenige Schritte vom Haus entfernt fängt das schiere Nichts an.

»Als mein Vater verunglückte«, sagte Katie mitten in die Stille hinein, »mußte ich wohl oder übel zurück zu ihr und ihrem Mustergatten. So richtig nett hatten sie es. Reiheneckhäuschen mit Doppelgarage, Stiefmütterchen im Vorgarten. Der Typ spielte sich von Anfang an als Ersatzvater auf. Wenn ich abends in die Disco ging, wollte er mir Vorschriften machen. Ich kam natürlich trotzdem heim, wann ich wollte. Er nannte mich Schlampe und noch Ärgeres, ein paarmal langte er mir sogar eine. Selbstverständlich geschah das alles nur zu meinem Besten, ich war ja erst siebzehn. Eines Tages überraschte er mich mit seiner väterlichen Fürsorge mitten in der Nacht, er kam nämlich angesoffen und mit offener Hose in mein Zimmer und hielt mir den Mund zu.« Katie machte sich eine Zigarette an. »Ich will dich nicht mit unappetitlichen Details langweilen. Ich hab's überlebt. Als er fertig war und ich mal eine Hand frei hatte, wollte ich ihm die Nachttischlampe über den Schädel ziehen. Doch auf einmal hatte ich Mutters Zuschneideschere in der Hand. Mit der hab' ich immer Löcher in meine Jeans geschnitten, so aus Gag. Na, jedenfalls rammte ich ihm die Schere irgendwohin. Das war's dann.«

Anne starrte wortlos in die Wüste hinaus, zerquetschte mit der Faust eine leere Coladose und hoffte, daß das irgendwie nach Mitleid aussah. »Was war dann?«

»Sie mußten ihm eine Niere rausnehmen.« Katie stieß heftig den Rauch aus den Lungen.

»Und deine Mutter?« fragte Anne.

»Was würdest du als Mutter in so einem Fall tun?«

»Mich von dem Kerl trennen und ihn anzeigen.«

»Ja, das habe ich auch gedacht.« Katie lachte künstlich. »Aber nichts da. Meine Mutter hat mir nicht geglaubt. Sie hat mich verdächtigt, ihn angemacht zu haben. Nicht *der* wurde angezeigt, sondern ich. Hat mir sechs Monate Jugendstrafe eingebracht, weil mir die Richterin auch nicht geglaubt hat. Faselte irgendwas von ›Notwehrexzeß‹ und ›Verhältnismäßigkeit der Mittel‹. Ich hätte ihn mit der Schere töten können, während er mich ja ›nur‹ vergewaltigt hat, und selbst das wäre nicht mal erwiesen.«

»Naja«, überlegte Anne laut, »vielleicht hätte es auch genügt, um Hilfe zu rufen, anstatt gleich mit der Schere…«

»Bravo!« sagte Katie hämisch. »Ich will dir so ein Erlebnis wirklich nicht wünschen, Anne, aber wenn, dann würde ich gerne sehen, wie du es mit der ›Verhältnismäßigkeit der Mittel‹ handhabst.«

Anne fühlte das Blut in ihre Wangen schießen. »Entschuldige, Katie, das war blöd von mir, ich habe nicht nachgedacht.«

Katie winkte ab. »Mit meiner Mutter habe ich seither nie mehr ein Wort gesprochen. Sie lebt immer noch mit dem Typen zusammen. Einmal habe ich sie gesehen, bei Karstadt. Da bin ich schnell hinter ein Regal abgetaucht.«

Anne überlegte eine Weile, dann sagte sie vorsichtig zu Katie: »Das Gerichtsurteil war sicher ungerecht, aber hast du dir schon einmal überlegt, warum deine Mutter zu dir hätte halten sollen?«

»Wie bitte? Wie meinst du das? Schließlich ist sie meine Mutter!«

»Hast du dich denn wie ihre Tochter aufgeführt?«

»Moment mal! Auf wessen Seite stehst du eigentlich?« Katie sprang auf und sah ihr direkt ins Gesicht. »Findest du das etwa in Ordnung, wie sie mich behandelt hat?«

»Nein, sicher nicht. Aber hast du ihr denn vorher jemals eine Chance gegeben? Warst du auch mal nett zu ihr? Hast du ihr geschrieben, während der Zeit, als du bei deinem Vater in New York warst?«

»Ja, manchmal, wenn Papa es mir befohlen hat, zu Weihnachten und so ... aber was willst du damit andeuten? Denkst du auch, daß ich ein hoffnungslos verkommenes Flittchen bin? So hat sie mich nämlich genannt. Meine eigene Mutter! Glaubst du mir etwa auch nicht?« Beim letzten Satz überschlug sich ihre Stimme.

»Doch, natürlich. Ich versuche ja nur, die Frau ein bißchen zu verstehen. Warum sollte sie ihr neues Zuhause, ihren biederen Wohlstand, an dem sie nun einmal hängt, auch wenn du das verachtest, hinschmeißen? Für eine Tochter, von der sie nie etwas bekommen hat, außer Lügen und Widerspenstigkeit?«

»Aber daß sie es aushält, weiterhin mit so einem miesen Kerl zu leben. Findest du das normal?«

»Das tut sie ja nicht. Deshalb redete sie sich doch ein, es wäre deine Schuld. Sie will die Wahrheit nicht sehen. Und, sei mal ehrlich, Katie, hättest du ihr diese Solidarität gedankt, die du umgekehrt so selbstverständlich von ihr erwartest?«

Katie trat wütend mit dem Fuß gegen die Bank. »Und so was habe ich für meine Freundin gehalten«, sagte sie. Ihre Stimme klang plötzlich, als hätte sie sie im Eisfach gelagert. Sie ließ Anne verdattert sitzen und stapfte hinüber zu Ringo, der zwischen seinen Werkzeug- und Motorradteilen im Dreck hockte und den Luftfilter obduzierte. Katie kickte ihm das Teil mit dem Fuß aus der Hand. Als er Anstalten machte, zu protestieren, riß sie ihn grob am Kragen hoch, und ihr Tonfall schloß jeglichen Widerspruch von vornherein aus: »Los, komm mit aufs Zimmer. Ich muß mich jetzt sofort abreagieren.«

Am Morgen erwachte Katie ziemlich früh von einem ungewohnten Geräusch.

»Anne, hör sofort auf zu schnarchen, oder ich ... aah!« Sie spürte einen Nadelstich im Kopf und griff sich an die Schläfen. Diese Scheiß Margheritas! Langsam, wie schmelzender Frühlingsschnee sickerte die Erinnerung in ihr Hirn.

»Penn weiter, Häuptling«, sagte sie zu dem unförmigen Sack unter der Bettdecke. Sie ging leise aufs Klo, dann trat sie ans Fenster und schob den Rolladen hoch. Um ein Haar kippten ihr die Knie weg.

Die Corvette. Dieses unheimliche, pantherhafte Fahrzeug, da stand es, zwei Türen weiter, direkt vor der Veranda ihres eigentlichen Zimmers. Und da war Anne. Sie sprach mit dem Typen, den Katie an der Tankstelle gesehen hatte. Der Kerl gestikulierte lebhaft, Anne ant-

wortete etwas, sie schien aufgeregt, kein Wunder. Verstehen konnte
Katie nichts, wegen der geschlossenen Fenster und dem penetranten
Rauschen der Klimaanlage. Plötzlich packte der Typ Anne bei den
Schultern. Jetzt reichte es! Katie fuhr in das nächstbeste Kleidungs-
stück, griff sich ihre Lederjacke vom Stuhl, zog den Revolver aus der
Innentasche, und stürzte hinaus.

»Nimm die Pfoten von Anne!«, tönte sie mit kratziger Tequila-
Stimme. »Und halt deinen Arsch fest, sonst schieß ich ihn dir ab!«

Der Kerl spurte augenblicklich, und beide blickten erschrocken in
ihre Richtung.

Katies Auftritt war, vom dramatischen Standpunkt betrachtet, perfekt. Barfuß und breitbeinig wie eine Staffelei stand sie da, in einem
weißen Schlotterhemd, das sie mehr ent- als bekleidete. Wie auf eine
unhörbare Regieanweisung trat die Morgensonne, ganz in Rot, in genau diesem Moment über das Hausdach und tauchte Katies Aktion in
ein effektvolles Licht. Ihr zerrauftes Haar glänzte auf wie ein funkel-
nagelneuer Pfennig, ansatzweise hätte man sie für den Prototyp einer
antiken Rachegöttin halten können, wäre ihr Gesicht nicht komplett
verdeckt worden von einem immensen Revolver, den sie mit ausge-
streckten Armen wackelig vor sich hielt.

Für zwei, drei Sekunden verharrten die Protagonisten dieser Szene
regungslos, so als hätte einer den Film angehalten. Dann rührte sich
Anne als erste, trat einen Schritt auf Katie zu und schrie: »Nicht
schießen, Katie! Bloß nicht schießen! Das ist Stefan.«

Katie ließ in Zeitlupe den Revolver sinken, ihre Augen wurden größer und größer, denn jetzt öffnete sich die Fahrertür der Corvette und
heraus stieg – Gordon.

»Hi, Mädels«, grinste er, »nun macht mal keinen Scheiß.«

Anne blickte nun ihrerseits ziemlich irritiert von Stefan zu Gordon,
von Gordon zu Stefan. Aber der konnte sich noch immer nicht von
Katies martialischem Anblick lösen, und die allgemeine Verwirrung
wurde auch dadurch nicht besser, daß nun Ringo in ausgeleierten Bo-
xershorts, die seine auf Halbmast stehende Morgenlatte nur unzurei-
chend kaschierten, aus dem Schatten des Zimmers trat, verkatert in
die Sonne blinzelte und fragte: »*What the fuck is going on here?*«

Beim Frühstück wurde eine ganze Ladung Mißverständnisse aufge-
klärt: Stefan war einige Tage nach Annes verunglücktem Besuch von

Reue gepackt worden. Nachdem er im Plaza die Hälfte des Personals geschmiert hatte, teilten sie ihm die Adresse von Lis mit, die Anne wegen ihres Rocks, der noch in der Reinigung gewesen war, hinterlassen hatte. Stefan tauchte daraufhin bei Lis auf, aber leider zwei Tage zu spät. Am dritten entschlossen er und Gordon sich spontan, den Mädchen nach Washington nachzufahren, erfuhren aber dort von Samuel, daß sie bereits wieder unterwegs waren. Sie folgten aufs Geratewohl, blieben in telefonischem Kontakt mit Lis, die ihnen den Tip mit Amarillo gab, wo sie sich nur um Haaresbreite verfehlt hatten.

»Von der Alten mit den Riesentitten hörten wir von eurer etwas überstürzten Abreise. Das machte uns neugierig«, berichtete Gordon. »Wir klapperten sämtliche Motels vor und hinter Albuquerque vergeblich ab. Dann nahmen wir Teresas Hilfe in Anspruch.«

»Wie bitte, war die auch dabei?« unterbrach Anne.

»Nein, aber ihre telepathischen Fähigkeiten. Du weißt doch, sie ist gut im Finden von Leuten«, erklärte Gordon allen Ernstes.

»Wie macht sie das? Kreist sie bei Vollmond mit einem getrockneten Krähenfuß über der Landkarte?«

»Nicht ganz. Sie beschreibt den Ort, den sie sieht, die Gegend, die Häuser, irgend etwas Markantes. Ja, und so sind wir auf Santa Fe gekommen, als sie etwas von den Lehmhäusern phantasierte…«

»Wollt ihr uns verarschen?« meldete Anne leise Zweifel an.

»Nein, ihr seht doch, daß es klappt«, protestierte Gordon. »Außerdem war es irgendwie logisch. Jeder, der diese Strecke zum ersten Mal fährt, macht einen Abstecher nach Santa Fe.«

»Soso, jeder«, meinte Anne enttäuscht.

»Aber ihr wart uns wieder eine Nasenlänge voraus, und als wir euch dann eingeholt hatten, da habt ihr uns mit Obst beworfen. War kein sehr netter Zug von euch. Harvey wird mich umbringen.«

»Wieso Harvey? Der Harvey vom Radio? Was hat der damit zu tun?« fragte Katie verwirrt.

»Ist sein Auto.«

»Oh, Scheiße.«

»Könnt ihr mir mal erklären, warum ihr das gemacht habt?« fuhr nun Stefan ungeduldig dazwischen, und zu Anne gewandt: »Doch nicht etwa, weil du sauer warst, wegen der Sache von neulich, oder?«

»Vielleicht«, sagte Anne ausweichend, denn Hank und Ringo saßen mit am Tisch und hörten sich die Story mit sichtlichem Vergnügen an.

»Wir haben euch in dieser verdammten Zuhälterkiste doch gar nicht erkannt«, brachte nun Katie zu ihrer Verteidigung vor.

»Schießt ihr auf jeden, den ihr nicht kennt, mit Kokosnüssen und Aschenbechern?« fragte Gordon, und Anne mußte wider Willen kichern. »Wir fühlten uns bedroht«, erklärte sie fadenscheinig. »Zwei schutzlose Frauen, so ganz alleine unterwegs, da muß man sich eben zur Wehr setzen.«

»Hört euch das an…«, höhnte Stefan. »Schutzlos. Ich kann von Glück sagen, daß die da«, er deutete mit grimmigem Respekt auf Katie, »nicht mit diesem Flammrohr auf mich geschossen hat.«

»Allerdings«, bekräftigte Anne und warf Katie einen vielsagenden Blick zu. Woher hatte sie auf einmal dieses Ding?

Gordon erzählte in versöhnlichem Ton weiter: »Danach haben wir erst einmal unsere Windschutzscheibe reparieren lassen und sind mehr oder weniger zum Spaß weiter Richtung Westen gefahren. Aber Teresa gab nicht auf, und sie erzählte uns am Telefon etwas von Motorrädern. Von da an war's nicht schwer, man mußte nur ein bißchen herumfragen, ihr fallt ja überall auf wie die bunten Hunde, besonders auf der 66.«

»Und was war mit dem Überfall?« fragte Katie gespannt, »bei Lis zu Hause? Bonnie hat da so was Komisches erzählt, allerdings war die Leitung miserabel, ich verstand nur die Hälfte.«

»Überfall?« Gordon warf Stefan einen fragenden Blick zu. Der zuckte nur die Schultern.

»Ach ja«, Gordon schlug sich an die Stirn und grinste breit, »sie meinte sicher die Party.«

»Welche Party?«

»Ehe wir losfuhren, kam Pepper aus dem Urlaub zurück und brachte zwei Kumpels und ein paar Mädchen mit. Es gab ein kleines Besäufnis, ein bißchen gekifft wurde auch, war nett, nicht wahr, Stefan?« Stefan nickte und rieb sich wohlig die Hände. »Die Fete ist dann etwas aus der Kontrolle geraten, wie es eben manchmal so geht.«

»Muß ja irre gewesen sein«, hauchte Katie, und man sah ihr an, wie inbrünstig sie es bedauerte, dieses Ereignis versäumt zu haben.

»Ein wenig übertrieben haben sie's schon«, räumte Gordon ein. »Sie haben so ziemlich alle Schnapsvorräte ausgesoffen, im Bad waren wüste Sprüche und Zeichnungen an die Kacheln gemalt, einer hat in seinem Suff Lis' hundert Jahre alten Eichen-Bonsai bis auf den Strunk abgerupft und die Blätter mit Miracle-Whip angerichtet. Lis hat's erst gemerkt, als der Salat aufgegessen war, größtenteils von ihr selber. Ach ja, so ein Wandbehang war noch mit Spaghetti verkotzt, frag mich nicht, wie man das fertigkriegt, und der Urmutter haben sie ein Knie angesengt, worauf das Ding umkrachte und einige andere Kunstgegenstände mit sich riß. Aber das ist bloß passiert, weil Pepper total zugekifft mit den Leuchtkugeln in der Halle rumgeballert hat. Teresas Köter hat daraufhin angefangen durchzudrehen. Er hat alles vollgeschissen, schwerpunktmäßig den chinesischen Seidenteppich.« Gordon nahm einen Schluck Kaffee. Die anderen lauschten mit offenem Mund. »Bonnie hat tags darauf gekündigt und war nur mit einer sehr saftigen Gehaltserhöhung wieder zu beschwichtigen, und Lis hat Pepper gleich am nächsten Morgen an die Luft gesetzt. Mann, hat die getobt! Wir sind jetzt Experten für jiddische Schimpfwörter. Aber sonst gibt's nichts Neues, oder, Stefan?«

Auch das letzte Stück ihres Trips saßen Katie und Anne auf dem Rük-ken der Maschinen, denn in der Corvette war nur Platz für zwei. Anne grübelte, während sie über die High Desert auf L. A. zubrau-sten, über ihre komplizierten Probleme nach. Ob Stefan wohl Bescheid wußte wegen der Sache mit Gordon? Wie sollte sie sich in Gegenwart beider am geschicktesten verhalten? Was war mit ihr und Stefan und ihrer geplanten Heirat? Und was würde nun aus Katie werden, falls sie ihren Bruder fand, und was, falls nicht? Und wieso mache ich mir überhaupt Sorgen um diese Göre, wo ich selber genug am Hals habe... Ein Gedanke zog den nächsten nach sich, und als die Megastadt ihre Tentakel in Form öder Suburbs nach ihnen aus-streckte, das Millionärsghetto Beverly Hills vorüberglitt und der Highway 66 zwischen den Palmen von Santa Monica sang- und klanglos endete, da wußte sie erst recht keine Antwort auf alle diese Fragen.

Das Geschäft

Um die Zeit des High Noon erreichten sie den Strand von Santa Monica, wo sich Gordon und Stefan in den zwei albernsten Badehosen der Westküste fläzten und hinter ihren dunklen Sonnenbrillen den kalifornischen Mädchen hinterherspechteten.

Der Abschied von Hank und Ringo verlief kurz, aber nicht unbedingt schmerzlos. Allen war klar, daß sie sich nicht wiedersehen würden, und sie umarmten sich unbeholfen.

»War ein prima Ritt mit euch«, grinste Hanky-Panky verlegen. Dann saßen die beiden schon wieder auf ihren Softails, als wären sie mit ihnen verwachsen.

»Mach's gut, Mädchen«, brummte Ringo und zog Katie an den Haaren, die sich verstohlen eine Abschiedsträne über die Wange schmierte. Die zwei kickten ihre Maschinen an und donnerten los, die Straße hinunter, bis sie der Verkehr verschluckte.

Mit einer gemieteten Ford-Familienkutsche, damit sie endlich alle Platz hatten, fuhren sie kurze Zeit später zu der Adresse, die von wer weiß wem auf einen bierfleckigen Papierfetzen hingekritzelt war. Es handelte sich dabei um ein Viertel in San Pedro, einer wenig anziehenden Hafenstadt südwestlich von L. A.

Sie fanden die Straße und das Haus, eine windschiefe Bruchbude aus Holz, von dem die Farbe abblätterte.

Gordon blieb aus guten Gründen beim Auto, die anderen bahnten sich einen Weg zur Tür. Auf ihr Klopfen öffnete ihnen ein Mädchen mit Papierschleifen im nassen, schwarzen Haar. Ob dies der derzeit letzte Schrei war, oder ob sie die Investition in solide Lockenwickler scheute, ließ sich schwer sagen. Aus ihren Shorts quoll der halbe Hintern heraus, was wiederum Stefan mehr beschäftigte als die Frage des Hairstylings.

»Was gibt's?« fragte sie halb mißtrauisch, halb neugierig. Ehe Katie Luft holen konnte, legte Anne los: »Verzeihen Sie die Störung, Miss, aber es ist sehr dringend, sonst würden wir Sie nicht belästigen, aber da wir…«

»Nein, nicht schon wieder!« Ihr Gesicht nahm einen sichtlich genervten Ausdruck an. »Erst vor vierzehn Tagen hab' ich euren Brüdern und Schwestern verklickert, daß es hier keine Seelen zu retten gibt. Hat sich das in eurem Verein noch nicht rumgesprochen?«

Katie kapierte sofort. Anne nicht.

»Ich verstehe nicht ganz, Miss, ich glaube, da liegt ein Irrtum vor.«

Katie seufzte schwer. Diese Anne. Das hatte sie nun davon, sich immer herzurichten wie eine Museumsdirektorin. Ihre Kommunikation mit Literaturprofessoren, Sheriffs und Oberkellnern mochte ja ganz gut klappen, aber mit *normalen* Leuten – hoffnungslos.

»Ihr seid doch auch von den Zeugen Jehovas?« hakte Miss Papierlocke nun vorsichtshalber nach.

»Nein, sind wir nicht«, schaltete sich jetzt Katie entschlossen ein und unterdrückte ein Grinsen über Anne's verstörten Blick.

Die Locke zuckte die Achseln. »Ich dachte nur. Weil die auch immer mit so 'nem Gesülze von ›Verzeihen Sie die Störung, Miss‹ anfangen, und ehe man sich's versieht, quatschen sie einem die Hucke voll und stehlen einem die Zeit. Was also liegt an?« Sie blickte herausfordernd in die Runde, wartete auf eine Erklärung.

Katie lieferte sie ihr in knappen Worten. Anne hielt jetzt lieber den Mund. Die braunen Augen des Mädchens wurden erstaunt aufgerissen, was sehr apart aussah.

»Ist das wahr? Er hat mir nie was von 'ner Schwester erzählt. Ich bin übrigens Patricia. Für euch Pat. Also... wenn ihr ein Bier wollt?« Sie öffnete die Tür bereitwillig. Was Anne von der guten Stube zu erkennen vermochte, reichte, um dem Begriff »Unordnung« völlig neue Dimensionen zu verleihen. Auch draußen, auf der Veranda, türmte sich Gerümpel, und die Anwesen der Nachbarschaft hatten wenig Ähnlichkeit mit jenen in den Prospekten der Bausparkassen. Die ganze Gegend war nicht unbedingt vom Feinsten.

Zu Annes großer Erleichterung lehnte Katie die Einladung ab. Pat nannte ihnen daraufhin die Adresse einer Tankstelle mit Reparaturwerkstatt, bei der Jeff gerade jobbte.

Die drei murmelten einen Gruß und bewegten sich hintereinander in Schlangenlinien zurück zum Auto. Das war nötig, um dem Unkraut, dem Müll und zwei ausgeweideten Autowracks bei ihrem Kampf um die Vorherrschaft auf dem kleinen Grundstück nicht in die Quere zu kommen. Hausarbeit schien hier niemandes Lieblingsbeschäftigung zu sein. Patricia sah ihnen von der Veranda aus noch immer verwundert hinterher.

»Hübsche Freundin hat dein Bruder«, feixte Stefan.

»Ja«, pflichtete Gordon bei, »konnte man sogar auf die Entfernung nicht übersehen.«

»Zuviel Schminke«, meinte Anne.

Katie sagte nichts, sie war zu aufgeregt.

Womit Anne im Grunde nie ernsthaft gerechnet hatte, es passierte dennoch: Katie fand ihren Bruder.

Sie stöberten Jeff Shannahan tatsächlich in dieser Werkstatt auf, doch das Treffen verlief anders, als man sich ein Wiedersehen zweier Geschwister nach fünfjähriger Trennung im allgemeinen vorstellt. Jeff stierte Katie sekundenlang ungläubig an, dann hielt er ihr eine Dose Bier hin. »Verdammt nochmal, wo kommst du denn auf einmal her?«

Jeff war einen guten Kopf größer als Katie, er besaß dasselbe rote Haar und die blasse, sommersprossige Haut. Seine Nase war krumm, vermutlich hatte er mal eine abbekommen. Er schien nicht in bester Verfassung. Seine Hände zitterten beim Öffnen der Bierdose, die blauen Augen wanderten ununterbrochen hin und her, wie eingesperrte Tiere.

»Warum hast du nie mehr geschrieben?« fragte Katie zurück.

»Habe ich nicht? Hätte ich schon noch gemacht.« Endlich rang er sich so eine Art Lächeln ab, als Katie ihm eine Zigarette anbot. Sie stellten einander vor und nickten sich kurz zu. Anne war es peinlich, wie sie da reichlich deplaziert in der dreckverschmierten Werkstatt herumstanden. Sie winkte Katie zu sich, die die verkrampfte Situation auch nicht so ganz im Griff hatte. Nicht jede Reise bereitet einen automatisch auf die Ankunft vor.

»Wir lassen euch am besten allein«, flüsterte Anne. »Ist dir das recht?«

Katie nickte. »Er ist ein bißchen scheu, Fremden gegenüber.«

»Ist schon klar«, wehrte Anne ab. »Sollen wir uns heute abend im Hotel zum Essen treffen? Du kannst Jeff ja mitbringen. Und... falls du nicht bei ihm wohnen kannst, wir haben schon noch ein Bett für dich übrig.«

»Danke«, brachte Katie gepreßt hervor. »Ach, Anne? Nimmst du solange meine Tasche mit ins Hotel? Nur bis heute abend, ich will nicht mit dem Zeug in dieser Gegend herumspazieren.«

»Ungern«, zögerte Anne.

»Danke. Also dann... sagen wir um acht?«

»Okay.« Die drei verabschiedeten sich hastig. Schweigend fuhren sie zurück nach Santa Monica, wo sie sich im Miramar Sheraton eingemietet hatten. Dort, hoch über der Steilküste des Pazifik, nahmen sie einen Drink, und als Stefan kurz den Tisch verließ, sagte Gordon zu Anne: »Ich werde morgen früh zurückfahren. Ich will mich nicht aufdrängen. Ihr zwei werdet alleine besser klarkommen.«

»Ja«, nickte Anne gedankenverloren, »da ist gewiß einiges zu klären. Aber du kannst ruhig hierbleiben. Es wäre mir sogar lieber. Vielleicht brauche ich dich noch, nachdem alles geklärt ist. Oder Katie.« Anne spielte mit dem Gedanken, Gordon in diese üble Sache mit dem Kokain einzuweihen. Vielleicht würde er es schaffen, Katie zur Vernunft zu bringen? Aber sie verwies die Idee gleich wieder ins Reich der hoffnungslosen Wunschträume. Statt dessen fragte sie Gordon: »Weiß Stefan eigentlich Bescheid, ich meine, wegen uns?«

Gordon lächelte, diese Frage hatte er schon längst erwartet. »So direkt habe ich es ihm nicht gesagt, aber er ist ja nicht blöd. Ist übrigens ein prima Typ, wir hatten massenhaft Spaß während der Fahrt.« Anne schüttelte den Kopf. Männer! Früher hätten sie sich im Morgengrauen duelliert, heutzutage bretterten sie zusammen in einem aufgemotzten Sportwagen durch die Gegend. Vielleicht lag es daran, daß beide keine Frühaufsteher waren.

Als Stefan zurückkam, verdrückte sich Gordon und murmelte dabei etwas von »mal 'ne Runde mit der Corvette rumgurken«.

»Wollen wir ein bißchen am Strand entlanggehen und reden?« fragte Stefan ohne viel Umschweife.

»Ist es so schlimm?« Wenn Stefan freiwillig spazierenging, dann wurde es ernst.

Wortlos kraxelten sie den steilen Weg hinunter, zogen die Schuhe aus und schlenderten am Saum der Küste entlang. Die Sonnenanbeter, Muskel-Machos und Surfer zogen sich allmählich zurück, zur Happy Hour wechselte die Bühne des Dauerstücks ›Sehen und Gesehenwerden‹ in die Bars und Cafés von Santa Monica und Venice. Anne war das ganz recht, sie war im Augenblick nicht sonderlich versessen auf Publikum.

»Bist du mir noch sehr böse, wegen der Sache…«, begann Stefan und setzte seinen Hundeblick auf.

»Naja…«, sagte Anne. »Wer ist sie überhaupt?«

»Ach, bloß die Freundin einer unserer Sekretärinnen. Ich habe sie erst an dem Abend kennengelernt, ich war ziemlich besoffen…«

»Den Rest kann ich mir denken«, schnitt ihm Anne das Wort ab.

»Ich habe sie danach nicht mehr getroffen, und ich werde es auch nicht.«

»War sie nicht gut«, fragte Anne zynisch, erwartete aber keine Antwort. Sie hatte von dieser Geschichte endgültig genug. Das Gespräch stockte, sie wichen den heranrollenden Wellen aus, die an ihren Füßen leckten. Anne überlegte noch, wie sie beginnen sollte, da sagte Stefan: »Anne, ich muß etwas mit dir besprechen.«

»So?«

»Die Agentur hat mir angeboten, in New York zu bleiben. Ich hätte dort wesentlich bessere Möglichkeiten als in Deutschland.«

»So«, sagte Anne wieder, und ihre Stimme wackelte wie Pudding, als sie fragte: »Und was wirst du ihnen antworten?«

Stefan zögerte. Annes lang gehegter, vager Verdacht wurde dadurch bestätigt.

»Du hast dich schon dafür entschieden, stimmt's?« Sie blieb stehen und nagelte ihn mit einem Blick aus strengblauen Augen fest. »Hast du das etwa schon in München gewußt?« Ein wattiges, flaues Gefühl umgab sie wie zäher Brei.

»Aber nein, also, es ist noch gar nichts fix, ich könnte…«

»Spar dir dein Trostpflästerchen«, fauchte sie gekränkt. »Was du mir auf diese so schonende Weise sagen willst, ist doch wohl: Dieses Gerede von der Heirat war nichts weiter als eine fromme Lüge, um mich hinzuhalten.« Wie ein kleiner Junge, dachte sie, der ewiges Bravsein verspricht, nur damit er sein neues Fahrrad kriegt.

Stefan biß sich auf die Lippen und wich ihrem Blick aus. »Schau, Anne, so eine Gelegenheit bietet sich vielleicht nie wieder. Ich… ich würde nie für deinen Vater arbeiten, nicht für alles Geld der Welt, das weißt du doch. Und ich kann von dir nicht verlangen, daß du zu Hause alles hinschmeißt und hierherkommst, ich weiß doch, wie sehr du an deiner Arbeit hängst.«

»Verlangen?« wiederholte Anne. »Verlangen kannst du das nicht, da hast du recht. Aber du hättest mich darum bitten können!« Anne hatte allergrößte Mühe, Haltung zu bewahren.

Stefan wußte darauf nichts zu sagen, es rollten einige Wellen heran, ehe er unsicher fragte: »Würdest du denn wirklich…«

»Vielleicht«, knirschte sie.

»Ja, aber… das ändert natürlich die Sache. Anne, nichts wäre mir lieber, als wenn du nach New York kämst!« Er versuchte es mit einem schiefen Lächeln, und Anne war sich im unklaren, ob er nicht etwa selber glaubte, was er daherfaselte. Es machte sie wütend, daß er dieses Thema so oberflächlich abhandelte, als ginge es um die Auswahl eines Restaurants oder des Fernsehprogrammes.

»Vergiß es«, sagte Anne. »Du hast dich gegen mich entschieden, also lassen wir's dabei.«

»Aber Anne, ich konnte doch wirklich nicht ahnen, daß du... ich meine, dein Beruf war doch immer das Wichtigste in deinem Leben.«

»Das haben mir zumindest alle eingeredet.« Ein bißchen Selbstmitleid durfte man sich in so einem Moment schon erlauben.

»Und jetzt?« fragte Stefan. »Was hat diesen Sinneswandel verursacht?« Täuschte sich Anne, oder klang das ein bißchen gereizt?

»Das kann ich dir nicht so genau sagen«, gestand sie ehrlich. Ihre Stimme war wieder klar. »Weißt du, wenn man so unterwegs ist, da kommt man viel zum Nachdenken.«

»Anne, warum reagierst du jetzt so zynisch? Bin ich dir nicht mehr wert als dein gekränkter Stolz?«

»Ich bin weder zynisch noch ist das gekränkter Stolz«, erklärte sie trotzig. »Auf den Gedanken, daß wir beide vielleicht doch nicht so gut zusammenpassen, bin ich ganz alleine gekommen.«

»Ach, so plötzlich«, warf er ein, aber Anne beachtete es nicht. Insgeheim war sie stolz auf sich, daß sie ihm keine Szene gemacht hatte, auch wenn sie nur haarscharf daran vorbeigeschlittert war. »Und du offenbar auch. Nur daß du deinen Job hier als Alibi brauchst. Hast du gedacht, ich verkrafte das nicht?«

»Das ist unfair, Anne.«

Anne fühlte auf einmal eine dumpfe Müdigkeit. Sie wollte dieses Gespräch nicht länger. »Laß uns nicht streiten, okay? Streiten ist uncool.«

»Ist... was?« Stefan starrte sie entgeistert an. »Du redest wie ein Teenie!«

»Das stammt von Katie.«

Ein Grinsen lief über sein Gesicht. »Hätte ich mir denken können.« Dann wurde er feierlich: »Es ist also aus mit uns, oder wie?« Er legte den Arm um sie, Anne drehte ärgerlich ihr Gesicht weg.

»Darf ich wenigstens den Grund erfahren«, fragte er gallig.

»Spiel jetzt nicht den Beleidigten. Dazu hast *du* am allerwenigsten Grund.«

»Ist es wegen deinem großohrigen Magier? Hat er im Bett ein paar

Supertricks drauf?« Solche Tiefschläge waren sonst nicht seine Art.

»Darauf habe ich gewartet! Daß ihr Männer euch einfach nicht vorstellen könnt, daß es auch andere Gründe gibt, verlassen zu werden, als ein anderer Mann. Unglaublich, diese Arroganz.«

»Immerhin hast du mit ihm geschlafen«, sagte er trotzig.

»Und du mit dieser kaffeebraunen Tussi!« Ich benehme mich idiotisch, stellte Anne fest. Na, wennschon.

»Das ist doch jetzt kindisch«, stöhnte Stefan genervt.

»Ich habe damit nicht angefangen.«

»Komm, laß uns das wie erwachsene Menschen besprechen«, sagte er und hängte ihren Arm mit einer väterlichen Geste bei sich ein. »Wie soll es jetzt weitergehen?«

Anne war froh über den Kurswechsel. »Als erstes werde ich meinen Job zu Hause aufgeben. Ich regle noch, was unbedingt nötig ist, aber dann ist Schluß.«

Stefan verschlug es glatt die Sprache.

»Danach werde ich ein bißchen reisen, mir die Welt ansehen. Ich habe da einen gehörigen Nachholbedarf. Und dann sehen wir weiter. Wozu habe ich glänzende Zeugnisse von Europas namhaftesten Schulen? Außerdem spreche ich drei Fremdsprachen fließend, da wird sich schon irgendwo eine Arbeit finden, die mich wirklich interessiert.«

»Soll das ein verspäteter Selbstfindungstrip werden?« fragte Stefan höhnisch.

»Du kannst es ruhig ins Lächerliche ziehen«, antwortete Anne gelassen, »das ändert nichts an meinem Entschluß. Und was heißt überhaupt verspätet? Ich bin erst achtundzwanzig, verdammt nochmal!«

»Und was wird aus uns?«

»Habe ich jetzt den schwarzen Peter?« fragte Anne zurück. »Immerhin warst du derjenige... aber vergessen wir's.« Sie winkte ab. »Weißt du, eigentlich kann ich mir auch noch nicht so richtig vorstellen, wie das ohne dich werden wird, aber ich werde es von heute an einfach versuchen... müssen.«

Stefan blieb mit einem Ruck stehen, dann wieherte er drauflos. Anne lächelte schließlich auch.

»Das«, schnaufte Stefan, »ist die aberwitzigste Formulierung, die ich je gehört habe. Wie viele Tage hast du gebraucht, um dir das einfallen zu lassen?«

»Och«, nuschelte Anne und wischte sich hastig den Augenwinkel, »gar nicht. So was hab' ich doch ganz locker drauf.«

»Dieser Umgang tut dir nicht gut«, stellte Stefan fest, »du redest schon genauso daher wie sie.«

»Irrtum«, erwiderte Anne, »der Umgang bekommt mir sogar bestens. Ach, übrigens… wie findest du sie denn?«

»Wen?« fragte Stefan scheinheilig.

»Den Umgang.«

»Ach, ganz nett«, sagte er lapidar und fixierte dabei krampfhaft ein paar Sandkörner auf seinem großen Zeh.

Das gemeinsame Abendessen im Hotel verlief in einer etwas angespannten Stimmung. Katie hatte Jeff nicht mitgebracht, was auch keiner ernsthaft erwartet hatte. Jeder bemühte sich, unverfängliche Themen anzuschneiden, und irgendwie gingen sie sich alle gegenseitig auf die Nerven: Anne hätte gerne mit Gordon über ihren Nachmittag mit Stefan gesprochen, außerdem hatte sie mit Katie noch Dringendes zu klären, aber allein. Katie drängte es, von Anne zu erfahren, ob und wo ihr Stoff gut untergebracht war, Gordon wollte Anne etwas sehr Persönliches fragen, und Stefan hätte gerne ein paar Worte mit Gordon gewechselt, so von Mann zu Mann.

Nach dem Dessert hielt es Anne nicht länger aus und bat die Herren, doch einen Drink an der Bar zu nehmen, sie müsse mit Katie kurz von Frau zu Frau etwas bereden.

Kaum waren die zwei außer Hörweite, zischelte Katie: »Wo ist der Stoff?«

»Runtergespült, ins Klo.«

»Mach keine solchen Witze mit mir!«

»Er ist in deiner Tasche in meinem Schrank.«

»Na, hoffentlich kann man dem Hotelpersonal trauen.«

»Das sagt die Richtige«, meinte Anne trocken.

»Ich nehme ihn morgen früh mit. Wenn ihr nichts dagegen habt, bleibe ich über Nacht hier.«

Anne konnte es mal wieder nicht lassen: »Katie, meinst du wirklich, es ist in Ordnung, was du da tust?«

»Hier übernachten?«

»Quatsch! Stell dich nicht doof. Du weißt, wovon ich rede.«

»Was soll ich sonst machen? Ich brauche die Knete. Jeff will mir helfen, das Zeug loszuwerden.«

»Du hast ihm also schon davon erzählt«, seufzte Anne.

»Natürlich. Deswegen bin ich ja hier.« Katie tat unbekümmert, aber man merkte ihr eine gewisse Nervosität an, denn sie malte pausenlos mit dem Finger an ihrem angelaufenen Glas herum.

»Katie«, eröffnete Anne nun die Schlacht, »bist du dir sicher, daß du deinem Bruder trauen kannst?«

»Wie meinst du das?« fragte Katie lauernd.

»Daß er dich nicht über's Ohr haut. Immerhin geht es um eine Menge Geld.«

»Was soll das? Schließlich ist er mein Bruder.«

»Der nicht gerade überschäumte vor Begeisterung, dich zu sehen.«

»Ach was, das hatte nur so den Anschein. Er tut nur so rotzcool, in Wirklichkeit freut er sich schon«, verteidigte ihn Katie tapfer.

»Laß lieber die Finger davon. Ist dir denn an Jeff nichts aufgefallen?«

»Was denn? Okay, er ist im Moment nicht so gut drauf, hatte ein paar Probleme, aber das kriegt er schon wieder auf die Reihe...«

»Auf deine Kosten.« Es klang bissiger als geplant.

»Was regst du dich eigentlich so auf? Ständig mischst du dich in meine Familienangelegenheiten!«

»Weil ich mir ansehen muß, wie du am laufenden Band – Verzeihung – Scheiße baust! Hast du denn keine Augen im Kopf? Dein Bruder säuft oder nimmt Drogen, wahrscheinlich beides, dem sind deine vielbeschworenen Blutsbande doch schnurzegal, wenn der was von zwei Kilo Kokain hört.«

»Das ist nicht wahr«, giftete Katie wütend. »Das ist eine gemeine Unterstellung!«

»Warum sollte ich so etwas behaupten?« fragte Anne nun in ruhigerem Ton. »Eins kannst du mir glauben, Katie, ich erkenne einen Junkie, wenn ich einen sehe.«

»Du? Aber natürlich, wie konnte ich's vergessen! Bei dir zu Hause geben sich ja die Freaks die Türe in die Hand. Und am Wochenende hängt ihr alle zusammen vollgedröhnt im Englischen Garten, am Monopteros herum.«

Anne schluckte. Heute blieb ihr wohl nichts erspart. »Ich... wir haben so einen Fall in der Familie.«

»Was?«

»Meine Mutter.«

Katie hob mißtrauisch die Augenbrauen. »Das glaube ich dir nicht.«

»Fiel mir anfangs auch schwer«, Annes Lächeln entgleiste ein wenig, »aber irgendwann konnte man es nicht mehr leugnen. Sie trinkt und schluckt alles an Tabletten, was sie kriegen kann. Was denkst du, warum ich andauernd in Internate gesteckt wurde? Damit ich nicht mitbekommen sollte, was zu Hause los war.« Anne nippte ausgiebig an ihrem Drink. »Mein Gott, wie oft hat sie geschworen, aufzuhören, mir und meinem Vater zuliebe, hat Therapien gemacht und alles mögliche versucht. Sie schien dann auch zeitweise in Ordnung zu sein. Bis wir dann doch wieder in irgendeinem Winkel den Schnaps entdeckten, oder die Putzfrau mich vertraulich zur Seite nahm, um mir die Pillen zu zeigen, die sie beim Aufräumen gefunden hatte. Mein Vater hat ihr schon längst alle Konten gesperrt, aber sie bringt es sogar fertig und beklaut mich, wenn ich zu Besuch da bin. Familie zählt da nichts. Und, ehrlich gesagt, dein Bruder erinnert mich sehr stark an sie.« Anne jagte die Eiswürfel in ihrem Martiniglas herum. Sie sagten eine Weile nichts.

»Wir beide haben wohl kein Glück mit unseren Müttern«, schlußfolgerte Katie schließlich. »Aber Jeff ist nicht so, nein, das kann ich mir nicht denken. Möglich, daß er ab und zu mal was nimmt, wer tut das nicht? Aber er würde mich nie bescheißen, er hat immer auf mich gehört, obwohl er älter ist. Wir werden den Deal durchziehen, und dann machen wir was zusammen.«

Anne erwiderte nichts. Bei diesem fortgeschrittenen Grad der Verblendung war wohl nichts mehr zu retten. Vielleicht war es sogar besser, Katie wurde von ihrem eigenen Bruder bestohlen anstatt von irgendwelchen Dealern, von denen sie obendrein umgebracht wurde.

Katie wechselte an dieser Stelle nur zu gerne das Thema: »Wie steht's mit deinen Männern?« fragte sie und deutete mit dem Kopf in Richtung Bar, wo die beiden schon beim zweiten Drink angekommen waren. Anne hatte wenig Lust, die intimen Einzelheiten der Unterhaltung mit Stefan zu wiederholen, deshalb sagte sie nur:

»Stefan und ich haben uns ausgesprochen.«

»Du hast's gut«, seufzte Katie theatralisch, »dir laufen sie gleich rudelweise quer durch Amerika nach. Wenn mir Männer nachlaufen, dann sind es meistens Kaufhausdetektive.«

Anne lachte und warf sich in die Pose des männerfressenden Vamps.

»Und was ist mit Gordon?« nahm Katie den Faden wieder auf.

»Was soll mit ihm sein? Er möchte morgen fahren, die Corvette zurückbringen. Stefan und ich werden fliegen, morgen oder übermorgen. So besonders gefällt es mir hier, ehrlich gesagt, nicht.«

»Ich find's nicht übel.«

»Ah, dieser Smog, diese Autos! Daß die Highways hier Freeway heißen, macht sie auch nicht sicher vor Dauerstaus. Ist es dir schon aufgefallen? Kein Mensch läuft hier einen Schritt, das reinste Autowunderland. Diese Stadt ist... abartig. Man erkennt vor lauter Vororten nicht mal, wo hier die City sein soll, und wenn man sie gefunden hat, dann fragt man sich, warum gerade das die City ist. Wegen der lächerlichen Skyline vielleicht? Nicht mal eine Subway haben sie! Und es gibt kaum vernünftige Geschäfte, nur diese Supermalls. Nein, für L. A. bin ich wahrscheinlich zu europäisch. Hier könnte ich nie leben. In New York ja, aber das hier... das ist mir zu amerikanisch. Und ich kann mir beim besten Willen nicht vorstellen, wie *du* es hier aushalten willst. Noch dazu, wo man hier in keinem Restaurant rauchen darf und es außerdem jede Sekunde ein Erdbeben geben kann.«

»Ja, das mit dem Rauchen ist bescheuert«, gab Katie zu, »dafür ist es hier sonniger.«

»Davon kriegt man bloß Falten. Außerdem verträgst du doch gar keine Sonne, schau dich doch an.« Sie deutete auf Katies calypsorote Nase.

»Sei's drum, dann werden wir uns also morgen verabschieden müssen«, stellte Katie mit gespielter Nüchternheit fest.

»Ja, das werden wir wohl«, nickte Anne, und eine rätselhafte Traurigkeit veranlaßte sie, abrupt aufzustehen und rasch in Richtung *bathroom* zu streben.

Wie schon häufiger in den letzten Tagen kam es dann doch ein wenig anders. Katie hatte Annes Ratschlag, zu deren Verblüffung, doch befolgt und war gegen Mittag ohne das Pulver zu Jeff gefahren. Stefan gelang es, Gordon zu überreden, noch einen Tag dazubleiben, und sie verbrachten den Großteil davon am Strand.

Zur Cocktailstunde brütete Anne in ihrem Hotelzimmer über dem Problem der hierzu angebrachten Garderobe, als das Telefon klingelte. Sonderbarerweise war Patricia dran.

»Anne«, begann sie ohne lange Vorrede, »du bist doch Katies Freundin, nicht?«

»Ja«, bestätigte Anne erstaunt. »Was ist denn los?«

»Ach, eigentlich nichts. Noch nichts. Aber Katie und Jeff... da läuft was Krummes. Sie sagen mir nichts, aber sie planen irgendeinen Scheiß, ich merke das. Was genau, weiß ich nicht...« Aber ich, grollte Anne in Gedanken. Patricia klang beunruhigt, als sie nun fragte: »Können... könnten wir uns kurz treffen? Ich will nicht am Telefon darüber reden.« Das sah Anne nur zu gut ein. Gott sei Dank schien es außer ihr noch einen halbwegs vernünftigen Menschen im Umfeld dieses verrückten, sturen Irenclans zu geben. Vielleicht würden sie und Patricia es schaffen, die beiden noch rechtzeitig zu stoppen?

»Natürlich können wir uns treffen. Wann und wo?«

»Sehr gut. Ich bin hier in der Nähe, in 'ner Telefonzelle. Ich versuche es schon seit zwei Stunden, weißt du, ich mache mir echt Sorgen. Kannst du kurz runterkommen? Ich warte mit dem Wagen vor dem Hotel. Ich hab' nämlich nicht viel Zeit, sonst vermißt er mich, oder vielmehr sein Auto.« Sie lachte ein bißchen verlegen.

Anne willigte ein und legte auf. Sollte sie vielleicht Stefan oder Gordon mitnehmen? Nein, lieber doch nicht. Bis sie denen das alles erklärt hätte, und dann das Mordstheater, das Stefan wegen dem Koks machen würde. Dafür war jetzt keine Zeit. Sie beschloß, sich das für heute abend, als Gutenachtgeschichte, aufzusparen.

Eilig schlüpfte sie in Rock und T-Shirt und ließ Stefan und Gordon, die bereits auf der Terrasse saßen, vom Barmann ausrichten, daß es bei ihr noch eine gute halbe Stunde dauern würde. Dann verließ sie das Hotel.

Beim dritten Bier wurde Stefan unruhig. Er rief auf Annes Zimmer an. Nichts. Er ging ins Zimmer. Alles schien in Ordnung, nur keine Anne.

»Das ist nicht ihre Art«, meinte er zu Gordon, »sie ist sonst ekelhaft pünktlich.«

Auch der Barmann wußte nicht, wohin sie gegangen war. Die Sonne begann bereits zu sinken, der angereicherte Dreck in der Atmosphäre zauberte einen wunderbaren Sonnenuntergang über den Pazifik, aber die beiden hatten im Moment andere Probleme.

»Verdammt, jetzt könnte sie mal langsam wieder auftauchen«, meinte Gordon ein weiteres Bier später. »Vielleicht ist sie mit Katie unterwegs.«

»Aber dann würde sie doch anrufen...« In dem Moment schnürte

Katie pfeilgerade auf die beiden zu. Ihre Haut war falb wie eine unreife Frucht unter der Schminke, was ihr Gesicht wie ein nachkoloriertes Schwarzweißfoto aussehen ließ. Mit einer Stimme wie Knäkkebrot, sagte sie: »Kommt bitte mit aufs Zimmer. Ich muß euch da was erklären.«

Anne fand nur ganz allmählich wieder zu sich selber. Ein beißender, chemischer Geruch hing hartnäckig in ihrer Nase. Ihr Kopf schmerzte davon. Sie richtete sich auf, und das erste, was sie wahrnahm, war der verschwommene Lichtfleck einer schwachen, nackten Birne, die trübsinnig von einer kahlen Betondecke baumelte. Langsam holte sie die Erinnerung ein: Der Anruf im Hotel, das Auto auf der gegenüberliegenden Straßenseite, so ein antikes Schlachtschiff, von dem Anne die ganze Zeit über geträumt hatte, Patricia, die ihr aus dem offenen Fenster aufgeregt zuwinkte. Sie war erwartungsvoll eingestiegen und hatte noch keine zwei Worte mit ihr gewechselt, als ihr plötzlich von hinten ein Lappen vor die Nase gepreßt wurde. Dann war es ziemlich schnell Nacht geworden. Und jetzt lag sie hier, auf einer fleckigen Matratze in einer großen Garage, leergeräumt bis auf ein rostiges, ausgeschlachtetes Auto. Eigentlich war es nur noch das Skelett eines Autos. Anne sprang auf, rüttelte am Garagentor und an einer schmalen Seitentür. Verschlossen. Ein Fenster gab es nicht. Eine Dose Cola stand neben der Matratze, und sie nahm dankbar einen Schluck. Ihre Uhr zeigte kurz vor acht. So etwa um halb sechs hatte sie das Hotel verlassen. War es Morgen oder Abend? Wie lange hielt das Zeug, sie vermutete, daß es Chloroform war, an? Wahrscheinlich ist es erst Abend, schlußfolgerte sie dann. Von einer Nase voll schläft man wohl keine vierzehn Stunden.

Lieber Himmel, erkannte sie auf einmal glasklar, ich bin tatsächlich entführt worden. Entführt. Was für eine Vorstellung! Haarsträubend, ja geradezu lächerlich. Ein lebendes Pfand für ein paar Tüten weißes Pulver.

Mit der Erkenntnis kam die Reue: Was war ich auch für eine dämliche Kuh! Mich von Patricias »Ich-mache-mir-echt-Sorgen«-Tour einwickeln zu lassen. Das hat sie toll hingekriegt, Kompliment. Wie sie mich wohl hier reingeschleppt haben? Sie sah prüfend an sich herunter. Keine Spuren von Mißhandlungen zu entdecken. Sie fror ein wenig in der kühlen Garage. Wieso habe ich bloß diesen blödsinnigen

Minirock angezogen? Anne haßte es, nicht dem Anlaß entsprechend gekleidet zu sein. Im Moment verspürte sie weniger Angst, es überwog vielmehr die staunende Verwunderung, und die Wut über ihre eigene Dummheit.

Was wohl Stefan im Augenblick tat? Ob er schon Bescheid wußte? Und Katie? Jetzt mußte sie mit der Wahrheit herausrücken. Und mit dem Stoff.

Oder?

Was, wenn nicht? Immerhin war das Zeug so annähernd eine Viertelmillion wert. In Katies Augen eine Unmenge Geld. Anne mußte lächeln. Wie paradox, wegen so etwas entführt zu werden. Wenn Jeff und diese Schlampe auch nur ahnen würden, *wen* sie sich da geschnappt hatten ... Weiter kam sie nicht. Ein Gedanke fuhr ihr wie ein Messer durch den Kopf. Er war so schrecklich, daß sie ihn kaum zu Ende zu denken wagte: Womöglich steckten Patricia und Jeff gar nicht alleine dahinter, sondern – Katie.

Katie, ja wieso nicht? Sie allein konnte in etwa ermessen, wieviel da wirklich zu holen war. Hatte Katie sie etwa mitgelockt, geködert mit dieser Mafiageschichte, nur um mit Jeffs Hilfe ans ganz dicke Kapital zu kommen? Oder war die Idee während ihrer gemeinsamen Reise gewachsen? Im Grunde war das jetzt egal.

Bleischwerer Schrecken kroch heran. Anne schlug die Hände vors Gesicht. Ihre Schläfen pochten wild, sie hatte das Gefühl, gleich keine Luft mehr zu bekommen.

Zögernd begann sie nachzudenken. Traf sie, Anne, nicht selber eine gehörige Portion Schuld an ihrer jetzigen Lage? War es nicht möglich, daß Katie, trotz ihres rotzigen Gehabes, das sie für gewöhnlich an den Tag legte, Anne um ihr Leben beneidete? Nein, nicht um dieses blasse, langweilige Dasein, wie Anne es bisher geführt hatte, davon hatte Katie ja keine Ahnung. Sondern jenes sorglose Schwelgen in Luxus, welches sie, Anne, Katie während der vergangenen Tage vorgeführt hatte: Die Nobelhotels, die teuren Restaurants, die exquisiten Bars, die edlen Klamotten, das lässige Zücken der Kreditkarte mal hier und mal da.

Eine ganze Zeitlang kauerte sie regungslos da. Die Tränen schossen ihr in die Augen, quälende Selbstvorwürfe jagten einander wie die Wolkenfetzen am texanischen Himmel: Wie grenzenlos unsensibel war es von ihr gewesen, Katie jenes Trugbild vorzugaukeln, das für sie völlig unerreichbar war und immer unerreichbar bleiben würde.

Konnte man es Katie verdenken, wenn sie sich nun einfach ein Stück von dem fetten Braten nahm, welcher ihr seit Tagen unter die Nase gehalten wurde? Davon mußte eine wie sie doch unweigerlich angezogen werden, ähnlich einer Raubkatze vom Geruch frischen Blutes... Anne wurde schlecht, ihre Eingeweide begannen zu rebellieren.

Wie lange wird es wohl dauern? Ob ich die Nacht hier verbringen muß? Vielleicht schnitten sie ihr ein Ohr ab, oder einen Finger, um zu beweisen, daß sie es ernst meinten?

Werd nicht hysterisch, rief Anne sich zur Ordnung, und reiß dich endlich zusammen! Guck dich lieber in dieser Garage um, vielleicht liegt da was rum, womit man die Tür aufbrechen oder dem nächstbesten, der hier reinkommt, den Schädel einschlagen kann.

Eine Plastikgießkanne, ein Gartenschlauch, ölige Lappen, ein Plastikeimer, ein löcheriges Fliegengitter...

»Verdammt nochmal«, fluchte Anne laut. Was sie eigentlich suchte, wußte sie selbst nicht so genau, aber es war immerhin besser, als grübelnd herumzusitzen. Auch das Autowrack gab nichts her. Keine Stoßstange, die man abmontieren und zur Waffe umrüsten konnte, keine Felgen mehr, nicht einmal ein Schaltknüppel, geschweige denn so ein traumhafter Gegenstand wie ein Wagenheber. Nichts. Wenn ich Jeff oder diesem Miststück Patricia den Plastikeimer an den Kopf schleudere, ob das ausreicht?

Die Seitentür wurde aufgeschlossen und ein Kerl betrat die Garage. Es war nicht Jeff. Der hier war ein gutes Stück kleiner und glich eher einem eingelaufenen Bodybuilder. Sein Kopf schien winzig im Verhältnis zu seinen Muskelbergen, vermutlich war er gerade dabei, dieses überflüssige Körperteil ganz wegzutrainieren. Sein Gesicht hatte etwas Rattenhaftes.

»Hinsetzen«, sagte er leise. In der Stimme schwang eine unangenehm hohe Kopfnote. Ob das von den Pillen kam?

Anne gehorchte. Sie wollte keinesfalls riskieren, wie ein Hund angebunden zu werden. Hinter Mr. Anabolika erschien Patricia mit einer Pistole in der Hand.

Katie? Wo war Katie?

Patricia sah Anne prüfend an und blieb in der Tür stehen. Zumindest funktionierte der Zimmerservice so einigermaßen, denn Rattengesicht stellte ein Tablett mit einer frischen Dose Cola und einem Hamburger neben Anne ab.

»Wie lange soll ich hier festgehalten werden?« erkundigte sich Anne giftig.

»Gefällt's dir bei uns nicht, Honey?«, antwortete der Kerl und grinste, was sein Gesicht noch mehr entstellte.

»Halt die Klappe!« kam Patricias Stimme wie ein Peitschenhieb von der Tür. »Und du auch.« Anne beschränkte sich darauf, Patricia herablassend anzusehen. Gib dir ja keine Blöße vor diesem Pack, ermahnte sie sich.

Mit ihrer Waffe wirkte Patricia autoritär und entschlossen. Ganz anders als gestern auf der Veranda, mit den bunten Papierfetzen im Haar. Jeff ließ sich nicht blicken. Schade, speziell für ihn hatte sich Anne schon ein paar deutliche Worte überlegt. Was sie allerdings Katie sagen würde, falls...

»Beeilung, Rich! Oder willst du hier übernachten?« fuhr Patricia das Kraftpaket an.

»Das ist 'ne prima Idee.« Er griff mit seinen sabbernden Blicken nach Annes nackten Beinen. »Bis später, Honey, ich werde mich nachher ein wenig um dich kümmern.«

»Einen Scheißdreck wirst du«, knurrte Patricia, und die beiden verschwanden, wobei Rich, hinter Patricias Rücken, seine Absichten mit einer ebenso unmißverständlichen wie obszönen Geste durchblicken ließ.

Kaum waren sie weg, sprang Anne wie elektrisiert auf. Sie dachte keine Sekunde länger über Katie nach. »Ich muß was finden, irgendwas«, flüsterte sie beschwörend zu sich selber, »bis dieser Kerl wiederkommt...« Ein paar unerträglich widerwärtige Vorstellungen drängten sich ihr auf. Sie spürte eine kalte, scheußliche Angst herannahen, leise und ungreifbar, wie ein gräßliches Tier aus der Dunkelheit.

Fieberhaft durchstöberte sie erneut die Garage, aber viel mehr als vorhin gab es nicht zu entdecken. Sie sah in ihre Handtasche. Was für Dilettanten, ihr nicht einmal die abzunehmen. Es könnte ja ein Revolver oder eine Handgranate drin sein. Sie verscheuchte diese Wunschgedanken und konzentrierte sich auf die Tatsachen: ein Feuerzeug. Damit könnte sie die Lappen anzünden. Und dann? Die Kreditkarten. Sie versuchte ihr Glück bei der Seitentür. »Ganz ruhig, Anne, nicht so zittern! Im Fernsehen geht das doch immer so einfach«, murmelte sie und versenkte die goldene Amex im Türspalt.

»Scheiße!« Gold hin oder her, die Karte war hinüber, die Tür zu.

Auch Diners Club und Mastercard versagten kläglich, ihre Visakarte vermißte sie schon seit Tagen. Eine Haarnadel bräuchte ich, dachte Anne, damit bohrte man ein bißchen im Schloß herum, und schon springt es auf. Aber sie besaß keine Haarnadel, außerdem würde das bestimmt ein ähnlicher Reinfall. Blieb noch die Nagelfeile. Absolut chancenlos gegen die schwere Eisentüre.

»Ha, ich könnte ihn zu Tode maniküren«, höhnte sie und trat vor Wut heftig gegen das Autowrack. Es wackelte, und dabei ertönte ein leises Plätschern. Sie trat noch einmal dagegen. Wieder das Geräusch. Benzin. Da war noch Benzin im Tank. In ihrem Kopf begannen tausend Rädchen zu klicken. Das Benzin... der Gartenschlauch... ihr Feuerzeug... damit müßte sich doch irgend etwas anstellen lassen.

Anne arbeitete mit fliegenden Händen. Ich muß fertig werden, ehe er zurückkommt, wiederholte sie gebetsmühlenartig in einem stummen Monolog. Immerhin ging es darum, die verbliebenen Reste ihrer Tugend zu verteidigen, sagte sie sich mit einem verzweifelten Anflug von Galgenhumor. Doch der nützte ihr jetzt wenig. Angst drang unaufhaltsam wie ein wucherndes Geschwür vom Magen in jede einzelne Körperzelle vor.

Es dauerte kostbare Minuten, ehe sie den festgerosteten Tankdeckel aufbekam. Mit der scharfen Kante einer vergessenen Blechdose schnitt sie ein Stück des Gartenschlauches ab, versenkte ihn im Benzintank und saugte an, zuerst vorsichtig, dann kräftiger. Natürlich passierte genau das, was sie gerne vermieden hätte, sie bekam die ganze Ladung in den Mund. Hustend und spuckend fing sie das kostbare Rinnsal mit der leeren Coladose auf. Mit den Lappen säuberte sie den rauhen Steinboden so gut es ging vom verkleckerten Benzin. Trotzdem stank es verdächtig. Sie ließ den Gartenschlauch verschwinden, spülte sich den Mund mit dem Rest Cola aus dem Pappbecher und hatte eben eine lässige Pose auf ihrer Matratze eingenommen, als sich die Tür erneut öffnete. Es war Rattengesicht, eine Bierdose in der Hand, frohe Erwartung im Blick. In seinem albernen Halbstarkengang walzte er auf sie zu.

»He Honey, ich werde jetzt ein bißchen nett zu dir sein.«

Anne schluckte stumm. Wie konnte ein einzelner Mensch nur dermaßen dummgeil grinsen.

»Aber, wenn du hier rumbrüllst, muß ich leider grob werden.«

»Warum sollte ich?« hauchte Anne. Lächeln, befahl sie sich, lächeln! Sie hatte die Beine grazil verknotet und den Rock ein großzügiges Stück weiter als nötig hochgeschoben. »Setz dich, ich habe dich erwartet.« Das war noch nicht einmal gelogen. »Mir ist sowieso langweilig, und du gefällst mir.« Das schon.

Rich näherte sich mißtrauisch. »Versuch keine Tricks, ich bin nicht blöde.«

»Hast du mal 'ne Zigarette?« fragte sie flehentlich. »Ich würde wirklich *alles* machen, für eine Zigarette.« Lieber Gott, laß ihn eine Zigarette dabeihaben!

»So?« Rich setzte wieder dieses üble Grinsen auf. »Na, dann wollen wir mal sehen.« Er kniete sich vor Anne auf den Boden und tastete mit seiner fleischigen Hand an ihrem Schenkel entlang. Auf seinem Handrücken wuchsen dicke Haare, man hätte Schuhe damit bürsten können. Anne wurde flau. Nein, dachte sie in einem Anflug wilder Panik, das stehe ich nicht durch. Sie hielt die Hand so sachte wie möglich fest. »Erst die Zigarette. Bitte! Sonst bin ich überhaupt nicht bei der Sache, wenn du weißt, was ich meine…« Ihre Stimme klang spröde wie zerbrochenes Glas, hoffentlich deutete Ratte das als Entzugserscheinung.

»Die Mädchen, die ich kenne, rauchen immer hinterher«, wandte er ein und schob seine Hand unter Annes T-Shirt. Anne erstarrte. Das war das Widerlichste, das ihr je passiert war. Nie wieder würde sie den feuchtwarmen Druck dieser Finger auf ihrer Haut vergessen. Unter Mobilisierung aller verbliebenen Willenskräfte würgte sie ihren Ekel hinunter.

»Das auch«, preßte sie hervor, »aber ich habe seit Stunden nichts mehr geraucht, ich werde jetzt gleich ohnmächtig.« Sie überwand sich über alle Maßen, knöpfte sein knalleng sitzendes Hemd auf. Eine bläuliche Tätowierung wurde sichtbar, es sah aus wie Schimmel. Mit fahrigen Händen strich sie über die steinharte, haarlose Brustmuskulatur. »Das wäre doch schade, nicht?«

»Meinetwegen«, seufzte er genervt, »aber dafür bist du dann auch ganz besonders nett zu mir, klar?«

»Und wie. Ich kann nämlich tolle Sachen.«

Rich faßte in seine Hosentasche und förderte eine zerdrückte Schachtel Lucky Strikes zutage. »Ist das deine Marke?«

Anne griff sich gierig eine Zigarette. »Ich rauche alles.«

»Du scheinst sie echt nötig zu haben.«

»Nicht nur die«, keuchte Anne mit einer original Teresa-Telefonstimme, und deutete auf ihr Feuerzeug neben den Essensresten. »Gib mir Feuer.«

Rich gehorchte jetzt willenlos, sein Resthirn war ihm endgültig in die Hose gerutscht. Diese Braut war ein echter Glücksfall, stellte sich überhaupt nicht zickig an. Er hielt ihr die Flamme hin, doch Anne lächelte ihn verheißungsvoll an und nahm die Zigarette wieder aus dem Mund. Mit ihrer freien Hand griff sie nach der Coladose, setzte sie an die Lippen und nahm den Mund ordentlich voll. Dann hob sie die Zigarette wieder auf. Rich, jetzt ganz Gentleman, ließ das Feuerzeug erneut aufflammen.

Gordon hatte recht gehabt. Benzin war doch eine ganz andere Sache als Petroleum, nicht nur, was die Geschmacksnote betraf. Die Wirkung war überzeugend: Eine Hitzewelle schlug Anne scharf entgegen. Mit einem irren Satz sprang sie zurück. Ein weißer Feuerteppich saugte sich im Bruchteil einer Sekunde an Rich fest, der im ersten Moment nicht begriff, was los war. Dann stieß er ein unmenschliches Jaulen aus. Er schmiß sich auf die Matratze, Anne schauerte zusammen, denn sein Tiergebrüll war kaum zu ertragen.

Dann aber reagierte sie blitzschnell. Sie rannte zur Seitentür, riß sie auf und stand in einem schmalen, fensterlosen Flur. Ratlos blickte sie sich nach einem Fluchtweg um, als die Tür am anderen Ende aufsprang. Aufgescheucht von Richs gräßlichen Schreien stürmten Jeff und Patricia heran. Jeff stürzte an Anne vorbei zur Garage und riß die Tür auf. Ein Gestank nach Benzin und verbranntem Fleisch waberte durch den Gang. Jeff wurde bleich wie ein Bettlaken, als er sah, wie sich Rich lodernd am Boden wälzte. Hilflos flatterte er um den zuckenden Körper herum.

Patricia behielt als einzige den Überblick. Einen Moment standen sie und Anne sich gegenüber wie zwei Sumo-Ringer, dann landete eine Faust in Annes Gesicht, so daß sie prompt zu Boden ging und sich freiwillig nicht mehr vom Fleck rührte.

Jeff schaffte es irgendwie, die Flammen zu ersticken, aber Rich sah übel aus.

»Pat, wir brauchen einen Arzt, einen Krankenwagen!«

»Bist du irre?« antwortete Patricia. »Pack ihn in den Wagen und bring ihn ins nächste Krankenhaus. Setz ihn da ab und verschwinde, die werden sich schon um ihn kümmern. Selber schuld, der geile Bock, was hatte er auch da drinnen zu suchen?«

Jeff zerrte nun verzweifelt an seinem Kumpel. »Rich, mein Gott,

Rich, kannst du gehen?« Rich konnte nicht. Er war nicht ansprechbar, krümmte sich stöhnend am Boden.

»Pat, du mußt mir helfen, alleine kriege ich ihn nicht in den Wagen!«

»Immer der Reihe nach«, meinte Patricia, »zuerst werde ich mich um unser Goldkind kümmern.« Alle Achtung, dachte Anne, diese Frau versteht es, Prioritäten zu setzen.

»Aber, schau nur, was sie mit ihm gemacht hat. Er stirbt womöglich!« winselte Jeff.

»Wenn schon«, gab Patricia zurück, »ich wollte ihn von Anfang an nicht dabeihaben. Steh auf«, meinte sie zu Anne, und es klang nicht einmal unfreundlich. Anne leistete klugerweise keinen Widerstand. Patricia brachte sie ins Haus, führte sie in eine Art Besenkammer und drückte sie in einen Stuhl. Auf dem wurde sie sachgemäß festgebunden, sie konnte sich wirklich keinen Zentimeter mehr rühren. Patricia knipste das Licht aus.

»Du kannst ruhig Krach schlagen, das interessiert hier keinen.« Aber Anne sagte nichts mehr, ihr reichte es. Sie fühlte ihre Wange aufquellen wie ein Marshmallow in der Mikrowelle, außerdem tat ihr dieser Rich trotz allem ein wenig leid. Für einen flüchtigen Moment mußte sie an jenen dummen Streit mit Katie über die »Verhältnismäßigkeit der Mittel« denken.

Patricia verließ das Zimmer. Durch ein schmales Fenster konnte Anne ein Stück rosaverblassenden Abendhimmel sehen.

Katie, Stefan und Gordon sprachen wenig, als sie durch die frühmorgendlich ruhigen Straßen glitten. Gordon fuhr. Sie erreichten die von Patricia exakt beschriebene Stelle, einen übersichtlichen, ungeteerten Platz vor dem verschlossenen Gittertor eines Schrottplatzes in der Nähe des Hafens. Noch war hier niemand zu sehen. Gordon parkte den Wagen, so daß sie den Gitterzaun im Rücken hatten. Dann warteten sie. Rostige Container und alte Paletten standen herum, irgendwo kläffte ein Hund.

Katie umklammerte eine unauffällige braune Einkaufstüte. »Keine Sorge, ich mach' das schon«, murmelte sie, mehr zu sich selbst, als zu den anderen. »Ich hab' sie da reingeritten, also hole ich sie auch wieder aus der Scheiße raus.«

Sie kamen von der anderen Seite, Punkt sechs, wie verabredet. Jeff saß am Steuer seines alten Buicks, einem echten Klassiker, neben ihm Anne, hinten Patricia. Sie hielten in etwa fünfzig Meter Entfernung an. Katie stieg aus und blieb neben dem Wagen stehen. Ebenso Pat. Jeff zog es vor, im Auto zu bleiben und Anne eine Pistole an den Kopf zu halten.

»Hast du das Zeug dabei? Ich will es sehen«, rief Patricia.

»Dann komm her!« sagte Katie.

Patricia zögerte. »Denk dran, wenn mir was geschieht, ist sie sofort dran!« Sie deutete auf Anne. Jeff fuchtelte mit der Pistole herum.

»Ist schon klar.«

Patricia kam auf sie zu. Als sie noch zwei Schritte entfernt war, befahl Katie: »Halt! Ich lege es jetzt auf die Motorhaube. Dann kannst du eine Probe haben.«

Pat nickte. Ihre rechte Hand ruhte an einem Pistolengriff, der aus ihrer Jeans hervorlugte. Katie kippte den Inhalt der braunen Tüte auf die Haube, lauter kleine Zellophantütchen, die blütenweiß und unschuldig in der Sonne leuchteten. Katie zählte sie laut ab.

Patricias Augen bekamen einen seifigen Schimmer, aber sonst ließ sie sich nichts anmerken. »Jetzt will ich probieren.« Sie machte einen Schritt auf den Wagen zu.

»Du rührst das Zeug nicht an, bevor Anne hier ist«, sagte Katie ruhig und entschlossen. »Sag mir, welche Tüte ich nehmen soll, und du kriegst sie.« Pat überlegte einen Moment, ob sie darauf eingehen sollte, aber eigentlich klang die Sache korrekt.

»Okay.«

Katie ließ ihren Finger über den Päckchen kreisen und Patricia rief: »Stop!«

»Die hier?« Katie zeigte auf eines.

»Nein, das daneben, nein… ja, das!«

Katie zog das Päckchen unter Patricias Adleraugen heraus, dann vollführte sie eine neckische, kreisende Handbewegung und warf es ihr zu.

»Voilà«, meinte sie nonchalant, als wäre das alles nur ein Spiel.

»Laß den Scheiß«, maulte Patricia und fing die Tüte auf.

Stefan beobachtete die Vorgänge genau. Bis jetzt nahm alles einen normalen Verlauf, wie ihm schien, falls man unter diesen Umständen überhaupt von normal sprechen konnte. Gordon sah ebenfalls gebannt auf die beiden, und ihm wurde vor Schreck ganz schlecht. Aber er sagte nichts. Katies Revolver lag gut in seiner Hand.

Patricia ging mit der Probe zu ihrem Wagen zurück und rieb sich das Zahnfleisch ein. Jeff ebenso. Der Rest lag noch immer unangetastet auf der Haube. Katie hing abwartend hinter der offenen Wagentür. Ein paar Minuten verstrichen.

»Taub wie eine Nuß«, sagte Patricia schließlich zufrieden nickend zu Jeff, und dann rief sie Katie zu: »Scheint in Ordnung zu sein.«

Es gab eine zähe Verhandlung zwischen Katie und Patricia über den Modus der Übergabe von Stoff und Geisel. Schließlich einigten sie sich, und was folgte, wirkte wie ein schlecht einstudierter Eiertanz: Katie packte unter Jeffs und Patricias Argusaugen die Päckchen in die Tüte, stellte diese in die Mitte, zwischen die beiden Autos, und lief zurück zu ihrem Wagen. Dann gingen Patricia und Anne los. Anne bewegte sich mechanisch, wie ferngesteuert, auf den Ford zu. Schweißperlen standen ihr auf der Stirn. Patricias Hand hing nervös an ihrem Gürtel. In der Mitte angekommen, schnappte sie sich die Tüte und stakste rückwärts mit gezogener Waffe zu Jeffs Auto. Gordon hielt jetzt den Revolver warnend in Patricias Richtung, Jeff war sich im unklaren, wohin er überhaupt zielen sollte.

Anne konnte nicht schneller gehen. Sie rechnete jeden Augenblick damit, einen Schuß zu hören. Würde sie ihn überhaupt noch hören? Oder war der Tod schneller als der Schall? Würde sie, Anne Schwartz, hier, im Morgengrauen auf einem elenden Schrottplatz, mit einer Kugel im Rücken verenden?

»Lauf, Anne!« rief Katie angstvoll, denn Patricia war bereits bei Jeffs Wagen. Die letzten paar Meter stolperte Anne mehr, als sie ging.

Gordon ließ den Motor an. Anne schlüpfte durch die hintere Tür neben Stefan. Als sie in Sicherheit war, sprang auch Katie in den Wagen. Ein Schuß pfiff im selben Augenblick durch die Luft, und zertrümmerte den linken Scheinwerfer. Katie krallte sich den Revolver und schoß zweimal durchs halboffene Wagenfenster zurück, so daß allen die Ohren klingelten. Ob und was sie getroffen hatte, konnten sie nicht feststellen, denn Gordon trat das Gaspedal durch, und sie flogen mit quietschenden Reifen davon, eine schützende Staubfahne hinter sich aufwirbelnd.

Gordon hetzte den Ford in halsbrecherischem Tempo durch Suburbia. Zuerst sprach niemand etwas. Stefan hielt Anne im Arm, bis ihr Zittern etwas nachließ.

»Was ist mit deinem Auge?« fragte schließlich Katie. »Das ist ja noch blauer als meines von neulich.«

»Das war Pat.«

»Sauber. Aber …«, Katie drehte sich um und sah Anne prüfend an, »deine Augenbrauen … sie sehen eigenartig aus.«

»Ein bißchen angesengt.«

»Angesengt?«

Anne erklärte in knappen Worten, was vorgefallen war. Gordon bekam Zustände.

»Benzin! Bist du denn noch bei Trost? Die ganze Bude hätte in die Luft fliegen können! Der Wahnsinn! Benzin! Das kommt davon, wenn man Laien solche Tricks zeigt.«

»Was für Tricks?« Stefan verstand nur noch Bahnhof.

»Feuerspucken«, antwortete Anne leichthin, »hab' ich dir das noch gar nicht erzählt?«

»Hast du nicht. Das willst *du* können?«

»Für den Hausgebrauch reicht es.«

»Warum rast du eigentlich so?« fragte Stefan, als Gordon den Wagen kreischend um eine enge Kurve trieb.

»Nur, falls sie uns verfolgen.« Anne und Stefan drehten sich wie auf Kommando um.

»Das war unverantwortlich, Katie!« Gordon sprach leise, so daß die hintere Bank nichts mitbekam. Aber die zwei beobachteten gespannt den nachfolgenden Verkehr.

»Was denn?« wisperte Katie mit Unschuldsblick.

»Dein Trick mit der Probe. Dilettantismus erster Ordnung! Das konnte ja ein Blinder sehen!«

»Das ist nicht wahr. So gut wie heute war ich noch nie. Kein Mensch hat was gemerkt, vor allem nicht Patricia. Nur du, aber das zählt nicht.«

»Du hast Annes Leben riskiert.«

»Ich wußte genau, was ich tat«, antwortete Katie patzig, »du hast es mir selber beigebracht.«

»Was ist in den anderen Päckchen?«

»Puderzucker, aus der Hotelküche.«

Gordon stöhnte. »Hoffentlich merken sie das erst, wenn wir in der Luft sind.«

»Wer? Die Hotelköche?«

»Sei nicht albern. Deine werte Verwandtschaft.«

Jetzt sah sich auch Katie um. Doch nichts Verdächtiges war zu bemerken.

»Da ist nichts zu sehen«, meinte Anne. »Warum sollten sie uns denn auch verfolgen, sie haben doch jetzt, was sie wollten.«

Am Flughafen L. A. X. setzte Gordon sie ab. Danach würde er den Ford zum Autoverleih zurückbringen und dann Harveys Corvette alleine nach New York fahren. Er küßte Anne zum Abschied einen Tick zu lange, Stefan sagte aber nichts. Die drei checkten ein und hoben schließlich ab, ohne daß irgend jemand sie aufgehalten hätte.

Anne schlief während des gesamten Fluges. Es gab einiges nachzuholen, nach der unbequemen Nacht, verschnürt wie eine Salami auf einem harten Küchenstuhl.

»Das wünsche ich meinem ärgsten Feind nicht«, gähnte sie und sank in den unsagbar weichen Flugzeugsitz. »Da war's ja im Knast deutlich bequemer.«

»Bitte, wo?« fragte Stefan. Aber Anne war schon eingedöst, und Katie deutete einen Vogel an: »Sie ist noch ein bißchen wirr im Kopf. Wir müssen Geduld mit ihr haben.«

Kaum in der Luft, bestellte Katie einen Margherita. Verstohlen betrachtete sie Anne, die das ganze Theater recht gut überstanden zu haben schien. Hätte ich unserem Schickeria-Dämchen gar nicht zugetraut, gestand sie sich ein. Besonders wenn man bedenkt, daß sie ihr bisheriges Leben in so 'ner Art rosa Wolke aus Zuckerwatte verbracht hat.

Als sie in New York am Flughafen auf ein Taxi warteten, reckte Katie mit dramatischer Geste die Arme in die Luft und rief: »Ah, endlich wieder New York. Mein Gott, wie konnte ich nur jemals glauben, in diesem komischen L. A. leben zu können. Jetzt kriegt mich keiner mehr von hier weg!«

»Meinst du nicht, daß es hier immer noch gefährlich für dich ist?« fragte Anne. »Was ist mit den Typen aus dieser üblen Kneipe? Ehrlich gesagt, ich würde es nicht sehr begrüßen, wenn du im Fundament eines Sozialbaus enden würdest, nach allem, was wir durchgemacht haben.«

Es war lange her, so lange, daß Katie sich nicht mehr daran erinnern konnte, daß sich jemand um sie Sorgen gemacht hatte. Die neue Erfahrung stieß bei ihr auf Unsicherheit, ja sogar auf Ablehnung. »Ach was«, brummte sie unwirsch, »das waren bloß irgendwelche Vögel, die mitgekriegt haben, daß ich mal 'n paar Gramm verkauft hab'. Die wissen garantiert von nichts.«

»Hoffentlich. Katie, was ich dir noch sagen wollte…« Anne druckste jetzt ihrerseits verlegen herum und trat von einem Bein aufs andere, »... danke, daß du mich so schnell da rausgeholt hast. Ich weiß, was das Zeug für dich bedeutet hat, und jetzt bist du genaugenommen wegen mir pleite. Aber ich werde versuchen, dir...«

»Spar dir die Dankeshymne«, unterbrach Katie, »so ganz stimmt das nicht.«

»Doch, doch, es ist schon so. Das war durchaus keine Selbstverständlichkeit.« Mit heißer Scham mußte Anne an ihren unsäglichen Verdacht denken.

»Du verstehst mich falsch«, flüsterte Katie, denn es standen noch mehrere Leute um sie herum, »ich hab' ihnen das Zeug nicht gegeben.«

»Wieso? Ich hab's doch selber gesehen.«

Katie zog Anne etwas zur Seite und erklärte ihr, leise und in knappen Worten, von ihrem gelungenen Bluff.

Zuerst sagte Anne gar nichts, sie starrte Katie nur wie eine Erscheinung an. Urplötzlich war dieser schreckliche, von Todesangst erfüllte Augenblick auf dem Schrottplatz wieder da. Dann holte Anne weit aus und versetzte Katie eine schallende Ohrfeige.

Eigentlich gab es jetzt für Anne keinen zwingenden Grund mehr, in New York zu bleiben. Doch sie reiste noch nicht ab. Sie mietete sich – vom Plaza hatte sie vorerst genug – im Algonquin ein. Von dort aus sah man sie in den nächsten Tagen geschäftig kreuz und quer durch New York flitzen, daneben schien sie an einem neuen Telefonrekord zu arbeiten. Sie telefonierte mit ihrem Vater, ihrem Steuerberater und ihrem Rechtsanwalt, und das mitunter mehrmals am Tag. Sie traf sich mit Gordon, mit Gordon und Harvey, und nochmals mit Gordon, Harvey und ihren Rechtsanwälten.

Katie traf sie nicht mehr.

Als sie nach Tagen etwas Zeit fand, ging sie mit Stefan zum Dinner. Er erzählte, daß Katie es vorerst nicht wagte, den Stoff in größeren Mengen zu verkaufen.

»Woher weißt du denn das?« fragte Anne betont arglos, worauf Stefan unruhig auf seinem Stuhl herumzurutschen begann.

»Sie hat mich... ich habe sie... also, wir waren bloß mal zusammen essen, das wird wohl nicht verboten sein!«

»Keineswegs. Wie könnte *ich* dir etwas verbieten? Warum wirst du denn so nervös? Übrigens, wohnt sie eigentlich noch bei Lis?«

»Wo sollte sie denn sonst hin? Sie hält sich im Moment sozusagen im Untergrund, man weiß ja nie…«

»Hast du ihr erzählt, daß wir«, Anne schluckte, »uns trennen werden?«

»Nein«, sagte Stefan, »nur daß wir zur Zeit ein paar Differenzen haben.«

Am Sonntagmittag schaute Anne bei Lis vorbei.

»Katie ist nicht da«, bedauerte Lis. Sie war im Morgenrock und frühstückte mit Paul, der einen seidenen Pyjama trug, und Gordon, der Anne anstrahlte wie ein Weihnachtsbaum. »Sie ist zum Friedhof gegangen. Ihren Vater besuchen.«

»Sie hing wohl sehr an ihm, was?«

»Ja, das kann man sagen«, nickte Lis. »Auch 'nen Frenchtoast?«

»Nein, danke. Allein vom Anschauen bekomme ich Zahnweh. Was war er für ein Mensch, ihr Vater?«

»Tja«, meinte Lis mampfend, »wenn du Katie fragst, war er der tollste Vater der Welt, der lediglich eine Dauerpechsträhne hatte. In Wirklichkeit war er ein notorischer Weiberheld und Spieler, der jeden in der Lower East Side in Grund und Boden saufen konnte. Was er auch fast täglich unter Beweis stellte. Kein Wunder, daß er keinen Job mehr bekam. Aber kräftig singen konnte er und war meistens gut drauf, das muß man ihm lassen. Und zu Katie war er immer nett, nur mit ihrem Bruder hat es öfter gekracht. Bis er dann mal zuviel erwischte, aber das weißt du ja sicher von Katie.«

»Es war ein Autounfall, nicht wahr?«

»Nun, ja… er lag besoffen wie ein Schwein am frühen Morgen auf der Straße herum und wurde vom Müllauto angefahren. So gesehen war es allerdings schon ein Autounfall.« Lis schüttelte den Kopf und grinste. »Aber sag bloß nichts zu Katie, sonst rastet sie aus. Für sie ist er noch immer der Größte.«

»Ich weiß. Wo ist dieser Friedhof?«

»In Queens. Warte, das muß ich dir aufzeichnen, sonst irrst du da tagelang herum.« Lis malte mit kindlichem Eifer eine Lageskizze auf. »Da müßte es sein.« Sie reichte Anne den Zettel.

»Du hast ihr doch noch nichts gesagt?« wandte sich Anne an Gordon.

»Kein Sterbenswörtchen, wie befohlen.«

Anne verabschiedete sich rasch und fuhr mit dem Taxi zu den riesigen Friedhöfen von Queens. Lis' Skizze erwies sich als überraschend exakt und hilfreich, und schließlich fand sie Katie, wie sie im Schneidersitz vor einem ziemlich zugewucherten, in den Rasen eingelassenen Grabstein kauerte. Neben ihr stand ein gewaltiger Sony Ghetto-Blaster, weiß der Teufel, wo sie den wieder gestohlen hatte. Es lief allem Anschein nach eine Baseball-Life-Übertragung.

»Was treibst du denn da?« fragte Anne völlig perplex.

Katie zuckte zusammen. »Verdammt! Du kannst einen vielleicht erschrecken, mit deiner Scheiß Anschleicherei!« Von unten herauf fixierte sie Anne mißmutig. »Das siehst du doch.«

»Allerdings. Du sitzt vor einem Grabstein und hörst dir volle Lautstärke ein Baseballspiel an.«

»Basketball, nicht Baseball.« Manchmal war Anne wahrhaftig nicht von dieser Welt. »Mein Vater liebte Basketball. Das sind die New York Knicks gegen die Chicago Bulls.«

»Aha. Wie geht's?«

»Die Bulls führen 86 zu 79.«

»Nicht wie es steht, wie es dir geht!« Anne mußte fast brüllen.

»Danke. Bestens«, log Katie.

Der unerwartete Besuch, noch dazu an diesem Ort, paßte ihr nicht. Die Ohrfeige von Anne brannte noch immer wie eine frische Wunde. Es ist seltsam, hatte sie seither ein paarmal gegrübelt, früher oder später fangen sämtliche Leute um mich herum an, mich zu schlagen. Sogar Anne, die doch sonst so großen Wert auf feine Umgangsformen legt. Irgendwie glauben alle, ein Recht dazu zu haben. Außer meinem Vater, der war ganz anders, und ausgerechnet der ist tot.

»Mensch, stell doch mal leiser!«

Widerwillig würgte Katie das röhrende Ding ab: »Störst du mich deshalb in meiner Andacht, um zu fragen, wie es mir geht?«

»Natürlich nicht. Ich möchte dir einen Job anbieten«, eröffnete Anne ohne lange Vorrede.

»Du? Mir? Was für einen Job?« fragte Katie mißtrauisch. »Pillen zählen? Rotäugige Laborratten dressieren?«

»Beim Radio.«

»Welches Radio? Laß dir doch nicht alles aus der Nase ziehen!« Katie sah keinen Anlaß, ihre schlechte Laune zu verbergen.

»Mein Sender. Meiner und Gordons. Ich habe Harvey ausbezahlt. Jetzt gehört der Sender je zur Hälfte mir und Gordon.«

»Oh, entschuldige, daß ich nicht gleich darauf gekommen bin!« Katie verdrehte die Augen und schürzte affektiert die Lippen. »Madame kauft sich also einen Sender, na, wenn's weiter nichts ist.«

»Sei nicht so eklig«, bat Anne ruhig.

»Willst du nicht selbst einsteigen?« Das klang immerhin eine Spur verbindlicher.

»Ich? Nein. Doch nicht mit meinem Ruth-Westheimer-Akzent. Ich bin nur der stille Teilhaber.«

Allmählich gewann Katies Neugier doch die Oberhand. »Und was soll ich dabei? Die Platten abstauben?«

»Nein, du sollst Sendungen moderieren. Aber das kann dir alles Gordon näher erläutern. Über deinen Musikgeschmack läßt sich zwar streiten, aber du kennst dich einigermaßen gut aus. Gordon ist jedenfalls der Meinung, du wärst die Richtige. Ein großes Mundwerk hast du ja.«

Katie runzelte skeptisch die Stirn: »Ich soll also für *dich* arbeiten?«

»Daß dir eines klar ist«, erklärte Anne, die schon mit Katies Irenstolz gerechnet hatte, »das ist lediglich ein Geschäft zwischen uns. Du bekommst ein ganz normales Gehalt, teilweise leistungsabhängig. In der ersten Zeit dürft ihr Verluste machen, die kann ich von der Steuer absetzen. Aber nach zwei, drei Jahren spätestens will ich Gewinne sehen, sonst verkaufe ich meinen Anteil. Und noch was: Gordon ist der Boss, was er sagt, wird gemacht, klar? Wenn du dich eklatant daneben benimmst, schmeißt er dich sofort raus.«

So benimmt sich also die knallharte Geschäftsfrau gegenüber ihrem Personal. Katie begann auf einmal zu lachen, aber es wirkte unecht.

»Was ist so witzig?« fragte Anne, etwas aus der Fassung gebracht.

Katies Augen wurden schmal wie Messerrücken. »Es macht Spaß, den lieben Gott zu spielen, wenn man ein sechsstelliges Bankkonto hat, nicht wahr, Anne? Es heißt zwar immer, Geben wäre seliger als Nehmen, aber inzwischen habe ich da so meine Zweifel... Trotzdem vielen Dank für dein barmherziges Angebot.«

»Ich habe kein sechsstelliges Bankkonto«, korrigierte Anne.

»Willst du mich verscheißern?«

»Es ist siebenstellig.«

Daraufhin erwiderte Katie erst einmal gar nichts.

»Da ist noch was... eine kleine Bedingung...«

»Aha, dachte ich mir doch, daß da ein Haken ist«, seufzte Katie, »was willst du denn von mir? Soll ich dir meine Seele verkaufen?«

»Katie«, begann Anne in ungewohnt mildem Tonfall und sah ihr dabei direkt in die Augen, »was bedeutet dir ein Versprechen unter Freunden?«

Die Frage irritierte Katie, aber dann antwortete sie ehrlich: »Was soll die blöde Frage? Das ist endgültig. Ein Versprechen ist ein Versprechen, sonst ist man ein Schwein.«

»Sind wir noch Freunde?« erkundigte sich Anne vorsichtig.

»Naja…«

»Es tut mir ehrlich leid, wegen der Ohrfeige. Ich bin einfach ausgeflippt!«

»Logo sind wir noch Freunde«, versicherte Katie generös und bedauerte im stillen, daß sie nicht halb so nachtragend sein konnte, wie sie eigentlich wollte. »Wir sind quitt.«

»Okay.« Anne wirkte erleichtert. Dann rückte sie heraus: »Katie, würdest du mir, als Gegenleistung für den Job beim Sender, versprechen, Stefan nicht wiederzusehen?«

»Ob ich…«, Katie geriet ins Stottern, »hat er dir erzählt… aber ich dachte… also, wir waren bloß mal zusammen essen.« Vor Verlegenheit wand sie sich wie ein Wurm auf dem Trockenen.

Anne ließ ihr keine Zeit. »Dieser Job ist eine einmalige Chance für dich, das brauche ich dir wohl nicht extra zu sagen.«

Nein, das brauchte sie nicht, da gab sich Katie keinerlei Illusionen hin. »Ich hatte den Eindruck, du wolltest ihn verlassen, jedenfalls hat er das gesagt«, murmelte sie verdruckst und knetete ihre Hände.

»Es tut jetzt nichts zur Sache, was *er* sagt.« Stefan, du feiges, verlogenes Mannsbild! »Das Versprechen gegen den Job«, beharrte Anne, und ihr Gesicht war nun undurchdringlich wie eine Sackgasse.

Katie war äußerst unbehaglich zumute. Diese Frau konnte wirklich cool sein, von der konnte selbst J. R. Ewing noch was lernen.

»Das muß ich mir überlegen, ich meine, weißt du…«

»Hast du dich etwa in ihn verknallt?« fragte Anne mit beißendem Spott.

»Nein, so kann man das nicht sagen. Ich kenne ihn doch kaum, aber er ist schon nicht übel«, stammelte Katie hin- und hergerissen.

»Schau dich doch an«, versuchte es Anne auf die Schmeicheltour, »du kannst doch jeden Kerl haben.«

»Naja…«

»Aber nicht jeden Job.«

Das saß, Katie strich die Segel. Hier stand die Spinne, und sie war die Fliege. Gefühle konnte sie sich angesichts ihrer Lage einfach nicht leisten. »Gut, ich beuge mich vor der geballten Macht des Kapitals«, preßte sie hervor und verkündete etwas versöhnlicher: »Er ist *dein* Typ, und wenn du ihn immer noch willst, dann werde ich mich raushalten. Und das nicht bloß wegen deiner plumpen Erpressung, sondern weil ich prinzipiell einer Freundin keinen Kerl wegschnappe.«

»Das ist um so besser.« Anne lächelte katzenfreundlich. Katie und ihre Ganovenehre.

Katie setzte eine feierliche Miene auf: »Also, ich verspreche, ihn nicht mehr zu treffen oder anzurufen und so weiter. Zufrieden? Oder muß ich es auch noch beim Grabstein meines Vaters beschwören«, fügte sie zynisch hinzu.

»Das große Indianerehrenwort genügt.« Anne kam sich blöde und gemein vor, aber es mußte sein.

»Gut, du hast es«, sagte Katie.

Sie gaben sich steif die Hand. Katie schlug sich an die Stirn. »Mann, ist das albern! Wie die kleinen Kinder!«

»Ich verlasse mich darauf«, sagte Anne todernst. Ein kurzes Schweigen trat ein.

»Hast du das Koks immer noch?« fragte Anne beiläufig.

»Willst du es mir abkaufen?«

Anne wandte sich zum Gehen. »Vielleicht.«

»Moment!« Katie wurde hellhörig. »Wie darf ich das verstehen?«

»Wenn du das Zeug loswerden willst, dann sei morgen früh um sechs Uhr an der Fähre nach Staten Island.«

»*Morgens* um sechs?«

»An der Fähre«, bestätigte Anne knapp, »alles weitere erkläre ich dir dann. Sei pünktlich!«

»Anne... he, warte doch mal!« Aber Anne war spurlos verschwunden, wie ein Geist.

Unausgeschlafen, aber auf die Minute, erschien Katie mit der bewußten Tasche an der Fähre. Anne wartete bereits. Natürlich, Miss Schwartz, immer einen Schritt voraus, registrierte Katie gereizt. Bis auf eine Gruppe Arbeiter mit müden, grauen Gesichtern waren sie die einzigen Passagiere. Sie schlüpften durch das Drehkreuz. Anne bestand auf einer Bank am Außendeck. Die Fähre legte ab, und die Skyline rekelte sich in ersten Sonnenstrahlen. Trotzdem war es sehr kühl, da draußen im Fahrtwind.

»Wunderschön«, schwärmte Anne.

»Scheiß drauf, mir ist saukalt!« Katie bibberte und sah sich um, als erwartete sie jeden Moment die Kerle mit den dunklen Sonnenbrillen und den Aktenkoffern voller Dollarnoten. Doch das Deck war und blieb menschenleer. »Kannst du mir mal sagen, was ich hier in aller Herrgottsfrühe soll?« Zähneklappernd zog sie ihre Jacke enger um sich. »Warum gehen wir nicht rein, was soll das werden? Wieso schleppe ich das ganze Dope mit mir herum?«

»Dazu kommen wir gleich«, lautete die Antwort.

Wieso fror Anne nicht? Wahrscheinlich kam sie gerade aus Stefans warmem Bett gekrochen... Katie zwang ihre Gedanken in eine andere Richtung. Anne bedachte die schlotternde Katie mit einem fürsorglichen Blick: »Weißt du übrigens, Katie, daß Stefan einen totalen Narren an dir gefressen hat? Du bist der Typ, auf den er abfährt. Frauen wie du wecken seine Beschützerinstinkte. Gut, daß er dich nicht besser kennt.«

»Wie kannst du das so sicher behaupten, nach ein paar Tagen...«

»Nein«, fiel ihr Anne ins Wort, »nach ein paar Minuten. Den hast du im Sturm erobert, ganz sicher, ich kenne ihn lange genug.«

»Was soll denn das jetzt?« reagierte Katie dünnhäutig. »Ich denke, der holde Prinzgemahl ist für unsereins tabu? Bist du irgendwie krank, oder was?« Sie hatte die Faxen nun gründlich dicke. Am liebsten hätte sie Anne auf der Stelle angebrüllt, sie solle sich ihr Geld und ihren Job sonstwohin stecken. Andererseits... gestern hatte sie mit Gordon darüber gesprochen. Das Angebot hatte durchaus seine Reize, doch, doch. Es war schlicht und einfach ein Traumjob. Aber was, zum Teufel, bezweckte Anne mit diesen komischen Andeutungen? Katie hatte den Verdacht, daß Anne ein Spiel mit ihr trieb, dessen Regeln nur sie allein kannte.

»Warum willst du ihn mir jetzt plötzlich wieder schmackhaft machen?« fragte sie lauernd.

»Ich will ihn dir nicht schmackhaft machen«, sagte Anne, »ich will ihn dir verkaufen.«

Es war nicht einfach, Katie zu schockieren, aber Anne hatte es mit Bravour geschafft.

»Du willst... was?« flüsterte Katie fassungslos. Sie mußte sich verhört haben! Nein, sie hatte nicht.

»Ihn dir verkaufen«, wiederholte Anne jetzt in schamloser Deutlichkeit.

Katie sprang auf. Jetzt reichte es! »Das ist ja hochgradig pervers! Du denkst wohl, du kannst alles und jeden manipulieren, was? Verkaufen! Du bist... skrupellos!« Katie schnappte nach Luft wie ein Karpfen auf dem Trockenen, dann ließ sie ihrer Empörung freien Lauf, wobei es ein paar deftige Beleidigungen hagelte.

Katies Anwürfe prallten an Anne ab wie Gummibälle. Sie verzog keine Miene, saß vielmehr gelassen da und wartete Katies Temperamentsausbruch ab, der so wirkungslos verpuffte wie ein Feuerwerk.

Am Ende ihrer Kanonade setzte sich Katie wieder hin, schluckte, und in den strammen Seewind hinein fragte sie leise: »Wieviel?«

»Rate mal.« Anne feixte, ein geradezu dreckiges Grinsen, wie Katie fand, und verschränkte abwartend die Arme.

Katie glotzte zunächst wie ein Schaf. Endlich dämmerte es ihr.

»O nein!«

»O doch.«

»Du hast mich glatt reingelegt!« erkannte Katie. »Das war ein ganz übler, hinterfotziger Trick! Du willst in Wahrheit überhaupt nichts mehr von ihm.«

»Denk an dein Versprechen«, mahnte Anne. »Die zwei Kilo her, und ich vergesse es auf der Stelle.«

Katie ließ sich schlapp auf die Bank sacken. »Ich blödes, blödes Rindvieh! Was bist du bloß für ein durchtriebenes Weib!«

»Richtig. Und jetzt entscheide dich, wir sind bald da. Aber denk dran«, mahnte Anne, »das ist die erste und letzte Gelegenheit, dir einen Mann zu kaufen.«

Katie stützte das Gesicht in die Hände, so blieb sie fast zwei Minuten lang sitzen. Ihr schwirrte der Kopf wie ein Wespennest. Ihre Gedanken lavierten zwischen dem spontanen Impuls, Charakter zu zeigen und diesen abartigen Deal stolz abzulehnen, und dem zart aufkeimenden Bedürfnis, der lockenden Versuchung nachzugeben. Immerhin, überlegte sie zögernd, bis jetzt hatte ihr der Stoff nichts als Ärger eingebracht, es würde schwierig, wenn nicht sogar lebensgefährlich werden, ihn zu Geld zu machen.

Plötzlich stand sie auf, spuckte ins Wasser und sagte: »Gekauft!«

»Abgemacht.« Ein triumphierendes Lächeln, gewürzt mit einer winzigen Prise Bosheit, spielte um Annes Lippen. Stefan hatte sie betrogen und war im Begriff, sie zu verlassen, na schön, so etwas kommt alle Tage vor. Aber sie, sie hatte ihn verkauft! Ich wäre eine schlechte Geschäftsfrau, dachte sie mit sarkastischer Genugtuung, wenn ich nicht wenigstens aus vollendeten Tatsachen noch das Beste herausholen würde.

Schwer seufzend schob Katie ihr die Tasche hin.

»Muß ich probieren?« Anne hob streng die Augenbrauen.

»Nein«, wehrte Katie ab, »*dich* würde ich doch nicht bescheißen. Aber Anne«, kamen ihr nun doch Bedenken, »du erzählst ihm doch nichts davon, oder? Ich glaube nicht, daß Männer es schätzen, wenn man mit ihnen handelt wie mit Gebrauchtwagen.«

»Kein Wort wird er von mir erfahren. Das verspreche ich.

»Okay«, Katie war beruhigt. Dann hatte sie doch noch eine Frage: »Anne, da ist noch was... du weißt schon, Stefan hat eine ordentliche Familie mit Geld und so, und ich komme mehr oder weniger von der Straße, war sogar schon mal im Knast, also... meinst du nicht, daß... daß ich...?«

»Daß er zu schade für dich ist?« vollendete Anne den Satz.

»Ja, so ähnlich.«

»Quatsch! Du mußt ihm ja nicht jede Kleinigkeit auf die Nase binden. Außerdem...«, und bei diesen Worten lächelte Anne rätselhaft wie eine Sphinx, »...hat er dich verdient.«

»Wie meinst du das?« fragte Katie mit berechtigtem Mißtrauen.

»So wie ich es sage«, antwortete Anne salomonisch und zählte jetzt vorsichtshalber doch die Beutel in der Tasche nach.

»Was machst du jetzt eigentlich damit?« frage Katie, brennend vor Neugier.

»Das wirst du gleich sehen.« Anne ging mit der Tasche zur Reling. Sie blickte sich um, aber noch immer war niemand zu sehen. Sie fischte die erste Tüte heraus.

Jetzt wurde auch Katie der Zweck dieses Schiffsausfluges klar. »Nein, Anne! ANNE! Das wirst du doch nicht machen!«

»Doch, ich werde.«

»Überleg doch, was das alles wert ist! O nein, der schöne Stoff!« Katie war den Tränen nahe, doch Anne blieb knochenhart.

»Bitte tu's nicht, ich kann das nicht mit ansehen.« Sie sah aber trotzdem hin. Alles Jammern und Flehen war umsonst, sie mußte erleben, wie Anne die Zellophantüten, eine nach der anderen, aufriß und den Inhalt erbarmungslos übers Wasser in den Fahrtwind streute, als handelte es sich um eine Seebestattung.

»Fort damit«, knurrte Anne mit grimmigem Vergnügen. Sie gab Katie die leere Tasche zurück, aber die blickte nur dumpf auf die gekräuselte, metallgraue Wasserfläche. Nur jemand, der sein Leben lang im Geld geschwommen hatte, war wohl fähig, so viel davon einfach über Bord zu werfen.

Es tat Katie aufrichtig in der Seele weh. Auch Anne blickte nachdenklich aufs Wasser.

»Jetzt tut's dir leid, was?« meinte Katie gehässig. »Jaja, auch die Rechtschaffenheit hat ihren Preis.«

Statt einer Antwort zauberte Anne ein kleines, weißes Päckchen aus ihrer Jackentasche und warf es Katie hin.

»Da, fang. Damit feiern wir heute noch eine Abschiedsparty.«

Katie bedachte die milde Gabe mit einem Willkommenskuß. Anne schaffte es immer wieder, einen zu überraschen. Dann fragte sie:

»Wieso Abschiedsparty?«

»Es ist hier alles erledigt. Ewig kann ich schließlich nicht bleiben. Ich muß jetzt meine Reise planen, es wird höchste Zeit dafür.«

Katie zog eine Schnute. »Warum bleibst du nicht in New York? Hier hast du doch die ganze Welt auf einem Haufen. Geh nach Chinatown, bestimmt sieht es in Hongkong nicht wesentlich anders aus. Oder Jamaica, das ist wie Instant-Karibik, oder schau dir Astoria an, soviel Griechen auf einem Haufen gibt es nur noch in Athen, und in Carroll Gardens, in Brooklyn, da geht es garantiert italienischer zu als in Italien! Außerdem kommt dich das billiger. Du kannst von einem Kontinent zum anderen mit dem Taxi fahren.«

»Hör schon auf«, lachte Anne. »Da ist schon was dran. Aber das kann ich erst beurteilen, wenn ich den Vergleich habe.«

»Vergleich? Womit?«

»Mit der Wirklichkeit. Ich muß erst in Hongkong gewesen sein, um dann vielleicht sagen zu können, daß es in Chinatown genauso aussieht.«

»Du willst tatsächlich nach Hongkong?«

»Das war nur ein Beispiel.«

»Ich dachte, du würdest vielleicht… wegen Gordon…«

»Gordon«, seufzte Anne, »der hat schon irgendwie Klasse. Aber wir sind ja jetzt Geschäftspartner.«

»Bloß Geschäftspartner?«

»Der Rest wird sich finden. Ich komme ja wieder, ich muß mich doch ab und zu um meinen Sender kümmern.«

»Meinst du, er wartet bis dahin auf dich?« So eine Überfrau war sie schließlich auch wieder nicht, was glaubte sie denn?

»Nein, natürlich nicht. Wenn er's doch tut, ist es mir recht, wenn nicht, geht die Welt auch nicht unter.«

»Bravo«, grinste Katie, »du hast was gelernt von mir. Das ist die richtige Einstellung. Trotzdem schade, daß du die Flatter machst. Weißt du, so im großen und ganzen bist du ziemlich in Ordnung.«

Sie schwiegen eine Weile, ein wohliges, einvernehmliches Schweigen, das eintritt, wenn alles gesagt ist.

Dann beugte sich Katie weit über die Reling. »Weißt du, was ich im Moment am liebsten wäre?«

»Was?«

»Ein Fisch. Stell dir vor, wie die heute alle high sein werden!«

»Katie?«

»Was noch?«

»Was mich schon lange interessiert…«

»Meine Haarfarbe ist echt.«

»Das weiß ich. Nein, ich frage mich, wieso du eigentlich seinerzeit zu mir ins Plaza gekommen bist. Und komm mir jetzt nicht wieder mit dieser Teresa-Story!«

Katie zuckte die Achseln. »Ach, bloß so. Als ich dich zufällig über die Kreuzung stolpern und da reingehen sah, wußte ich, daß du mich im Flugzeug angeschwindelt hast. Schuhverkäuferin besucht Verlobten, von wegen! Und Lügen machen mich immer neugierig.«

»Nur deshalb?«

Katie grinste verlegen. »Außerdem wollte ich schon immer mal das Plaza von innen sehen.«

»Da kann jeder Tourist rein«, erwiderte Anne.

»Schon. Also gut. Ehrlich gesagt, im geheimen habe ich gehofft, daß du mich dort auf einen Drink in die Bar einlädst, oder sogar zum Essen, und ich dann für eine Weile so tun kann, als ob ich dazugehörte.«

»Dazu?«

»Ja, zu den Reichen. Warum willst du das wissen? Ist das wichtig?«

»Nein«, lächelte Anne, »überhaupt nicht. Das mit dem Essen können wir nachholen, wenn du willst.«

»Geschenkt«, sagte Katie.

Da Lis aufgrund der jüngsten Party-Erfahrungen die Nase gestrichen voll hatte – die Urmutter war inzwischen durch einen Apachen-Marterpfahl ersetzt worden – wurde die Abschiedsparty kurzerhand in eine Kneipentour umorganisiert. Sie nahm ein paar Straßen weiter, bei Veselka, mit einem säuerlichen Borschtsch als deftige Grundlage für diverse Genußmittel ihren Anfang, führte, über einige Abstecher in diverse Soho-Bars, bis in einen morbiden Upper East Side Club namens »Live Psychic« und fand ihr spätes Ende mitten in Katies altem Wohnviertel, in einem Club an der Ave B, der sich »Save the Robots« nannte. In einem klaustrophobisch verwinkelten Labyrinth tummelten sich schrillbunte Transvestiten und fahlhäutige Gestalten, die in ekstatischen Verrenkungen gegen den dämmernden Tag antanzten. Von ihren Gesichtern blätterte das Make-up ebenso wie die Farbe von den Wänden.

Stefan erlebte letzteres nicht mehr. Ihn mußte man nach dem Besuch im Live Psychic vollgedröhnt zu Hause abliefern, wo er den Borschtsch wieder von sich gab. Auch Teresa ging an diesem magischen Ort verloren, sie angelte sich einen Typen, dessen Karma mit ihrem in kosmischem Gleichklang schwang. Anne strandete irgendwann in Gordons Wasserbett, nur Katie saß noch mit Lis und ihrem Body-Designer bis zum Sonnenaufgang in der Küche und debattierte mit ihnen über den Sinn des Daseins und ähnlichen Stuß. Paul sah aus wie ein Waldschrat, weil er sich gerade einen Vollbart wachsen ließ.

Es war schon beinahe Mittag, als Katie, Anne und Gordon das Haus verließen und den Hinterhof überquerten, um sich mit Stefan zu einem allerletzten, gemeinsamen Brunch zu treffen.

Eine trübe Wolkendecke schirmte die grellsten Sonnenstrahlen gnädig ab, doch Anne und Gordon blinzelten immer noch etwas brummschädelig ins Tageslicht. Deshalb fiel ihnen auch der Wagen, der die schmale Einfahrt blockierte, nicht auf. Sie reagierten auch nicht, als sich ein dickes, schwarzes Rohr durch das offene Fenster schob, und es dreimal »Flop« machte, wie beim dezenten Entkorken einer Sektflasche. Woher sollten sie auch wissen, wie sich ein Schalldämpfer anhört? Sie bemerkten das Auto erst, als es kreischend anfuhr und davonjagte. Als sie sich nach Katie umsahen, lag sie zusammengekrümmt neben der Feuertreppe und rührte sich nicht mehr.

Nachspiel

Der Pfarrer sprach so bewegt, daß es Anne erneut die Tränen in die Augen trieb. Auch Lis kämpfte sichtlich mit ihrer Rührung, sie sah hinreißend aus in ihrem nachtschwarzen Umhang und dem Schleierhütchen. Teresa stand säulengleich mit versteinerter Miene, Gordon hatte den Kopf gesenkt. Ein paar Leute, die Anne nicht kannte, verfolgten die Predigt mit ernstem Gesicht.

»Ewig schade, daß sie das nicht hört«, wisperte Anne Stefan zu.

»Jaja«, seufzte der, »wenn du gelobt werden willst, mußt du sterben.«

Etwas abseits lungerten zwei schräge Typen herum und verfolgten die Prozedur mit kaltem Interesse.

»Wie die Aasgeier«, empörte sich Anne.

»Schau einfach nicht hin«, murmelte Stefan.

Anne konzentrierte sich wieder auf die Geschehnisse am Grab. Eben sprach der Priester seinen Segen, der Sarg wurde hinabgelassen. Sie traten der Reihe nach vor und warfen eine Schaufel voll Erde und Blumen auf den Holzsarg, es gab jedesmal ein grausig dumpfes Geräusch. Anne lief ein eiskalter Schauer über den Rücken. Eine Windbö fegte über den Friedhof, dürre Blätter tanzten ihren Hexentanz, es wurde Herbst.

Sie gaben der Dame neben dem Grab kurz die Hand, sie drückte sie stumm, ihre Augen blickten tränennaß und schmerzerfüllt ins Leere.

»Die Mutter«, flüsterte Lis.

Es wurden noch die bei solchen Anlässen üblichen Worte des schwachen Trostes gewechselt, dann entfernte sich die kleine Trauergemeinde und ließ den Totengräber seine Arbeit beenden.

Anne hakte sich bei Stefan unter, sie schritten langsam die endlosen Gräberreihen ab, Anne wischte sich verstohlen die Augen.

»Du kannst jetzt aufhören zu heulen«, sagte Stefan.

»Sei nicht so roh! Es war so schrecklich traurig.«

Sie verließen den Friedhof und winkten sich ein Taxi heran. Anne nannte dem Fahrer die Adresse, und sie hielten wenig später vor einem riesigen Betonklotz. Sie nahmen den Lift, und Anne wollte eben an der Tür zu Nummer 1502 anklopfen, als diese von innen geöffnet wurde und eine junge, reichlich aufgetakelte Frau mit einer Tasche herauskam.

Anne sprach sie an. »Miss Chaikowski? Ich bin Anne Schwartz, wir haben telefoniert. Ist alles glatt verlaufen?«

»Selbstverständlich. Jetzt sieht sie einfach umwerfend aus, wie jeder, den ich in die Finger kriege. Übrigens…« Miss Chaikowski nahm Stefan ins Visier, »…ich behandle auch Herren.«

»Wieviel bekommen Sie?« unterbrach Anne unwirsch.

»Also, in Anbetracht der Umstände… achtzig Dollar.«

»Hier sind Hundert. Ich kann mich hoffentlich auf Ihre absolute Diskretion verlassen.«

»Selbstverständlich, da können Sie ganz beruhigt sein.« Miss Chaikowski barg den Schein in den Abgründen ihres Ausschnitts, winkte und schob ihren Apfelhintern gekonnt den Gang entlang.

»Das war ein teurer Haarschnitt. Dasselbe mußte ich den Schwestern in die Kaffeekasse legen. Ein Krankenhaus ist nun mal kein Frisier… Stefan! Du riskierst eine Zerrung der Halsmuskulatur.« Anne rempelte ihn schroff an, und sie betraten zusammen das Zimmer 1502.

Der Anblick war tatsächlich umwerfend. Katies rechter Arm ruhte in einer Gipsschale, es sah aus, als wollte sie gerade zum Hitlergruß ansetzen. Ihr Kopf glich auf der einen Seite einem Huhn unterm Schwanz, die andere Hälfte der sogenannten Frisur fiel ihr rastamäßig übers Gesicht. Die ganze Pracht schimmerte in einem Farbton, der an rohe Rinderleber erinnerte, darunter mischten sich ein paar bunte Strähnchen.

»Grauenhaft«, rief Anne entsetzt.

»Genau«, jammerte Katie, »Mein schönes rotes Haar, mein irisches Erbe… und jetzt das!«

»Die Farbe geht«, widersprach Anne, »aber der Schnitt!«

»Es ist… ungewohnt – aber hübsch«, schlichtete Stefan diplomatisch. Katie dankte ihm lächelnd und setzte sich mit einem Ruck auf, wobei sie gequält das Gesicht verzog.

»Tut's weh?« fragte Stefan mitfühlend.

»Nur wenn ich lache. Der Arzt sagt, fortan wird eine Narbe meinen Allerwertesten verunzieren, ansonsten flicken sie mich so gut es geht wieder zusammen. Möglich, daß die Schulter was abgekriegt hat, aber ich will ja kein Tenniscrack werden. Wahrscheinlich darf ich nächste Woche raus.«

»Wir kommen gerade von deiner Beerdigung«, berichtete Stefan, »du hättest hören sollen, wie sie dich gelobt haben...«

»Wirklich? Wer?« fragte Katie begierig.

»Der arbeitslose Schauspieler, den sie als Pfarrer verkleidet haben, darauf muß man nichts geben«, sagte Anne.

»Und es war alles echt?« fragte Katie ungläubig. »Mit Sarg und Blumen und so?«

»Sicher. Da war sogar eine Schauspielerin, die deine Mutter gespielt hat...«

»Wie bitte?« Katie fuhr hoch und fiel gleich darauf jaulend in die Kissen zurück. »Ah, mein Hintern! Ihr seid ja makaber! Ihr schreckt wirklich vor nichts zurück.«

»Es mußte doch realistisch wirken«, verteidigte sich Anne. »Da hingen nämlich ein paar Typen in der Nähe herum, die das ganz genau beobachtet haben.«

»Und wie es wirkte«, half ihr Stefan, »Anne hat geheult wie ein Schloßhund, sogar als alles schon vorbei war.«

»Alles Theater«, murmelte Anne.

»Ihr habt richtig um mich geheult?« fragte Katie und freute sich wie ein Schneekönig. »Lis auch?«

Anne nickte. »Natürlich haben wir uns insgeheim königlich amüsiert.«

Katie wandte sich an Stefan: »Irgendwie werde ich den Verdacht nicht los, daß sie das alles genießt.«

»Ja«, bestätigte er, »diese sadistische Ader ist neu an ihr.«

»Ach ja«, flötete Anne mit falschem Bedauern, »leider kannst du ja heute abend bei deiner Beerdigungsparty nicht dabeisein, aber wir werden auf dich anstoßen.«

»Na wartet«, schnaubte Katie, »wenn ich erst hier rauskomme!«

»Dann gehst du sofort zu Paul, wegen der Nasenoperation.«

»Wegen der... *was*?« flüsterte Katie in grenzenlosem Entsetzen.

»Der Nasenoperation«, meinte Anne leichthin. Du glaubst doch nicht, mit so einem bißchen Haarefärben wär's getan? Es gibt natürlich auch eine andere Möglichkeit...«

»Und die wäre«, fragte Katie hoffnungsfroh.

»Du ziehst nach Chicago, oder besser noch: Montana.«

»Vergiß es! Ich bleibe in New York. Schließlich habe ich hier meine Arbeit.« Das »meine Arbeit« klang verdammt stolz.

»Das mit der Nase ist harmloser als du glaubst«, beruhigte sie Stefan, »Michael Jackson hat das schon x-mal mitgemacht. Du wirst danach noch besser aussehen als jetzt.«

»Pf!«

»Was Stefan damit durch die Blume sagen will«, erklärte Anne, »ist die Tatsache, daß deine Himmelfahrtsnase durch einen chirurgischen Eingriff nur gewinnen kann. Und noch was: Du wirst dich von der Lower East Side und deinen sämtlichen Stammkneipen fernhalten. Gordon sieht sich gerade nach einer Wohnung für dich um, er meint, er hätte was Preiswertes in Chelsea.«

»Chelsea...«

»Teresa organisiert die Ausweispapiere für dich, du kannst dir deinen künftigen Namen selber aussuchen.«

»Wie großzügig.«

»Aber bitte nichts Irisches.«

»Und die Nase darf ich aus 'nem Musterkatalog raussuchen oder was?« raunzte Katie.

»Genau. Du hast die Wahl zwischen Barbara Streisand, Steffi Graf und Karl Malden«, kicherte Anne, »dafür macht er das kostenlos.«

»Gibt es irgend etwas, an das ihr nicht gedacht habt?« fragte Katie zwischen Anerkennung und Sarkasmus schwankend. »Was ist mit der Polizei?«

»Ach die«, Stefan winkte ab. »Anne hat denen die Geschichte vom Zuhälter und der entlaufenen Nutte erzählt. Ich kann dir sagen! Sie hat dermaßen unverschämt und überzeugend gelogen, ich hätte es fast selber geglaubt.«

Katie schluckte stumm.

Anne erklärte sachlich: »Sollte dich jemals einer fragen, weigerst du dich einfach, seinen Namen zu nennen, okay? Sag, daß du ihn auf keinen Fall anzeigen willst, weil du Angst hättest. Aber ich glaube kaum, daß sich die Polizei noch groß drum kümmert. Als sie hörten, daß du nur verletzt bist, ließ ihr ohnehin nicht sonderlich großer Eifer ziemlich nach. Die kümmern sich lieber um richtige Morde als um schießwütige Loddel, die nicht mal treffen.«

»Und wenn sie das mit der Beerdigung mitkriegen?«

»Na und? Ein Mittel, um den Kerl endgültig loszuwerden. Soweit ich weiß, ist es nicht verboten, Beerdigungen zu inszenieren.«

»Du bist ganz schön ausgekocht, Anne.«

»Komisch, das findet Lis auch. Schöne Grüße übrigens von ihr.«

»Ach ja, Lis. Darf ich die wenigstens mal besuchen?«

»Sicher. Aber dazu wirst du nach Kalifornien fliegen müssen. Sie hat ein Angebot, für einen richtigen Film.«

»Wahnsinn!«

»Paul wird seine Praxis auch nach Kalifornien verlegen, er denkt, daß er dort noch mehr verdient.«

»Stimmt. Die Leute da waren viel häßlicher als in New York.«

»Es genügt, wenn sie es glauben.«

Es klopfte, und eine dicke Krankenschwester mit Verbandszeug im Arm trat ein. Sie schickte die Besucher für einen Moment hinaus.

»Sie verpflastert mir den Hintern neu«, erläuterte Katie.

Stefan drückte ihr die freie Hand. »Ich sehe dich morgen, Katie, ich muß nochmal zur Arbeit.«

Draußen meinte er erleichtert: »Es geht ihr schon wieder prima.«

»Ja, die ist zäh«, nickte Anne. »Hoffentlich macht sie keinen Blödsinn, wenn sie wieder fit ist. Sag mal…«, ein Lächeln, so falsch und intensiv wie Süßstoff, erschien auf ihrem Gesicht, »…du kennst doch in deinem hiesigen Freundeskreis sicher einen netten, gutaussehenden Kerl. Weißt du, einen, der vernünftig ist und zuverlässig, aber natürlich nicht langweilig. Und der Katies Tempo mithalten kann. Sie braucht nämlich jemanden, der ein bißchen auf sie aufpaßt, ohne daß sie es zu sehr merkt. Sonst landet sie garantiert bei irgendeinem goldkettchenbehängten Unterschichtler oder dem cracksüchtigen Leader einer Grunge-Band.«

Stefan blickte angestrengt überlegend zur Decke. »Doch, da wüßte ich vielleicht einen…«

»Wirklich?« säuselte Anne.

»Ja. Unser Graphiker hat einen Neufundländer, auf den paßt diese Beschreibung haargenau. Ich glaube nur nicht, daß er den hergibt.«

»Blödmann!«

»Laß gut sein Anne. Betrachte das Thema einfach als abgehakt.«

»Lieb von dir. Ich weiß es zu schätzen, wie du dich aufopferst.«

Die Schwester kam aus dem Zimmer.

»Ich geh' nochmal kurz rein«, sagte Anne.

»Anne?« Sie blieb auf der Schwelle stehen. »Warum tust du das alles für sie?« fragte er.

Eigentlich, dachte sie, müßte die Frage lauten: Bin ich eine unheimlich faire Verliererin, oder ist das ein verdeckter Racheakt? Sie lächelte wieder dieses Sphinxlächeln. »Bis ich das selber weiß, hast du es längst rausgefunden.«

Kopfschüttelnd lief er den Gang hinunter, und Anne fühlte sich für einen kurzen Moment allein und verloren. Ohne sich nach ihm umzudrehen, ging sie hinein.

»Alles okay?« fragte Anne.

»Ja. Hatte zu allem noch Glück.«

Sie fühlten sich unbehaglich, Abschiede gehörten nicht zu ihren starken Seiten.

»Mensch Katie«, platzte Anne heraus, »bin ich froh, daß die Kerle nicht besser schießen konnten.«

»Das stimmt nicht ganz«, widersprach Katie. »Sieh dir mal meine Lederjacke an.«

Anne holte das gute Stück aus dem Schrank und legte es auf die Bettdecke.

»Siehst du das Loch?«

»Welches... du lieber Himmel! Aber das ist ja...« Anne steckte ihren Finger in das zehnpfenniggroße Einschußloch, mitten in der Brusttasche.

»Nicht schlecht gezielt, was? Kein Wunder, daß die Typen jetzt glauben, ich wäre wirklich hinüber.«

»Aber... ich verstehe nicht...«, stammelte Anne. »Bist du doch nur ein böser Geist?«

Katie grinste. »Ich hatte was in meiner Innentasche, das hat den Schuß aufgefangen. Willst du es sehen?«

»Klar.«

Katie zeigte auf ihren Nachttisch. Anne öffnete die Schublade und nahm einen flachen Gegenstand heraus. Es war ein handtellergroßer Aschenbecher aus Zinn. In der Mitte war eine Aufschrift eingraviert: »The... aza«. Den Rest konnte man nicht lesen, da an dieser Stelle die Kugel im weichen Metall steckte.

Ohne zu überlegen sprudelte Anne hervor: »Also ehrlich, daß dir deine verdammte Klauerei noch mal das Leben rettet! Aber wie kommst du eigentlich an einen Aschenbecher vom Plaza?«

Ihre Stimme schwang noch im Raum, da bereute sie diese Frage schon. Ein kräftiges Ferkelrosa begann ihren Teint zu übertünchen, und sie mußte zusehen, wie sich ein genüßliches Grinsen auf Katies Gesicht ankündigte. Für einige himmlische Momente schwelgte Katie sichtlich in Vorfreude, dann ließ sie sich die Worte wie ein Karamelbonbon auf der Zunge zergehen: »Tja, Anne, den habe ich in *deiner* Tasche gefunden.«

Susanne Mischke

Mordskind

Roman. 360 Seiten. SP 2631

Der fünfjährige Max ist ein wahrer Satansbraten, destruktiv und böse. Als Max plötzlich spurlos verschwindet, gerät die spießige Kleinstadt in Aufruhr, weil dies der zweite Fall in kurzer Zeit ist. Allerdings trauert niemand um ihn, nicht einmal seine Mustermutter Doris. Die sucht sich das Prachtkind Simon als Ersatz. Und ihre Freundin Paula, Redakteurin und beruflich ständig im Streß, bemerkt viel zu spät das teuflische Intrigenspiel um sich und ihren Sohn Simon.
Susanne Mischke hat mit »Mordskind« einen beklemmenden Psychokrimi geschrieben, der zugleich sarkastische Schlaglichter auf einen grassierenden Mutterschaftswahn wirft und das Dilemma zwischen Kind und Karriere mit Ironie und Einfühlungsvermögen zur Sprache bringt.

»Ein Kriminalroman der Extraklasse, lebensnah und spannungsvoll.«
Der Tagesspiegel

Der Mondscheinliebhaber

Roman. 255 Seiten. SP 2828

Das Leben ist zu kurz, um schlechten Sex zu haben, sagt sich die Malerin Valentine, als sich im ehelichen Schlafzimmer nichts Aufregendes mehr tut, und stöckelt hinüber zum neuen Nachbarn Ludwig: Philosoph, Gesundheitsapostel, arbeitsscheu und unzuverlässig, aber ausgestattet mit wunderbaren blauen Augen und einer göttlichen Figur. Klar, daß diese Liaison Valentines Gatte Frank nicht lange verborgen bleibt. Doch der widmet sich unverdrossen seiner Leidenschaft, kocht Ente mit Trüffel, Lamm in Kräuterkruste, Mousse au Chocolat. Plant er etwas? Bald lernt Valentine, daß der Mensch des Menschen Feind ist und die größte Bestie in einem selber steckt. Als plötzlich eine Leiche auf der Terrasse ihres Geliebten liegt, kommt nicht nur Valentines kreative Ader, sondern auch ihr Sinn fürs Praktische voll zur Geltung ...

SERIE PIPER

Gemma O'Connor

Tödliche Lügen
*Psychothriller. Aus dem
Englischen von Inge Leipold.
479 Seiten. SP 6018*

Es ist kaum drei Wochen her,
daß Grace Heartfield ziemlich
überraschend und brutal von
ihrem Mann verlassen wurde.
Dann findet sie einen amtlichen
Brief im Briefkasten! Doch er
hat nichts mit ihrem Mann zu
tun, sondern kündigt eine Erb-
schaft an: Ihre Schwester sei
gestorben – Grace wußte nichts
von deren Existenz. Und wer
ist der mysteriöse Holländer,
der sich im Dubliner Kanal er-
tränkte? Grace reist nach Dublin und muß mehr und mehr erkennen, daß ein Gespinst aus
Halbwahrheiten und Verschlei-
erungen ihr Leben vergiftete,
daß Angst und Terror ihre
Kindheit bestimmten. Gemma
O'Connor gelang ein psycholo-
gisch dichter Thriller, der in
London und Dublin spielt, dessen Schauplatz aber gleichzeitig
die Abgründe menschlichen
Versagens sind.

»Ein Buch, das man nicht aus
der Hand legt.«
Brigitte Dossier

Fallende Schatten
*Psychothriller. Aus dem
Englischen von Inge Leipold.
412 Seiten. SP 5659*

»Das ist eine Geschichte, von
der man nicht mehr loskommt.
Eine Geschichte von Schuld
und Sühne, von Ehrgeiz und
Geldgier. Gemma O'Connor
verdient eine Menge Punkte
auf der nach oben offenen Kri-
mi-Skala.«
Frankfurter Rundschau

Wer aber vergißt, was geschah
*Psychothriller. Aus dem
Englischen von Inge Leipold.
426 Seiten. SP 5689*

Holy Retreat, ein Nonnenklo-
ster hoch über einer Bucht bei
Dublin, muß renoviert werden.
Die verarmten Schwestern lassen sich deshalb dazu überreden, das Friedhofsgelände zu
verkaufen. Die junge Rechts-
anwältin Tess Callaway soll die
heikle Angelegenheit abwik-
keln. Doch bei der Umbet-
tungsaktion taucht plötzlich
ein Sarg zuviel auf. Tess wittert
skrupellose Machenschaften,
Geldgier und Verrat. Sie beginnt, viele unangenehme Fragen zu stellen – und setzt eine
Katastrophe in Gang.

Elizabeth Chaplin

Geisel des Glücks

Szenen eines Ehekrimis. Aus dem Englischen von Edith Walter.
301 Seiten. SP 5688

Wer träumt nicht von dem Millionengewinn? Als Susan Bentham, im Hauptberuf Hausfrau, fast anderthalb Millionen Pfund im Fußballtoto gewinnt, scheint für ihren Ehemann Jeff, ebenso erfolgreich als Rechtsanwalt wie als Schürzenjäger, der Traum wahr zu werden: genügend Geld, um den Rest seines Lebens in Luxus zu verbringen, einen Rolls Royce zu fahren und eine junge, attraktive Geliebte zu haben. Für seine Frau Susan dagegen bedeutet der unerwartete Geldsegen endlich Unabhängigkeit: Eine neue Welt tut sich auf, Aufmerksamkeit und neue Interessen stellen sich ein sowie ein wundervoller Liebhaber und, last but not least, die Chance, sich für eine frustrierende, demütigende Ehe zu rächen. Das Ehedrama beginnt, in dessen Verlauf nicht nur Porzellan zerdeppert wird ...

Karin Fossum

Evas Auge

Roman. Aus dem Norwegischen von Gabriele Haefs.
368 Seiten. SP 2705

Könnte sie als Prostituierte ihr Geld verdienen? Für die junge, bislang erfolglose Malerin Eva Magnus stellt sich diese Frage, als sie ihrer Jugendfreundin Maja begegnet. Diese ist der lebensfrohe Beweis dafür, wie man durch Anschaffen zu viel Geld kommt. Eva beginnt ihre Lehre: Durch einen Türspalt läßt Maja sie dabei zusehen, wie sie einen Kunden empfängt. Aber es kommt zu einem Streit, und die Voyeurin im Nebenzimmer bleibt mit der Leiche der Freundin zurück. Der sympathische Kriminalkommissar Sejer, der in dem Mordfall ermittelt, ahnt, daß die junge Künstlerin mehr zu erzählen hat, als sie aussagt, und Eva muß befürchten, daß der Mörder um die Zeugin weiß.
Ein ungemein spannendes Drama um eine junge, alleinerziehende Frau.

»Mit ›Evas Auge‹ liegt weit mehr vor als ein ausgezeichneter Kriminalroman.«
Bayerischer Rundfunk

SERIE PIPER

SERIE PIPER

Manuel Vázquez Montalbán

Wenn Tote baden

*Ein Pepe-Carvalho-Roman.
Aus dem Spanischen von Bernhard
Straub. Durchgesehen von Anne
Halfmann. 288 Seiten. SP 3146*

Pepe Carvalho, Meisterdetektiv aus Barcelona, kämpfte einst gegen das Franco-Regime. Jetzt kämpft der passionierte Feinschmecker mit seinem Gewicht: Er ist auf Abmagerungskur in der international renommierten Kurklinik Faber & Faber im idyllischen Tal des Río Sangre. Die langweilige Routine des Speiseplans aus Rohkost und Mineralwasser wird jedoch jäh unterbrochen: Im Swimmingpoll wird die Leiche einer reichen Amerikanerin gefunden. Als sich noch weitere Tote einstellen, wird Pepe Carvalho aktiv. Inmitten der dekadenten Bourgeoisie Europas, die hier bei Diäten und Schlammbädern hungert, forscht er nach dem Mörder und seinem Motiv.

Die Küche der läßlichen Sünden

*Ein Pepe-Carvalho-Roman.
Aus dem Spanischen von Bernhard
Straub. Durchgesehen von Anne
Halfmann. 320 Seiten. SP 3147*

Die Einsamkeit des Managers

*Ein Pepe-Carvalho-Roman.
Aus dem Spanischen von Bernhard
Straub und Günter Albrecht.
Durchgesehen von Anne
Halfmann. 240 Seiten. SP 3148*

1975 kehrt Privatdetektiv Pepe Carvalho, Ex-Kommunist und Ex-CIA–Agent, aus dem Exil nach Spanien zurück. General Franco liegt im Sarg, die Demokratie steckt noch in den Kinderschuhen. Da wird ein alter Bekannter von Carvalho ermordet: Jaumá, Manager eines internationalen Konzerns, dessen Leiche man mit einem Damenslip in der Hosentasche gefunden hat. Mord im Milieu, wie die Polizei glaubt? Oder wußte Jaumá einfach zuviel über die geheimen Pläne seines Arbeitgebers? Als Pepe Carvalho eingeschaltet wird und Nachforschungen anstellt, beißt er nicht nur auf Granit, sondern der Konzern tritt ihm auch kräftig auf die Füße.

Die Meere des Südens

*Ein Pepe-Carvalho-Roman.
Aus dem Spanischen von Bernhard
Straub. Durchgesehen von Anne
Halfmann. 243 Seiten. SP 3149*